Notfälle in Schulen

Prävention, Intervention und Nachsorge

Notfälle in Schulen

Prävention, Intervention und Nachsorge

Harald Karutz

S+K

Verlagsgesellschaft Stumpf + Kossendey mbH, Edewecht 2010

Bibliografische Information der Deutschen Nationalbibliothek

Die Deutsche Nationalbibliothek verzeichnet diese Publikation in der Deutschen Nationalbibliografie; detaillierte bibliografische Angaben sind im Internet über http://dnb.d-nb.de abrufbar.

© Copyright by Verlagsgesellschaft
Stumpf + Kossendey mbH, Edewecht 2010
Korrigierter Nachdruck 2015
Satz: Bürger Verlag Oldenburg GmbH & Co. KG
Umschlagfoto: Harald Karutz
Druck: M.P. Media-Print Informationstechnologie GmbH,
    33100 Paderborn

ISBN 978-3-938179-61-1

Inhalt

1	**Einleitung**	9
1.1	Die aktuelle Situation	9
1.2	Zu diesem Buch	11
1.3	Erkenntnisquellen	13
2	**Notfälle in Schulen**	17
2.1	Notfallmerkmale	17
2.2	Notfalltypen	19
	2.2.1 Zwischenmenschliche Notfälle	20
	2.2.2 Technisch bedingte Notfälle	24
	2.2.3 Medizinische Notfälle	25
	2.2.4 Naturereignisse	28
2.3	Kategorisierung nach dem Gefährdungsgrad	28
2.4	Beteiligte Personengruppen	29
2.5	Art der Beteiligung	30
2.6	Notwendigkeit von Hilfe	31
3	**Betroffene**	35
3.1	Schüler	35
	3.1.1 Belastungen	35
	3.1.1.1 Physiologische Belastungen	37
	3.1.1.2 Psychologische Belastungen	39
	3.1.2 Moderatorvariablen und situative Variablen	43
	3.1.2.1 Biologische Moderatorvariablen	44
	3.1.2.2 Soziografische Moderatorvariablen	44
	3.1.2.3 Psychologische Moderatorvariablen	47
	3.1.2.4 Situative Variablen	51
	3.1.3 Reaktionen und Folgen	54
	3.1.3.1 Kurzfristige Notfallfolgen	57
	3.1.3.2 Mittel- und langfristige Notfallfolgen	65
	3.1.3.3 Positive psychische Folgen	72
3.2	Lehrer	73
	3.2.1 Belastungen	74
	3.2.1.1 Physiologische Belastungen	74
	3.2.1.2 Psychologische Belastungen	74
	3.2.2 Moderatorvariablen	78
	3.2.3 Reaktionen und Folgen	82

4 Prävention — 85
4.1 Psychologische Prävention — 86
4.2 Organisatorische Prävention — 96
4.3 Technische Prävention — 109
4.4 Kritische Aspekte von Prävention — 112

5 Intervention — 115
5.1 Ruhe bewahren — 115
5.2 Überblick verschaffen — 117
5.3 Einsatzkräfte alarmieren — 118
5.4 Hilfe leisten, Schüler in die Hilfeleistung einbeziehen — 119
5.5 Mit Augenzeugen und Zuschauern umgehen — 120
5.6 Informationen vermitteln — 121
5.7 Schüler nicht allein lassen, Bezugspersonen einbeziehen — 123
5.8 Hinweise zur Nutzung von Mobiltelefonen — 124

6 Nachsorge — 127
6.1 Nachsorge für Schüler — 127
  6.1.1 Externe Fachkräfte einbeziehen — 132
  6.1.2 Ergänzende Informationen vermitteln — 140
  6.1.3 Psychoedukation — 140
  6.1.4 Gespräche — 144
  6.1.4.1 Setting — 145
  6.1.4.2 Gesprächsbeginn — 147
  6.1.4.3 Verhalten während des Gesprächs — 148
  6.1.4.4 Abschluss — 150
  6.1.4.5 Ergänzende Hinweise für Gruppengespräche — 151
  6.1.4.6 Kurze Nachbesprechung — 153
  6.1.4.7 Längere Nachbesprechung — 153
  6.1.4.8 Critical Incident Stress Debriefing (CISD) — 154
  6.1.4.9 Gespräche in Neigungsgruppen — 155
  6.1.5 Rituale entwickeln — 157
  6.1.6 Auf Schuldgefühle reagieren — 159
  6.1.7 Mit Medienvertretern umgehen — 160
  6.1.8 Notfallspuren beseitigen — 163
  6.1.9 Dank — 164
  6.1.10 Schulalltag organisieren — 164

	6.1.11 Reaktivierende Ereignisse beachten	167
	6.1.12 Bei Bedarf weitere Hilfe vermitteln	167
6.2	Nachsorge für Eltern	169
6.3	Nachsorge für Lehrer	169
6.4	Fehler	171
	6.4.1 Nichts tun	171
	6.4.2 Bagatellisieren, dramatisieren	172
	6.4.3 Vorwürfe, Anklagen	172
	6.4.4 Gegeneinander arbeiten	173
	6.4.5 Anspruch	173
6.5	Evaluation	173
7	**Ergänzende Hinweise für spezielle Situationen**	**177**
7.1	Medizinischer Notfall	178
7.2	Entführung	181
7.3	Tod	183
	7.3.1 Tod eines Kindes (außerhalb der Schule)	183
	7.3.1.1 Phase des Nicht-wahrhaben-Wollens	184
	7.3.1.2 Phase der aufbrechenden Emotionen	186
	7.3.1.3 Phase des Suchens und Sich-Trennens	187
	7.3.1.4 Phase des neuen Selbst- und Weltbezugs	191
	7.3.2 Tod eines Kindes (innerhalb der Schule)	191
	7.3.3 Tod eines Lehrers (außerhalb der Schule)	192
	7.3.4 Tod eines Angehörigen (außerhalb der Schule)	193
7.4	Suizidalität und Suizid	195
	7.4.1 Suizidalität	195
	7.4.2 Suizid	200
7.5	Feuer	201
7.6	Körperverletzung	203
7.7	School Shooting	211
	7.7.1 Risikofaktoren	213
	7.7.2 Bedrohungssituation	219
	7.7.3 Tatausführung	224
7.8	Notfall auf einer Klassenfahrt	226
7.9	Notfall im Umfeld der Schule	227
8	**Nachwort**	**231**

9 Anhang — 233
9.1 Musterbriefe — 233
- 9.1.1 Beispiel für einen Informationsbrief an Kinder — 236
- 9.1.2 Beispiel für einen Informationsbrief an Jugendliche — 238
- 9.1.3 Beispiel für einen Informationsbrief an Eltern — 240

9.2 Checklisten — 242
- 9.2.1 Prävention — 243
- 9.2.2 Intervention — 245
- 9.2.3 Nachsorge — 246
- 9.2.4 Telefonliste für Notfälle — 247
- 9.2.5 Verbandkasten nach DIN 13157 — 248

9.3 Informationsquellen im Internet — 250
- 9.3.1 Internetseiten mit allgemeinen Informationen zum Thema — 250
- 9.3.2 Internetseiten mit Beratungsangeboten für Kinder und Jugendliche — 251
- 9.3.3 Internetseiten mit Informationen zur Notfallvorsorge — 252
- 9.3.4 Internetseiten mit Informationen zur Notfallnachsorge — 254

9.4 Materialien — 256
- 9.4.1 Arbeitsmaterialien für den Unterricht — 256
- 9.4.2 Bücher — 259
- 9.4.3 Filme — 261
- 9.4.4 Musik — 262

10 Verwendete Literatur — 263

11 Register — 281

Autor — 286

1 Einleitung

1.1 Die aktuelle Situation

Nahezu täglich wird in den Medien über Notfälle in Schulen berichtet, so zum Beispiel über Unfälle, Schlägereien und kriminelle Akte. Grundsätzlich bleibt keine Schulform und -stufe von solchen Ereignissen verschont. Sie treten in allgemeinbildenden Schulen ebenso auf wie in berufsbildenden, in Grundschulen ebenso wie in den Sekundarstufen I und II. Einige besonders dramatische Ereignisse in den vergangenen Jahren waren die Ermordung einer Lehrerin in Meißen, der Amoklauf und die anschließende Selbsttötung eines früheren Schülers in Freising, die Vergewaltigung eines sieben Jahre alten Mädchens in einer Münchener Grundschule sowie die School Shootings in Erfurt, Emsdetten und Winnenden. Neben solchen Extremereignissen sind aber auch andere, weitaus häufigere Notfallsituationen zu beachten. Von 1 000 Schülern verunglückten 2007 beispielsweise 80,9 Kinder bei einem Unfall in der Schule. Für das gleiche Jahr hat die GESETZLICHE UNFALLVERSICHERUNG (2008a) insgesamt 1 396 974 meldepflichtige Unfälle in Schulen registriert, d.h. Unfälle, bei denen Verletzte ärztlich behandelt werden mussten.

Von solchen Ereignissen sind nicht nur die unmittelbaren Notfallopfer betroffen. Augenzeugen, Zuschauer sowie die jeweiligen Lehrkräfte, Freunde und Klassenkameraden sind ebenfalls starken Belastungen ausgesetzt. Bei allen Beteiligten kann dies vielfältige psychische Folgen verursachen.

In der Öffentlichkeit und in der Politik rufen Notfälle in Schulen zudem heftige Reaktionen hervor. Sie werden besonders aufmerksam wahrgenommen, und über mögliche Ursachen und Konsequenzen wird in der Regel lebhaft diskutiert. Tatsächlich haben Notfälle in Schulen gesellschaftliche Relevanz, denn nicht nur Kinder gelten als »*das höchst zu schützende Gut einer Gesellschaft*«, sondern ebenso jene »*Einrichtungen, die für die Reproduktion der Gesellschaft sorgen*« (RÖTHLEIN 2007).

1 ▶ Einleitung

In der Ausbildung von Lehrkräften werden Notfallsituationen allerdings kaum thematisiert. Es überrascht daher nicht, dass viele Lehrer angeben, sich in Notfällen überfordert zu fühlen und verunsichert zu sein. In der Regel reagieren sie instinktiv oder sie improvisieren, d.h. sie handeln ganz einfach so, wie es ihnen gerade sinnvoll erscheint (Karutz und Duven 2004).

Schulpsychologen haben vor einigen Jahren zwar damit begonnen, sich auf Notfälle in Schulen vorzubereiten. Die konkrete Situation vor Ort ist aber weiterhin sehr unterschiedlich. Dazu trägt auch das föderale System der Bundesrepublik Deutschland bei: Bundesweit einheitliche und verbindliche Regelungen für Notfälle in Schulen gibt es nicht.

Einige Bundesländer haben verschiedene Erlasse herausgegeben, mit denen die Reaktion auf schulische Notfälle geregelt und vor allem rechtlich abgesichert werden soll. Auch wurden vereinzelt landesweit zuständige schulpsychologische Notfallteams gegründet. So wurde in Bayern 2002 das »Krisenintervention- und Bewältigungsteam Bayerischer Schulpsychologinnen und Schulpsychologen« (KIBBS) aufgebaut. In Hessen besteht seit 2006 das »Schulpsychologische Kriseninterventionsteam« (SKIT). Im April 2009 wurde erstmals ein interdisziplinärer Bundeskongress zu dem Thema veranstaltet.

An den einzelnen Schulen gibt es systematische Planungen für Notfälle bislang dennoch nur selten. Viele Schulen sind auf solche Ereignisse nur unzureichend vorbereitet. Längst nicht immer wird die Hilfe geleistet, die eigentlich angemessen wäre. Eikenbusch (2005) berichtet in diesem Zusammenhang von »*blindem Aktionismus*«. Mitunter wird aber auch resignatives oder in anderer Weise unangebrachtes Verhalten gezeigt. In einer Befragung von Karutz (2004a) zu einem tödlichen Unfall vor einer Schule äußerten sich mehrere Schüler bestürzt darüber, dass eine Lehrerin »*ohne weitere Notiz vom Notfallgeschehen zu nehmen oder auch nur ansatzweise Interesse zu zeigen, zu ihrem Auto ging und nach Hause fuhr*«. Eine andere Situation schildert Fässler-Weibel (2005): »*Ein Gymnasiallehrer hat die Klasse über den Suizid eines Mitschülers informiert mit der Bemerkung: ›K. war schon länger etwas komisch. Jetzt ist er tot.‹ Danach wendete er sich dem allgemeinen Schulstoff zu und ließ eine Mathematikprüfung schreiben«.*

Im Hinblick auf die Durchführung von Nachsorgemaßnahmen vertreten einige Verantwortliche zudem die Auffassung, dass man lieber nichts tun sollte, als womöglich »*schlafende Hunde zu wecken*« (Wackerow und Prudlo 2001). Häufig soll nach einem Notfall in Schulen so rasch wie möglich »*zur Tagesordnung übergegangen*« und »*ein Schlussstrich gezogen*« werden. Das gelingt in der Regel aber nicht – und ist auch nicht angebracht. Schüler können sich durch ein solches Verhalten unverstanden, in ihrer Bedürfnislage nicht ernst genommen oder übergangen fühlen. Ihre Belastung durch Notfälle wird erwiesenermaßen unterschätzt (Yule und Williams 1990, Landolt 2000).

1.2 Zu diesem Buch

Das Buch »Notfälle in Schulen« ergänzt den Titel »Kinder in Notfällen« (Karutz und Lasogga 2008) – und umgekehrt. Selbstverständlich können beide Veröffentlichungen als eigenständige Werke gelesen werden und setzen nicht zwingend die Kenntnis des jeweils anderen Buchs voraus. In »Kinder in Notfällen« steht der Umgang mit *einzelnen* notfallbetroffenen Kindern im Vordergrund, während nachfolgend vorrangig die *Hilfeleistung im Kontext des Systems Schule* thematisiert wird. Zu den Inhalten gehören daher auch gruppendynamische Auswirkungen von Notfällen, organisatorische Aspekte der Hilfe sowie Maßnahmen bei schulspezifischen Notfallsituationen, etwa einem School Shooting.

Die Ausführungen richten sich an psychosoziale Notfallhelfer wie zum Beispiel Notfallseelsorger und Mitglieder von Kriseninterventionsteams sowie an Schulpsychologen, Mitarbeiter von Beratungsstellen, Sozialarbeiter und natürlich alle interessierten Lehrkräfte.

1 ▶ Einleitung

Das Thema »Notfälle in Schulen« wird in diesem Buch auf wesentliche Informationen reduziert. Handlungsanweisungen werden so ausführlich wie nötig, gleichzeitig aber auch so komprimiert wie möglich dargestellt. Als kompaktes Taschenbuch und als zusammenfassendes Nachschlagewerk soll das Buch bei der Vorbereitung auf Notfälle in Schulen und bei deren Bewältigung hilfreich sein. Den jeweils handelnden Personen bietet es zahlreiche Anregungen und konkrete Unterstützung.

Die inhaltliche Gliederung des Buches gestaltet sich folgendermaßen: Zunächst werden Notfälle in Schulen mit ihren Besonderheiten dargestellt und kategorisiert. Auch wird erläutert, welche Personenkreise in welcher Weise betroffen sind. Daran anschließend werden die Belastungen beschrieben, mit denen Schüler und Lehrer bei Notfällen in Schulen konfrontiert werden: Das Verständnis der psychischen Situation der Betroffenen ist die Voraussetzung für eine angemessene Hilfeleistung. Die nächsten drei Kapitel sind chronologisch angeordnet. In ihnen werden konkrete Hinweise zur Notfallvorsorge, d.h. zu Maßnahmen *vor* einem Notfall, zur Intervention *während* des Ereignisses sowie zur *Nachsorge* gegeben. Es folgen ergänzende Hinweise zu speziellen Situationen und im Anhang Checklisten, Hinweise auf Arbeitsmaterialien und weiterführende Literatur.

Eine Differenzierung der Darstellung nach einzelnen Schulformen und -stufen sowie speziellen Gruppen von Betroffenen (z.B. Jungen und Mädchen) wurde bewusst nur dort vorgenommen, wo sie unbedingt geboten schien. Durch einen Unfall in der Schule werden beispielsweise andere Belastungen verursacht als durch den Suizidversuch eines Schülers. Bei der Begleitung von Kindern, die um einen verstorbenen Angehörigen trauern, ist eine andere Vorgehensweise angebracht als bei der Intervention während eines School Shooting usw.

Ansonsten wird – wenn überhaupt – nur zwischen Lehrkräften, jüngeren Schülern (in Grundschulen) sowie älteren Schülern bzw. Jugendlichen (in weiterführenden Schulen) unterschieden. Auf diese Weise soll einer zu starken Zergliederung des Textes entgegengewirkt werden. Außerdem sind in Notfällen vorrangig Handlungsanweisungen angebracht, die möglichst rasch angewendet werden können, die leicht zu handhaben und in möglichst vielen Fällen hilfreich sind – vergleichbar mit der Gabe eines Breitspektrumantibiotikums bei einer akuten Erkrankung. Im Notfall analysiert ein Arzt auch nicht erst zeitaufwendig den genauen Erregertyp, der für die jeweiligen Krankheitssymptome verantwortlich ist, und gibt dann ein spezielles Medikament. Vielmehr wird – zumindest zu Beginn der Therapie – stets eine Medizin verordnet, die schnell und gegen möglichst viele schädigende Bakterien wirkt. Dies lässt sich sinngemäß auch auf Notfälle in Schulen übertragen: Wenn man aus einer Vielzahl sehr differenzierter Regeln immer erst diejenigen auswählen müsste, die für einen ganz speziellen Einzelfall konzipiert worden sind, würde dies die Hilfeleistung erschweren und verzögern.

1.3 Erkenntnisquellen

Für dieses Buch wurde zunächst die zur Verfügung stehende Fachliteratur ausgewertet. So wurde in Veröffentlichungen aus den Bereichen der Notfallpsychologie, Psychotraumatologie, Entwicklungspsychologie, Schulpsychologie sowie Pädagogik (insbesondere der Schul- und Sonderpädagogik) nach verwertbaren Inhalten gesucht. Im deutschsprachigen Raum gibt es allerdings nur wenige Beiträge, die sich explizit auf die Hilfeleistung bei Notfällen in Schulen beziehen (STOERMER 2001). Zudem beschränken sich viele der vorhandenen Arbeiten überwiegend auf den Umgang mit trauernden Kindern, also nur auf einen speziellen Aspekt der Notfallnachsorge.

Auch die im Internet veröffentlichten Materialien und Arbeitshilfen sind bei der Recherche für dieses Buch berücksichtigt worden. Diese Quellen sind jedoch kritisch zu betrachten. Mitunter handelt es sich um bloße Auflistungen von Praxistipps und um Stichwortsammlungen, die aus dem Zusammenhang gerissen und dadurch nicht immer verständlich sind. Teilweise kann noch nicht einmal die Herkunft von Informationen überprüft werden, weil Quellenangaben fehlen. In Einzelfällen werden auch Empfehlungen gegeben, die einer fachlichen Überprüfung nicht standhalten oder über die zumindest ausführlicher zu diskutieren wäre.

Es ist festzustellen, dass zum Thema »Notfälle in Schulen« – von den sehr umfangreichen Untersuchungen zur Gewalt- bzw. zur Amokprävention einmal abgesehen – bislang kaum empirisch geforscht worden ist. Ergebnisse vorliegender Studien aus anderen Ländern, etwa aus Skandinavien oder aus den USA, können nur bedingt auf die Situation in Deutschland übertragen werden, da teilweise völlig andere Schulsysteme zugrunde liegen und auch die gesellschaftliche Situation und die kulturelle Prägung der Betroffenen andere sind (SCHEITHAUER und BONDÜ 2008b). Zu vielen speziellen Notfallsituationen, von denen Schulen betroffen sein können, gibt es derzeit überhaupt keine wissenschaftlichen Arbeiten, so zum Beispiel zur Psychischen Ersten Hilfe für Schulkinder bei der Entführung eines Klassenkameraden oder zur Vorgehensweise bei Großschadenslagen mit sehr vielen beteiligten Kindern, etwa einem Schulbusunglück. Evaluationsstudien zur Wirksamkeit notfallpsychologischer Hilfe bei Kindern fehlen ebenfalls (ZEHNDER et al. 2006).

Zur Ergänzung der vorhandenen Literatur wurden 20 Interviews mit Schulleitern und Lehrern geführt, in denen die jeweiligen Erfahrungen mit Notfällen thematisiert worden sind. Gefragt wurde insbesondere danach, welche Notfälle in den Schulen aufgetreten waren, wie sich die Betroffenen verhalten haben, welche Hilfeleistungen durchgeführt worden sind und welche besonderen Schwierigkeiten und Probleme es dabei gegeben hat.

Weitere Erkenntnisse konnten Forschungsarbeiten entnommen werden, die zumindest einen Bezug zum Thema »Notfälle in Schulen« aufweisen (KARUTZ 2001, KARUTZ 2004a). In diesen Arbeiten wurden Kinder und Jugendliche interviewt, die Notfälle miterlebt hatten. Da es sich bei den Ereignissen, die den Befragungen zugrunde lagen, zu einem

Großteil um Notfälle in Schulen handelt, können aus diesen Studien Rückschlüsse auf die Intervention und Notfallnachsorge in Schulen gezogen werden.

Darüber hinaus basiert das vorliegende Buch auf etwa 120 Fortbildungsveranstaltungen zum Themenkomplex »Kinder in Notfällen«, die der Verfasser in den vergangenen Jahren für Notfallseelsorger, Kriseninterventionsteams, Schulämter, Erzieher- und Lehrerkollegien durchgeführt hat. Äußerungen und Rückmeldungen aus diesen Fortbildungen sowie nicht zuletzt die eigenen Erfahrungen des Autors als psychosozialer Notfallhelfer und Leiter einer Berufsfachschule wurden ebenfalls berücksichtigt.

2 Notfälle in Schulen

2.1 Notfallmerkmale

Notfälle können unterschiedlich definiert werden. Je nachdem, aus welchem Blickwinkel und mit welcher Intention man sich mit ihnen beschäftigt. In der Medizin werden Notfälle als Störung lebenswichtiger Funktionen des menschlichen Körpers beschrieben. Bei einer psychologischen Betrachtung von Notfällen stehen andere Merkmale im Vordergrund (TAB. 1).

Zunächst einmal sind Notfälle eher selten. Sie treten fast immer plötzlich und unerwartet auf. Von Ausnahmen wie einem angekündigten Massaker einmal abgesehen, ereignen sich Notfälle, ohne dass konkrete Vorzeichen erkennbar wären. So kann man von einem Unfall auf dem Schulgelände, dem Herzinfarkt eines Lehrers oder der Unterzuckerung einer Schülerin völlig überrascht werden. Nur bei sehr wenigen Notfällen, etwa einem schweren Unwetter oder einer Bombendrohung, gibt es eine kurze Vorwarnzeit. Je nachdem, wie viel Zeit bis zum Eintritt des eigentlichen Notfallgeschehens bleibt, können dann möglicherweise noch einige Maßnahmen zur unmittelbaren Vorbereitung

TAB. 1 ▶ Merkmale von Notfällen

… treten eher selten auf
… treten plötzlich und unerwartet auf
… sind für die Betroffenen meist eine völlig neue Erfahrung
… beinhalten akuten Handlungsbedarf
… verlaufen sehr dynamisch
… können nicht oder nur in geringem Maße beeinflusst werden
… sind sehr unterschiedlich
… werden intensiv erlebt
… können negative Folgen verursachen

getroffen werden. Insgesamt handelt es sich für die Betroffenen jedoch um ungewohnte, meist völlig neue Erfahrungen. Häufig ist von einem psychischen Ausnahmezustand die Rede.

Generell beinhalten Notfälle akuten Handlungsbedarf. Um eine drohende Gefahr abzuwenden, muss sofortige Hilfe geleistet werden. Die Situation entwickelt sich häufig mit einer hohen Eigendynamik, die von außen nur in geringem Maße beeinflusst werden kann, so zum Beispiel bei einer Panikreaktion. Außerdem unterscheiden sich Notfälle stark voneinander, kein Notfall ist mit einem anderen vergleichbar. Unterscheidungsmerkmale sind die jeweilige Notfallursache, der betroffene Personenkreis, der Verlauf und nicht zuletzt die Dauer des Ereignisses. Bei einem Unfall ist das eigentliche Notfallgeschehen innerhalb weniger Minuten vorbei. Jemand stürzt die Treppe herunter und bleibt verletzt liegen. Der Rettungsdienst wird alarmiert und trifft nach wenigen Minuten an der Einsatzstelle ein. Daraufhin wird der Verletzte versorgt und in ein Krankenhaus gebracht. Völlig anders ist die Situation bei einer Geiselnahme. Solch ein Notfall dauert unter Umständen mehrere Stunden oder sogar Tage an, wie zum Beispiel die Geiselnahme im russischen Beslan 2004. Kinder, Eltern und Lehrkräfte wurden bis zur gewaltsamen Befreiung drei Tage lang in einer Schule gefangen gehalten. Auch die Entführung eines Kindes kann zu einem lang anhaltenden Notfallgeschehen führen.

Eine allgemeine Begriffsdefinition für *Notfall* bieten Lasogga und Gasch (2004). Demnach sind Notfälle »*Ereignisse, die aufgrund ihrer subjektiv erlebten Intensität physisch und/oder psychisch als so beeinträchtigend erlebt werden, dass sie zu negativen Folgen führen können*«. Eine solche Definition, die sich ausschließlich auf das subjektive Erleben bezieht, ist allerdings nicht unproblematisch. Jedes Ereignis könnte demnach ein Notfall sein, und ob ein Notfall eingetreten ist oder nicht, ließe sich anhand äußerer Merkmale überhaupt nicht erkennen. Ein schulischer Notfall könnte theoretisch schon in folgenden Fällen vorliegen:

- ein Schüler wird gehänselt
- ein Schüler beleidigt eine Lehrkraft (oder umgekehrt!)
- ein Schüler beschädigt Gegenstände, die einem anderen Schüler gehören
- eine peinliche Situation im Sportunterricht, etwa eine misslungene Turnübung
- eine beliebige Prüfungssituation
- eine deutliche Ansprache der Lehrkraft, weil ein Schüler erneut die Hausaufgaben nicht angefertigt hat
- die Rückgabe einer als mangelhaft bewerteten Klassenarbeit
- die Mitteilung, dass ein Schüler nicht versetzt wird usw.

Zur Eingrenzung der Thematik wird in diesem Buch deshalb pragmatisch vorgegangen: Aufgegriffen werden nur diejenigen Ereignisse, in denen üblicherweise auch der Rettungsdienst, die Polizei oder die Feuerwehr alarmiert werden (»Blaulicht-Notfälle«). Damit handelt es sich ausschließlich um Situationen, die vermutlich von den meisten Menschen als Notfall bezeichnet würden. Nicht bzw. nur indirekt angesprochen werden die »klassischen« (Veränderungs-) Krisen junger Menschen, wie sie unter anderem im Rahmen der Pubertät auftreten können. Definitionsgemäß handelt es sich bei ihnen nicht um Notfälle (Lasogga und Gasch 2008).

Um eine bessere Übersicht zu erreichen, lassen sich die Ereignisse, die hier behandelt werden sollen, in verschiedene Kategorien bzw. Notfalltypen einteilen. Diese Systematik wird nachfolgend vorgestellt.

2.2 Notfalltypen

Lasogga und Gasch (2004) unterscheiden zwischenmenschliche, technisch verursachte und medizinische Notfälle sowie Naturereignisse. Auch diese Einteilung erfolgt natürlich nur schematisch. Nicht immer ist es möglich, einen Notfall eindeutig einer Kategorie zuzuordnen. Häufig sind Überschneidungen möglich.

Der Austritt von Giftstoffen ist zunächst ein technisch verursachter Notfall. Eine daraus resultierende Vergiftung lässt sich aber auch als medizinischer Notfall betrachten. Wenn ein Giftstoff bewusst freigesetzt worden ist, zum Beispiel weil ein Schüler im Schulgebäude Reizgas versprüht hat, könnte das Ereignis als zwischenmenschlicher Notfall betrachtet werden. Schließlich ist er von einem Menschen verursacht worden, hat Auswirkungen auf andere Menschen usw. Eine Kategorisierung von Notfällen ist dennoch sinnvoll, da die einzelnen Notfalltypen mit jeweils anderen Belastungen verbunden sein können. Auch hilft sie dabei, systematisch unterschiedliche Interventionsstrategien zu entwickeln.

2.2.1 Zwischenmenschliche Notfälle

Bei den zwischenmenschlichen Notfällen handelt es sich um Notfälle, die letztlich durch die Interaktion von Menschen verursacht werden. Dazu gehören kriminelle Handlungen wie zum Beispiel Bedrohungen, Raubüberfälle, Schlägereien, Erpressungen, Missbrauchshandlungen, Entführungen, Geiselnahmen, Morde usw.

In einer für Deutschland repräsentativen Untersuchung von 44 610 im Durchschnitt 15-jährigen Schülern berichteten insgesamt 16,8% der Befragten, innerhalb der letzten zwölf Monate mindestens einmal Opfer einer Gewalttat geworden zu sein. 3,9% der Befragten haben fünf und mehr Gewalterfahrungen gemacht. 11,1% der Jugendlichen gaben dabei an, Opfer einer einfachen Körperverletzung geworden zu sein. 3,2% der Befragten schilderten, dass sie eine schwere Körperverletzung erlitten hatten. 6,8% der Befragten erlebten im Untersuchungszeitraum eine sexuelle Belästigung, 4,8% einen Raub und 2,6% eine Erpressung. Diese Angaben beziehen sich jedoch auf *alle* Gewalterfahrungen von Jugendlichen, unabhängig vom Tatort. Bezogen auf Gewalt, die unmittelbar in der Schule erlebt wurde, äußerten 20,9% der Befragten, geschlagen oder getreten worden zu sein. Andere Ereignisse traten im Vergleich dazu in Schulen weitaus seltener auf. So hatten zum Beispiel nur 1,6% der Befragten einen Raub oder eine Erpressung in ihrer Schule erlebt (Baier et al. 2009).

Amokläufe bzw. Massaker sind an Schulen ebenfalls eher selten. Allerdings handelt es sich hierbei um extrem dramatische Ereignisse. Und auch die Folgen sind enorm. Weltweit wurden bis heute rund 100 solcher School Shootings dokumentiert. Fast 200 Menschen wurden dabei getötet (Eckardt 2008, Scheithauer et al. 2008). Zwar ist in den vergangenen Jahren eine deutliche Zunahme entsprechender Ereignisse zu beobachten. Dennoch liegt die statistische Wahrscheinlichkeit, als Schüler Opfer eines School Shooting zu werden, lediglich bei 1:2 000 000. Ebenso wahrscheinlich ist es, Opfer eines Flugzeugabsturzes zu werden, an einem Insektenstich oder »*in Deutschland infolge einer Malariainfektion umzukommen*« (Eckardt 2008).

Neben den genannten kriminellen Akten können Suizide und Suizidversuche in die Kategorie zwischenmenschlicher Notfälle eingeordnet werden. Nach Unfällen sind Suizide bei Jugendlichen in Deutschland die häufigste Todesursache. So beendeten 2007 insgesamt 196 Jugendliche (149 Jungen und 47 Mädchen) im Alter von 15 bis 20 Jahren ihr Leben selbst. Daraus ergibt sich, dass durchschnittlich an jedem Schultag ein Jugendlicher Suizid begeht (Poelchau 2007). »Harte« Methoden werden dabei häufiger angewendet als »weiche«. Von den 196 durch Selbsttötung verstorbenen Jugendlichen haben sich nach Angaben des Statistischen Bundesamtes 69 erhängt bzw. stranguliert oder erstickt, 52 haben eine Kollision mit einem bewegten Gegenstand, etwa einem Zug, herbeigeführt und 40 sind aus großer Höhe in den Tod gesprungen. 13 Jugendliche haben ihren Tod durch eine Selbstvergiftung herbeigeführt. Etwa zehnmal so häufig wie vollendete Suizide ereignen sich Suizidversuche. 80% der Suizidhandlungen sind vorher angekündigt (Bronisch 2005).

Besonders dramatisch sind Suizide, die ein Kind oder Jugendlicher direkt in der Schule begeht. Am 21.06.2002 sticht sich beispielsweise ein 18-jähriger Gymnasiast in

Essen vor den Augen seiner Mitschüler mitten im Unterricht mehrfach in den Bauch. Er stirbt kurze Zeit später an den inneren Verletzungen. Am 16.05.2006 steht ein 16-Jähriger an einer Schule in Witten im Unterricht auf, übergibt einem Klassenkameraden einen Abschiedsbrief und stürzt sich aus dem Fenster.

Eine Übersicht besonders schwerer zwischenmenschlicher Notfälle, die sich in den vergangen Jahren an Schulen in Deutschland ereignet haben, enthält Tabelle 2.

TAB. 2 ▶ Zwischenmenschliche Notfälle an deutschen Schulen (Auswahl)

11.06.1964	Amoklauf in einer Volkhovener Grundschule: Ein 42-jähriger Mann stürmt mit einer Lanze und einem Flammenwerfer in die Schule. Acht Kinder und zwei Lehrerinnen werden getötet, 20 Schüler und Lehrer werden verletzt. Anschließend tötet sich der Täter selbst.
03.06.1983	Amoklauf an einer Gesamtschule in Eppstein-Vockenhausen: Der 34-jährige Täter ermordet drei Kinder, einen Lehrer und einen Polizeibeamten, bevor er sich selbst erschießt. 15 Personen werden verletzt.
09.11.1999	Ein 15-jähriger Schüler ersticht in Meißen seine Lehrerin mit 22 Messerstichen.
29.11.1999	Drei Schüler einer Hauptschule in Metten werden unter dem Verdacht festgenommen, ein School Shooting zu planen.
16.03.2000	Ein 16-Jähriger erschießt den Leiter eines Internats in Brannenburg und verletzt sich selbst schwer. Seit der Tat liegt der Jugendliche im Wachkoma.
19.10.2001	Ein 7-jähriges Mädchen wird in einer Münchener Grundschule vergewaltigt.
08.11.2001	Pfeffergasattacke eines Schülers in Baunach: 53 Verletzte.
13.02.2002	Ein mit Messern bewaffneter 17-Jähriger bringt 13 frühere Mitschüler an einer Hauptschule in Jüchen in seine Gewalt. Die Geiselnahme wird unblutig beendet.
19.02.2002	Ein 22-Jähriger erschießt den Schulleiter, verletzt einen Lehrer und zündet zwei Rohrbomben in einer Wirtschaftsschule in Freising. Anschließend tötet sich der junge Mann selbst.

2 ▶ Notfälle in Schulen

26.04.2002	School Shooting an einem Gymnasium in Erfurt: Der 19-jährige Täter ermordet zwölf Lehrkräfte, eine Sekretärin, zwei Schüler und einen Polizeibeamten.
11.06.2002	Suizidversuch eines 16-jährigen Schülers vor den Augen der Mitschüler in Essen.
02.07.2003	Ein 16-Jähriger aus der achten Klasse einer Realschule in Coburg schießt im Unterricht auf seine Lehrerin, verfehlt diese jedoch. Eine andere Lehrerin wird durch weitere Schüsse verletzt und zusammen mit einem Schüler zunächst als Geisel genommen. Später erschießt sich der Täter selbst.
16.01.2005	In Ahrensburg ersticht ein 20-Jähriger die Lehrerin seines jüngeren Bruders in ihrer Wohnung. Der jüngere Bruder erlebt die Tat als Augenzeuge mit.
07.03.2005	In Rötz schießt ein 14-Jähriger auf seinen Lehrer, allerdings ohne ihn zu treffen.
08.05.2006	An einer Hauptschule in Hamm verletzt ein 15-Jähriger einen Mitschüler durch Messerstiche in den Rücken lebensgefährlich.
29.05.2006	Durch Schläge eines 12-jährigen Schülers erleidet eine Lehrerin an einer Grundschule in Berlin Knochenbrüche im Gesicht.
20.11.2006	School Shooting an einer Realschule in Emsdetten: Ein 18-Jähriger verletzt 38 Schüler sowie den Hausmeister mit Schüssen und Sprengfallen. Anschließend tötet er sich selbst.
16.11.2007	Zwei Schüler eines Gymnasiums hatten möglicherweise ein School Shooting geplant. Nach einem Gespräch mit Polizeibeamten begeht einer der beiden Schüler Selbstmord.
11.03.2009	School Shooting an einer Realschule in Winnenden: Ein 17-Jähriger erschießt neun Schüler, drei Lehrer und – auf seiner Flucht – drei weitere Erwachsene. Sieben Schüler und zwei Polizeibeamte werden bei der Tat verletzt. Bei einem späteren Schusswechsel mit der Polizei tötet sich der Täter schließlich selbst.
11.05.2009	In Sankt Augustin plant eine 16-jährige Gymnasiastin einen Brandanschlag auf ihre Schule. Eine Mitschülerin kann die Tat verhindern, wird durch Messerstiche jedoch schwer verletzt.

2.2.2 Technisch bedingte Notfälle

Bei diesem Notfalltyp handelt es sich im Wesentlichen um *Unfälle*, die sich in technischen Zusammenhängen ereignen, zum Beispiel durch das Versagen von Sicherheits- und Überwachungseinrichtungen, durch Materialfehler oder Gerätedefekte. Hierzu zählen Brände, Explosionen, Rohrbrüche sowie akute Bauschäden am Schulgebäude, die zu herabfallenden Fassadenteilen oder sogar zu einem Gebäudeeinsturz führen können. In New York brach 1990 zum Beispiel die Wand einer Schulcafeteria zusammen. Dabei wurden neun Kinder getötet (Nader und Pynoos 1993).

Vor dem Hintergrund der angespannten Haushaltslage vieler Schulträger ist auch der Zustand vieler Schulgebäude in Deutschland desolat. Es besteht ein Renovierungs- und Sanierungsstau (Blaumeiser 2003). Daher sind technische Defekte sicherlich nicht selten, das Unfallrisiko steigt. In einer Untersuchung von 87 Schulen im Jahr 1997 fanden sich in 87% dieser Einrichtungen Schäden im Bereich der Flure und Treppenhäuser wie Stolperstellen auf den Böden, nicht abgerundete oder nicht erkennbare Stützen, Säulen und Pfeiler, Verglasungen ohne Sicherheitsglas usw. Auch in 30% der untersuchten Klassenräume wurden bauliche bzw. technische Mängel festgestellt, etwa hervorstehende ungesicherte Teile an den Wänden. In einem besonders schlechten Zustand befinden sich die sanitären Anlagen in Schulen. Sie sind teilweise so verdreckt und beschädigt, dass eine erhebliche Infektions- bzw. Verletzungsgefahr besteht und die Benutzung häufig unzumutbar ist. Auf Pausenhöfen stellen scharf vorspringende Kanten, gelegentlich auch Stacheldrahteinzäunungen, dornenreiche Hecken und Büsche weitere Verletzungsrisiken dar (Blaumeiser 2003). Darüber, wie viele Notfälle speziell durch technische bzw. bauliche Mängel in Schulen verursacht werden, gibt es allerdings keine statistischen Angaben.

Der Austritt von Giftstoffen, etwa im Chemieunterricht, gehört ebenfalls in diese Kategorie von Notfällen. An einer Hauptschule in Mülheim an der Ruhr zeigten 2001 sieben Kinder schwere Vergiftungserscheinungen, nachdem im Unterricht mit Kupfersulfat gearbeitet worden war. Im Sommer 2008 wurde an Schulen in mehreren Bundesländern Pikrinsäure gefunden, die durch unsachgemäße Lagerung hochexplosiv und dadurch zu einem Gefahrenpotential geworden war. Wenngleich es nirgendwo zu einer Explosion gekommen und niemand verletzt worden ist, waren Großeinsätzen der Feuerwehr, der Polizei und des Kampfmittelräumdienstes die Folge (HIMMELRATH 2008, PADTBERG 2008).

Als technische Notfälle werden auch Verkehrsunfälle eingeordnet. Nach Angaben der GESETZLICHEN UNFALLVERSICHERUNG (2008a) ereigneten sich im Jahr 2007 insgesamt 114 510 Schulwegunfälle. 24 432 Schüler verunglückten dabei mit dem Fahrrad, 12 232 als Insassen eines Pkw, 5 805 als Fußgänger, 5 599 mit einem motorisierten Zweirad und 2 620 bei der Fahrt mit dem Schulbus bzw. beim Ein- und Aussteigen, beim Warten an der Haltestelle oder beim Überqueren der Fahrbahn, um zur Bushaltestelle zu gelangen.

Pro 1 000 Schüler wurden – statistisch gerechnet – 6,63 Kinder bei einem Schulwegunfall verletzt. 55 Kinder bzw. Jugendliche wurden 2007 bei Schulwegunfällen getötet. Die meisten Schulwegunfälle mit Todesfolge entfielen dabei auf die beruflichen Schulen (28), gefolgt von Gymnasien (11). Größtenteils, in 60,7% aller Schulwegunfälle mit Todesfolge, starben die Getöteten als Insasse eines Pkw. Insgesamt ist die Zahl der Schulwegunfälle pro Jahr seit 2000 jedoch rückläufig. Eine beispielhafte Auswahl von verschiedenen technisch bedingten Notfällen (Unfällen) an Schulen bzw. im Umfeld von Schulen enthält Tabelle 3.

2.2.3 Medizinische Notfälle

Eine dritte Kategorie von Notfällen stellen medizinische Notfälle dar, insbesondere schwere Erkrankungen oder Erkrankungsfolgen wie zum Beispiel Herzinfarkte, Schlaganfälle, Unterzuckerungen, Asthmaanfälle, plötzliche Ohnmacht sowie allergische Reaktionen (KNIGHT et al. 1999). Nach GAGLIARDI et al. (1994) leisten rund 20% aller in einer Schule beschäftigten Personen mindestens einmal in ihrer Berufslaufbahn bei einem solchen Ereignis medizinische Erste Hilfe.

TAB. 3 ▶ Technische Notfälle an deutschen Schulen (Auswahl)

31.05.1999	Schulbusunfall in Dortmund: 24 Schüler und der Busfahrer werden verletzt.
19.01.2004	Schulbusunfall in Trittau: Drei Schüler werden verletzt.
09.02.2006	Beim Zusammenstoß eines Schulbusses mit einem Sattelzug in Coppenbrügge werden drei Jugendliche getötet und 13 weitere verletzt.
19.02.2006	Chemieunfall an einer Realschule in Coesfeld: Die Klasse hantiert mit Eisen und Schwefel, bis ein Schüler ein Reagenzglas fallen lässt. Sechs Schüler werden verletzt.
31.03.2006	Chemieunfall an einer Realschule in Neumünster: Wegen austretenden Formaldehyds klagen 36 Schüler und ein Lehrer über Atemwegsreizungen und Übelkeit.
25.09.2006	Chemieunfall an einer Gesamtschule in Essen: Durch die Reaktion von Natrium mit Bromwasserstoff werden ein Schüler und ein Lehrer verletzt.
30.01.2007	Durch den Defekt an einer Steckdosenleiste bricht im Klassenzimmer einer Kronberger Grundschule ein Feuer aus. Die gesamte Schule kann zunächst nicht mehr für den Unterricht genutzt werden.
02.06.2008	Chemieunfall an einem Gymnasium in Göttingen: Durch den Austritt von Salpetersäure werden zwölf Schüler und ein Lehrer verletzt.
04.12.2008	Beim Zusammenstoß eines Schulbusses mit zwei Personenwagen zwischen Bruck und Roding in der Oberpfalz werden ein Autofahrer getötet und 19 Schüler verletzt.
05.12.2008	Schulbusunfall in Niedersunzing: 21 Schüler werden verletzt, nachdem der Bus von der Fahrbahn abgekommen und in einen Graben gestürzt ist.
07.02.2009	Chemieunfall an einer Realschule in Bochum: Durch ein misslungenes Experiment mit Wasserstoff wird eine Verpuffung ausgelöst. 24 Schüler und zwei Lehrer werden verletzt.
10.03.2009	In Bonndorf stürzt ein Schulbus sechs Meter tief in ein Flussbett. Dabei werden 25 Kinder und Jugendliche verletzt.
29.05.2009	Bei Umbaumaßnahmen in einem Ratinger Schulgebäude wird eine Gasleitung beschädigt. 600 Schüler müssen vorübergehend evakuiert werden. Verletzt wird jedoch niemand.

Besonders zu beachten sind Krankheiten, die in hohem Maße ansteckend sind wie etwa eine bakterielle Meningitis (Hirnhautentzündung). Psychologisch angemessenes Handeln muss in diesen Fällen nicht nur das tatsächlich bestehende Ansteckungsrisiko berücksichtigen, sondern auch die Angst von Mitgliedern der Schulgemeinde vor einer vermuteten Ansteckungsgefahr. So wurden in Memmingen im April 2000 drei benachbarte Schulen vorübergehend geschlossen, nachdem eine Schülerin an Meningitis erkrankt war. Allen Mitschülern, Lehrern und Angehörigen der erkrankten Jugendlichen wurde empfohlen, sich vorsorglich medikamentös behandeln zu lassen. Über vergleichbare Ereignisse, zum Beispiel die Infektion mehrerer Schüler mit dem Erreger der so genannten Schweinegrippe im Juni 2009, wird in den Medien durchaus häufiger berichtet.

Als medizinische Notfälle kann man auch den Missbrauch von Drogen bezeichnen, insbesondere den Konsum von Medikamenten, Cannabis und Alkohol. Als unmittelbare Folge des Drogenkonsums können akute Atem- und Kreislaufstörungen sowie Rausch-, Erregungs- oder auch Erschöpfungszustände auftreten, die dann ihrerseits weitere akute Folgen für die Gesundheit nach sich ziehen. Ein Schüler, der nach einer Jahrgangsstufenfeier betrunken und unbemerkt in einem Gebüsch auf dem Schulhof einschläft, kann unter anderem durch Aspirations-, Unterkühlungs- und Unterzuckerungsgefahr in Lebensgefahr geraten.

Drei Beispiele, die der Berichterstattung in verschiedenen Tageszeitungen entnommen sind: Im April 2008 muss die Klassenfahrt einer Realschule von Kreuztal nach Oberhausen vorzeitig abgebrochen werden, nachdem sich ein 14-jähriger und zwei 16-jährige Schüler an Bord des Reisebusses derart betrunken haben, dass ein Rettungshubschrauber zum Einsatz kommt. Zwei Schüler müssen zur Behandlung in Krankenhäuser gebracht werden.

Im September 2008 wird ein 15-jähriger Schüler auf einer Klassenfahrt in Berlin von seinem Lehrer bewusstlos im Bett liegend aufgefunden, nachdem er »*fast eine Flasche*« Wodka getrunken hat. Zur Behandlung wird auch er auf die Intensivstation eines Krankenhauses eingeliefert.

Während einer Klassenfahrt nach Kemer in der Türkei kaufen sich elf Schüler eines Lübecker Bildungszentrums im März 2009 illegal hergestellten Wodka und trinken ihn heimlich auf ihren Zimmern. Drei Jugendliche sterben daraufhin an einer Methanolvergiftung. Vier Mitschüler müssen ebenfalls mit schweren Vergiftungserscheinungen im Krankenhaus behandelt werden.

2.2.4 Naturereignisse

Als Naturereignisse, die einen Notfall darstellen, sind in Deutschland vor allem Stürme, Lawinenabgänge und plötzliche Überschwemmungen zu nennen. In einigen anderen Ländern ließe sich an dieser Stelle auch auf Vulkanausbrüche und Erdbeben hinweisen (NADER und PYNOOS 1993).

Naturereignisse können während der Schulzeit auftreten und die Sicherheit der gesamten Schule gefährden. Eventuell führen sie dazu, dass Schüler und Lehrkräfte das Schulgebäude vorübergehend nicht verlassen dürfen. Mitunter haben sie auch einen Unterrichtsausfall zur Folge, weil die Schule – etwa durch extremen Schneefall – für viele Schüler und Lehrkräfte schlichtweg unerreichbar geworden ist. Darüber hinaus können Mitglieder der Schulgemeinde auch durch Medienberichte über Naturkatastrophen, die sich in größerer Entfernung ereignet haben, sehr betroffen sein. Dies konnte in vielen Schulen unter anderem nach der Tsunami-Flutkatastrophe in Asien (Dezember 2004) beobachtet werden.

2.3 Kategorisierung nach dem Gefährdungsgrad

Eine alternative, ebenfalls nur schematische Kategorisierung von Notfällen schlägt das nordrhein-westfälische Ministerium für Schule und Weiterbildung (2007) in seinen Notfallplänen vor. Demnach werden Notfälle nicht anhand des Notfalltyps, sondern in Anlehnung an die bekannten Ampelfarben nach dem Ausmaß der von ihnen ausgehenden Gefährdung eingeteilt:

- **Gefährdungsgrad grün bedeutet: Auf Gefahr achten!** In diese Kategorie werden kleinere Rangeleien, Beleidigungen und Pöbeleien, einfache Sachbeschädigungen, Todesfälle im schulischen Umfeld sowie die Äußerung von Suizidgedanken eingeteilt. Die Bewältigung dieser Situationen liegt zunächst in der alleinigen Verantwortung der betroffenen Schule, andere Instanzen wie die Polizei oder das Jugendamt können jedoch informatorisch eingebunden werden.
- **Gefährdungsgrad gelb bedeutet: Achtung, Vorsicht!** Als Situationen mit diesem Gefährdungsgrad werden zum Beispiel Körperverletzungen, Erpressung, Raub, Mord- oder Amokdrohungen, schwere Sachbeschädigungen, sexuelle Übergriffe und konkrete Suizidankündigungen genannt. Zur Bewältigung solcher Ereignisse sollen die Schulen stets mit der Polizei und anderen »außerschulischen Helfersystemen« zusammenarbeiten.
- **Gefährdungsgrad rot bedeutet schließlich: Höchste Gefahr, sofort Polizei rufen!** In diese Kategorie fallen schwere Körperverletzungen, Amokläufe, Geiselnahmen, der Gebrauch von Schusswaffen, Suizide innerhalb der Schule und Brände. Die Bewältigung dieser Situationen liegt zunächst in der Verantwortung professioneller Rettungskräfte.

2.4 Beteiligte Personengruppen

Bei Notfällen in Schulen sind fast immer mehrere Personen beteiligt. Die größte Personengruppe bilden die Schüler. Daher steht die Hilfeleistung für sie in dieser Veröffentlichung im Vordergrund. Zur zweitgrößten Gruppe gehören die Lehrkräfte. Es folgen die übrigen Mitarbeiter einer Schule wie zum Beispiel Erzieher, Sekretärinnen, Hausmeister, Küchenpersonal und Sozialarbeiter. Eher zufällig können sich zum Zeitpunkt eines Notfalls auch Handwerker und Besucher auf dem Schulgelände aufhalten. Anwohner in unmittelbarer Nachbarschaft können ebenfalls vom Notfall betroffen sein. Zudem werden Eltern, Großeltern, Geschwisterkinder und Freunde von Mitgliedern der Schulgemeinde mit dem jeweiligen Ereignis konfrontiert.

2.5 Art der Beteiligung

Alle genannten Personengruppen können in unterschiedlicher Weise an einem Notfall beteiligt sein: als Opfer, Verursacher, Augenzeuge, Zuschauer oder Helfer – möglicherweise auch in mehreren Rollen gleichzeitig. Ein Junge, der einen Klassenkameraden im Gedrängel auf dem Weg zum Pausenhof unabsichtlich die Treppe hinunterstößt, verursacht diesen Notfall, erlebt ihn aber auch als Augenzeuge mit. Lehrkräfte können selbst psychisch stark betroffen sein, während sie gleichzeitig anderen Betroffenen, vorrangig ihren Schülern, Hilfe leisten sollen.

Begrifflich werden direkt und indirekt Betroffene unterschieden. Die direkt Betroffenen sind die Opfer, d.h. die Personen, die bei medizinischen Notfällen als »Patienten« angesehen werden. Indirekt Betroffene sind alle anderen Menschen, die in irgendeiner Weise mit dem Notfall konfrontiert wurden wie etwa Augenzeugen und Zuschauer, aber auch Personen, die das Notfallgeschehen selbst überhaupt nicht miterlebt haben. So sind zum Beispiel die Eltern und Großeltern eines in der Schule oder auf dem Schulweg verunglückten Kindes während des Unfalls nicht anwesend. Sie erfahren erst im Nachhinein von ihm. Dann jedoch sind sie ebenfalls von dem Notfall betroffen. Gleiches gilt für Geschwisterkinder, Freunde und viele andere Personen aus dem Umfeld direkt Betroffener.

Zu beachten ist auch, dass Notfälle bei indirekt betroffenen Menschen belastende Erfahrungen aus deren Vergangenheit wachrufen können. Kluwe-Schleberger (2005) berichtet zum Beispiel davon, dass durch den massiven Polizeieinsatz nach dem Massaker in Erfurt bei einigen älteren Anwohnern des Gutenberg-Gymnasiums und der Großmutter eines Schülers Kriegserinnerungen (!) reaktiviert worden seien.

2.6 Notwendigkeit von Hilfe

Um der Entstehung negativer Notfallfolgen entgegenzuwirken, kann in Schulen einiges getan werden. Dabei richten sich *Maßnahmen der Prävention* zunächst an die gesamte Schulgemeinde. Sie werden vor dem Eintritt von Notfällen durchgeführt und sollen diese nach Möglichkeit insgesamt verhindern oder zumindest dazu beitragen, dass die Betroffenen im Falle eines Falles angemessen reagieren. Außerdem erleichtert Prävention die spätere Verarbeitung des Erlebten (PENTZ 2001).

In einem Notfallgeschehen ist immer eine bestimmte *Intervention* erforderlich. Dazu gehört, dass Notfallopfern nicht nur medizinische, sondern auch psychische Erste Hilfe geleistet wird. Im Umgang mit ihnen sollte darauf geachtet werden, sie psychisch zu stabilisieren, ihnen Halt und Orientierung zu geben und den Zustand der Hilflosigkeit möglichst rasch zu beenden. Zur Intervention gehören aber auch zahlreiche organisatorische Maßnahmen wie zum Beispiel das Einweisen von Einsatzkräften der Feuerwehr, der Polizei und des Rettungsdienstes.

In einigen Fällen sind über die Intervention im Notfallgeschehen hinaus weitere *Nachsorgemaßnahmen* notwendig, etwa bei Todesfällen, Amokläufen oder Unfällen, bei denen Mitglieder der Schulgemeinde schwer bis lebensbedrohlich verletzt wurden. Beim Auftreten besonders starker psychischer Reaktionen ist ebenfalls weitere Unterstützung erforderlich.

Einige Nachsorgemaßnahmen können Lehrer eigenverantwortlich durchführen. Nach Möglichkeit sollten jedoch Fachkräfte wie notfallpsychologisch weitergebildete Schulpsychologen oder psychosoziale Notfallhelfer (z.B. Notfallseelsorger und Mitarbeiter eines Kriseninterventionsdienstes) hinzugezogen werden. In seltenen Fällen ist bei Menschen, die eine Notfallsituation miterlebt haben, eine traumazentrierte Psychotherapie indiziert.

Mit dem Ende des eigentlichen Notfallgeschehens ist der Hilfebedarf also längst noch nicht vorbei. Nachsorgemaßnahmen können durchaus noch Tage, Wochen oder sogar Monate nach dem Notfall notwendig sein.

Dass nicht alle Menschen nach einem Notfall in gleicher Weise betroffen sind, kann schematisch mit den angeschnittenen Kreisen in Abbildung 1 verdeutlicht werden. Personen, die besonders starke Symptome zeigen und nach einem Notfall sehr heftig reagieren, sind im Zentrum anzuordnen, eher gering belastete Personen in der Peripherie (TAB. 4).

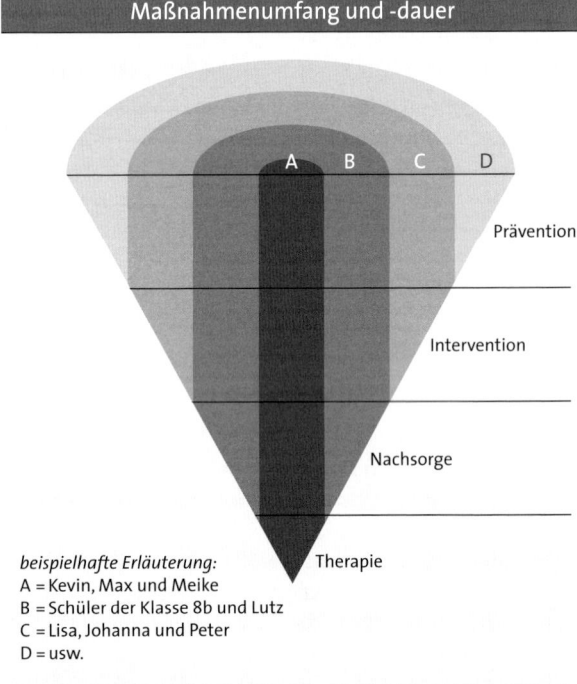

ABB. 1 ▶ Zielgruppengröße und zeitlicher Verlauf unterschiedlicher Hilfsangebote

Tab. 4 ▶ Zuordnung von Personen bzw. Personengruppen in das Kreismodell
(angelehnt an Englbrecht und Storath 2005)

Kreis	Personen
A	• Opfer eines Notfalls • Augenzeugen eines Notfalls • Verursacher eines Notfalls
B	• Personen, die zu einem Opfer in einer engen persönlichen Bindung stehen (Freunde, Sitznachbarn, Geschwisterkinder, Eltern) • Personen, die während des Notfalls in unmittelbarer Nähe waren
C	• weitere Mitschüler aus der Klasse eines Opfers bzw. Kollegen einer direkt betroffenen Lehrkraft • weitere Bekannte und Verwandte eines Opfers
D	• Mitschüler aus den Parallelklassen bzw. aus der Jahrgangsstufe eines Opfers sowie ggf. die gesamte Schulgemeinde

Der Kegel in Abbildung 1 enthält außerdem noch eine zeitliche Dimension: Die Prävention erfolgt *vor* einem Notfall, die Intervention unmittelbar *während* des Notfallgeschehens und die Nachsorge *im Anschluss* daran. Außerdem verdeutlicht der Kegel, für wie viele Personen die jeweilige Hilfeleistung angebracht ist. Eine traumazentrierte Psychotherapie ist keineswegs für alle von einem Notfall betroffenen Menschen indiziert. Bei vielen reichen die Intervention und einige Nachsorgemaßnahmen aus.

Zugegebenermaßen ist ein solcher Kegel, der sich nach unten hin immer weiter verjüngt, idealtypisch gedacht. Aus der Abbildung geht nicht hervor, dass der Bedarf an Nachsorgemaßnahmen in der Zeit nach einem Notfall variieren kann. Erfahren Kinder oder Jugendliche, die in ihrer Schule selbst ein schweres Unglück miterlebt haben, von einem ähnlichen Ereignis an einer anderen Schule, können zum Beispiel kurzfristig wieder umfangreichere Nachsorgemaßnahmen notwendig sein. In einem solchen Fall würde die stilisierte und auf den Kopf gestellte Abbildung eines Tannenbaumes den Hilfebedarf besser veranschaulichen.

3 Betroffene

3.1 Schüler

Nachfolgend wird beschrieben, wie Schüler Notfälle erleben. Thematisiert wird sowohl die Situation von Schülern als Patienten im medizinischen Sinne als auch die Situation von unverletzt-betroffenen Schülern, die einen Notfall als Augenzeuge oder Zuschauer miterlebt haben. Dabei entspricht die objektive Notfallschwere (wie z. B. die Beurteilung von Verletzungen eines Notfallopfers aus medizinischer Sicht) nicht immer der subjektiv empfundenen Belastung: »*Nicht das physikalische Ereignis zählt, sondern das psychische Erlebnis*« (RABENSCHLAG 2002). Somit können Notfälle, die einem Erwachsenen eher harmlos erscheinen, für Schüler sehr belastend sein.

3.1.1 Belastungen

Grundsätzlich ergibt sich die psychische Situation von Schülern in Notfällen aus einem komplexen Zusammenwirken von Belastungsfaktoren, Moderatorvariablen und situativen Variablen. Die Darstellungsform folgt im Wesentlichen der von LASOGGA und GASCH (2006) eingeführten Systematik zur Beschreibung der psychischen Situation erwachsener Notfallopfer. Bei Kindern und Jugendlichen müssen jedoch zahlreiche Besonderheiten der kognitiven, emotionalen und sozialen Entwicklung berücksichtigt werden (ABB. 2, ausführlich siehe KARUTZ 2008b).

Zunächst einmal können physiologische (körperliche) und psychologische Belastungen voneinander unterschieden werden. Bei den physiologischen Belastungen kann außerdem zwischen internen und externen – also von außen auf den Menschen einwirkenden – Belastungen differenziert werden. Die psychologischen Belastungen lassen sich wiederum in individualpsychologische und sozialpsychologische Belastungsfaktoren unterscheiden. Individualpsychologische Belastungen resultieren aus dem betroffenen Kind oder Jugendlichen. Sie hängen von individuellen

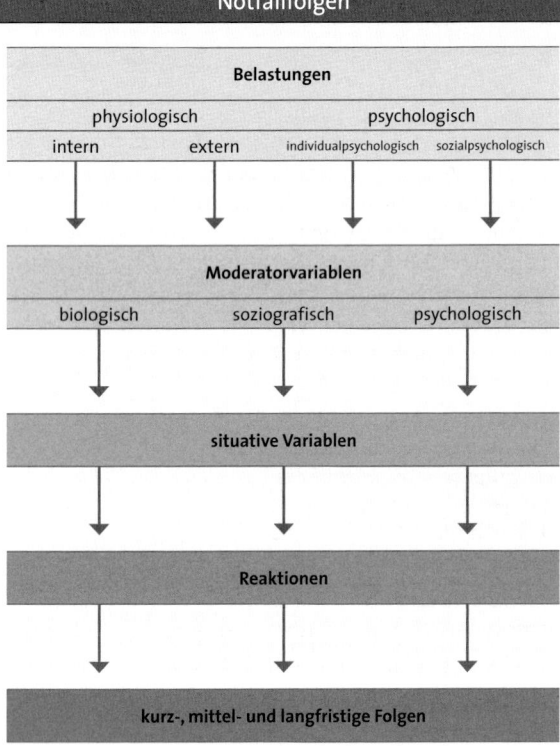

ABB. 2 ▶ Entstehung von Notfallfolgen durch das Zusammenwirken von Belastungsfaktoren, Moderatorvariablen und situativen Variablen

Merkmalen der Persönlichkeit, Gedanken, Vorerfahrungen, Befürchtungen und Erwartungen ab. Demgegenüber werden sozialpsychologische Belastungen durch die Interaktion mit anderen Menschen verursacht.

Die nachfolgend aufgeführten Belastungen treten selbstverständlich nicht immer gemeinsam oder gleich stark auf, sondern in unterschiedlichsten Kombinationen und unterschiedlich ausgeprägt; je nachdem, um welche Notfallsituation es sich handelt.

3.1.1.1 Physiologische Belastungen
Interne physiologische Belastungen
Schmerzen: Ist ein Schüler bei einem Notfall körperlich verletzt worden, hat er mehr oder weniger starke Schmerzen. Das subjektive Schmerzempfinden des Schülers hängt davon ab, inwieweit er gelernt hat, Schmerzen zu ertragen, und davon, für wie bedrohlich er seine Verletzung(en) hält. Dies wird wiederum durch sein Wissen und seine Vorstellungen im Hinblick auf den Bau und die Funktion des menschlichen Körpers beeinflusst. Vor allem jüngere Kinder sind über Lage und Bedeutung von Organen meist nur ungenau informiert. Daher schätzen sie bedrohliche Verletzungen mitunter als harmlos ein, während sie Bagatellverletzungen, etwa oberflächliche Wunden, unter Umständen als extrem bedrohlich erleben (DE KUIPER 1999, LOHAUS 2002).

Für das Schmerzempfinden von Schülern ist auch von Bedeutung, wie differenziert sie den eigenen Körper wahrnehmen. Jüngere Kinder zeichnen Menschen – ihrem eigenen Körperbild entsprechend – als »Kopffüßler«, bei denen der gesamte Körper als Kreis dargestellt wird, von dem nur Arme und Beine abstehen. Schmerzen werden in diesem Entwicklungsstadium möglicherweise nicht genau lokalisiert und einem einzelnen Körperteil zugeordnet, sondern als generalisierter Schmerz empfunden, der den gesamten Körper betrifft oder vorrangig auf den Bauch projiziert wird (LOHAUS 2002).

Durst: Zumindest bei Schülern im Grundschulalter ist die Körperoberfläche im Verhältnis zum Körpergewicht größer als bei Erwachsenen (FLAKE und SCHEINICHEN 2005). Daraus resultiert, dass Kinder dieses Alters über die Haut besonders viel Flüssigkeit verlieren. Bei hohen Temperaturen und länger andauernden Notfallsituationen, wie zum Beispiel einer Geiselnahme oder einem Großschadensereignis, kann es daher sein, dass diese Schüler sehr schnell ein starkes Durstgefühl entwickeln.

Bewegungseinschränkungen: Werden Kinder bei einem Notfall festgehalten oder dürfen sie sich, etwa bei einer Geiselnahme, auf Anweisung des Täters nicht bewegen, ist das für sie besonders belastend (LEVINE und KLEIN 2005). Kinder haben grundsätzlich einen stärkeren Bewegungsdrang als Erwachsene. Auch haben sie in der Regel noch nicht gelernt, sich für einen längeren Zeitraum ruhig zu verhalten. Hinzu kommt, dass viele Kinder sich gerade in einer Notfallsituation bewegen möchten, um Erregung abzubauen. Je weniger sie sich bewegen können, desto erregter sind sie. Schüler, die bei einem Notfall körperlich verletzt wurden, können ebenfalls belastende Bewegungseinschränkungen erfahren, zum Beispiel durch Knochenbrüche oder während der Durchführung medizinischer Untersuchungen (KARUTZ 2001).

Sensorische Empfindungen: Bei vielen Schülern treten in Notfällen ungewohnte sensorische Empfindungen auf. Ihnen wird schwindelig oder »*das Herz klopft ganz heftig*«. Vor allem bei Verletzungen können auch Taubheitsgefühle und – unabhängig von den Außentemperaturen – Kälte- oder Wärmeempfindungen auftreten. Viele dieser Empfindungen können Angst auslösen.

Externe physiologische Belastungen
Gerüche: Die Geruchswahrnehmung ist – zumindest bei jüngeren Schülern – offenbar intensiver als bei Erwachsenen. Unangenehme Gerüche können deshalb zusätzliche Ängste, Übelkeit oder Kopfschmerzen auslösen. Vor allem wenn sie unbekannt, scharf und stechend sind wie zum Beispiel der Brandrauch bei einem Feuer, der Geruch eines Desinfektionsmittels, eines besonders aufdringlichen Parfüms oder verbrannter Haut (DE KUIPER 1999, MANNEL 2003).

Lärm, Stille und Geräusche: Auch Stille (Schülerin: »*Wir saßen alle in der Klasse, und niemand hat einen Mucks von sich gegeben. Man hätte eine Stecknadel fallen hören können*«) oder plötzlich auftretender Lärm, zum Beispiel das Martinshorn der eintreffenden Rettungskräfte, können als etwas sehr Unangenehmes erfahren werden (TAPN 2005). Geräusche von Knochenteilen, die bei Frakturen aneinander reiben und das Würgen beim Erbrechen werden von Schülern als besonders unangenehm empfunden. Bei einem Verkehrsunfall vor einer Schule erlebten viele Kinder das Geräusch, als ein Mitschüler von einem Pkw erfasst und überfahren wurde, sogar als die größte Belastung des Notfalls (KARUTZ 2004a).

Hitze bzw. Kälte: Die Temperatur kann ebenfalls eine Belastung für Notfallopfer darstellen (LASOGGA und GASCH 2006). Kinder erleiden rasch eine Unterkühlung, wenn sie bei einem Unfall für einige Minuten auf dem Boden liegen oder bei einem Feuer aus der Schule in Sicherheit gebracht wurden und längere Zeit ohne Jacke im Freien stehen. Doch auch hohe Temperaturen, sowohl witterungsbedingte (z.B. durch Sonneneinstrahlung) als auch notfallbedingte (z.B. durch Wärmestrahlung eines Feuers), sind für Kinder belastend. Zu beachten ist in diesem Zusammenhang, dass Kinder generell weniger Ressourcen haben als Erwachsene, um Temperaturschwankungen zu kompensieren (FLAKE und SCHEINICHEN 2005).

3.1.1.2 Psychologische Belastungen
Individualpsychologische Belastungen
Neuheit, fehlendes Wissen: Wenn jüngere Schüler eine Notfallsituation erleben, ist das für sie – mehr noch als für Erwachsene – etwas völlig Neues. Sie verfügen häufig noch nicht über vergleichbare Vorerfahrungen. Ihnen fehlen Informationen, um das Erlebte angemessen erklären, bewerten und kognitiv nachvollziehen zu können. Zudem werden Wissenslücken bei Kindern manchmal mit magisch-mystischen, teilweise sehr irrationalen Annahmen und Vorstellungen geschlossen, die ihrerseits eine zusätzliche Belastung darstellen können (LOHAUS 2002). (Aussagen von Grundschulkindern: »*Ich glaube, der Jonas ist die Treppe heruntergefallen, weil wir gestern ›Klingelmännchen‹ gespielt haben!*« oder »*Die haben der Lisa eine Spritze gegeben, damit sie keine Hexe wird!*«)

Kontrollverlust: In Notfallsituationen haben Kinder weniger Kontrolle über das Geschehen und die Umwelt als üblich. Manchmal haben sie sogar den Eindruck, überhaupt keinen Einfluss mehr ausüben zu können. Dieser Kontrollverlust bzw. das mangelnde Selbstwirksamkeitserleben ist sehr belastend, und das umso mehr, je weniger ein Kind eigene Handlungsziele (z. B. schreien, weglaufen) verwirklichen kann (JUEN 2002).

Bei dem Massaker in Erfurt waren einige Schüler zum Beispiel nicht nur Augenzeugen und haben gesehen, wie der Täter auf ihren Lehrer geschossen hat, sie haben auch das Sterben des Verletzten miterlebt, ohne ihm helfen zu können. Die grausame Situation schildert WALDRICH (2007): *»Die Schüler sehen, dass Lehrer Wolff noch atmet. Dann fallen weitere Schüsse. Die Schüler hören Schreie. Noch lange kauern die Schüler in der Ecke des Klassenraums und müssen mit ansehen, wie ihr Lehrer stirbt. Sie hören ihn atmen. Einmal schluckt er noch und röchelt. Nach anderthalb Stunden ist er plötzlich still«.* Derartige Hilflosigkeit ist ein wesentlicher Risikofaktor für die Entwicklung negativer psychischer Folgen (NADER und PYNOOS 1993).

Sprachlosigkeit: Kinder im Grundschulalter können Schmerzen oder andere Dinge, die sie belasten, nicht immer ausreichend mitteilen (MANNEL 2005). Der jeweilige Stand der Sprachentwicklung ist eine Ursache dafür, dass manchmal tatsächlich die Worte fehlen und ein Kind nicht angemessen verbalisieren kann, was es bedrückt. KROL (2009) berichtet von Schülern, die nach der Entführung eines Klassenkameraden *»große Unbeholfenheit«* zeigten, ihre Gefühle in Sprache umzusetzen. LUEGER-SCHUSTER und PAL-HANDL (2004) bezeichnen dies als ein *»altersbedingtes Fehlen des sprachlichen Ausdrucks für innerpsychische Vorgänge«*.

Ein zusätzliches Problem besteht darin, dass viele Kinder, mitunter auch Jugendliche, Angst davor haben, ein Unglück mit der Äußerung bestimmter Dinge noch zu verschlimmern. Sie überlegen, was ihre Äußerung womöglich anrichten könnte, verzichten dann unter Umständen lieber darauf, etwas zu sagen und tun so, als wäre alles in

Ordnung. Wenn jüngere Kinder Schmerzen haben, kann es sein, dass sie diese bewusst verschweigen, weil sie fürchten, ihnen stehe sonst eine schmerzhafte Behandlungsprozedur, ein Krankenhausaufenthalt oder eine schreckliche Operation bevor. In ähnlicher Weise gilt dies für belastende Gedanken: Ein Schüler traut sich unter Umständen nicht, über sie zu sprechen, weil er fürchtet, er könnte für diese Art von Gedanken von seinem Lehrer bzw. seiner Lehrerin bestraft werden.

Sozialpsychologische Belastungen
Froschperspektive: Die Wahrnehmung eines Notfallgeschehens »von unten nach oben« kann ebenfalls Angst auslösen oder verstärken. Personen, die sich über ein Kind beugen, erscheinen überdimensional groß oder verzerrt. Das Wahrgenommene kann daher bedrohlich wirken (Lasogga und Gasch 2006).

Anblicke: Auch der Anblick von Verletzungen, Blutspritzern, Erbrochenem und Toten wird von Kindern als sehr belastend erlebt. Allein schon der Anblick von Notfallspuren, zum Beispiel Bremsspuren auf einer Straße oder Einschusslöchern in den Wänden eines Schulgebäudes, kann äußerst unangenehm sein. Kinder, die einen Notfall selbst überhaupt nicht miterlebt haben und nur solche Spuren des Ereignisses zu sehen bekommen, werden dadurch mitunter angeregt, sich das Geschehene in ihrer Fantasie auszumalen.

Zum Beispiel wurde ein Schüler auf seinem Fahrrad vor der Schule angefahren und schwer verletzt. Schüler, die lediglich das verbogene Fahrrad sahen, berichteten noch Monate später, dass sie sich immer wieder vorgestellt hätten, wie der verletzte Mitschüler ausgesehen haben muss, wenn schon sein Fahrrad so stark beschädigt war. Bei einem anderen Unfall haben Rettungsdienstmitarbeiter ihre blutverschmierten Handschuhe nach der Versorgung des Patienten in einem Mülleimer auf dem Schulgelände entsorgt. Der Anblick dieser Handschuhen führte zu wilden Spekulationen über die Verletzungen (Karutz 2004a).

Empathie: Generell können Schüler sich mit Notfallopfern identifizieren oder zumindest solidarisch verbunden fühlen. Sie haben für Notfallopfer häufig ein starkes Mitgefühl (TAPN 2005). Wenn keine Hilfe erfolgt und Erwachsene scheinbar untätig zuschauen, ist das für Schüler sehr unangenehm. Das Unterlassen von Hilfe ist für sie kaum nachzuvollziehen (KARUTZ 2004a).

Zudem ist sicherlich von Bedeutung, in welcher Beziehung direkte und indirekte Notfallopfer zueinander stehen. Wenn ein Schüler davon erfährt, dass ein Fremder verunglückt ist, dürfte dies eine andere Relevanz haben als wenn ein Klassenkamerad betroffen ist. Wenn Freunde eines Kindes, Geschwister, Eltern oder Lehrer von einem Notfall betroffen sind, ist dies für Kinder vor allem deshalb stark belastend, weil ihnen diese Bezugspersonen sonst Sicherheit vermittelt haben (FISCHER 2004).

Zuschauer und Medienvertreter: Kinder und Jugendliche empfinden ebenso wie Erwachsene die Anwesenheit von Zuschauern und Medienvertretern bei Notfällen als unangenehm (LASOGGA und GASCH 2006). Vor allem Fotografen werden als zusätzliche Belastung erlebt, weil sie eben nicht helfen, sondern aus Sicht der von einem Notfall betroffenen Schüler »*nur blöd herumknipsen*«.

Mitunter wird auch berichtet, dass Schüler nach Notfällen regelrecht bedrängt wurden, um zum Beispiel ein Interview zu geben oder sich zum Ablauf des Notfallgeschehens zu äußern. So schreibt eine Schülerin, die das Massaker in Erfurt miterlebt hat: »*Die sind alle gleich wie die Geier auf einen gestürzt. Aber die meisten Schüler haben nichts gesagt, konnten noch gar nichts sagen. Und wenn dann doch einer was gesagt hat, dann waren gleich alle auf einmal da, und das war schon schlimm*« (HAJDU 2005). Ein anderer Schüler des Gutenberg-Gymnasiums berichtete: »*Die Begegnung mit den Medien war sowieso der Hammer. Die waren teilweise so penetrant, das kann man ruhig sagen, die haben dir die Kamera unter die Nase gehalten, da hast Du nicht mehr atmen können*« (NIEMANN und NIEMANN 2005).

Altersunangemessenes Verhalten gegenüber Kindern: Wenn der Entwicklungsstand von Schülern bei der Hilfeleistung nicht ausreichend berücksichtigt wird, kann dies ebenfalls belastend sein. So berichteten Jugendliche von einem psychosozialen Notfallhelfer, der ihnen Buntstifte und Zeichenblöcke angeboten hat, um »*ein Bild zu malen*«. Die Jungen und Mädchen im Alter von 14 und 15 Jahren hätten nach eigenen Angaben jedoch »*viel lieber eine Zigarette geraucht*« (Karutz 2004a).

Besondere Äußerungen: In einer Studie gaben viele Kinder an, dass sie bestimmte verbale Äußerungen in einem Notfallgeschehen als besonders unangenehm erlebt haben (Karutz 2004a). Ein Beispiel: Bei einem schweren Verkehrsunfall in der Nähe des Schulgebäudes liefen jüngere Kinder – offenbar unter dem Eindruck des Erlebten – sehr aufgeregt herum und riefen laut »*Da kackt einer ab!*« oder auch »*Voll cool: Ich hab 'nen Toten gesehen!*«. Dies wurde von den älteren Schülern als sehr belastend empfunden. Gleiches gilt für Äußerungen, die Desinteresse oder Gleichgültigkeit von Dritten signalisieren (Aussage einer Lehrerin bei einem schweren Verkehrsunfall vor der Schule: »*Na, so schlimm wird es wohl nicht sein!*«).

3.1.2 Moderatorvariablen und situative Variablen

Die in einem Notfall auftretenden Belastungen werden von den Betroffenen auf unterschiedliche Weise erlebt. Verantwortlich dafür sind zahlreiche Moderatorvariablen und auch solche Variablen, die sich aus der Notfallsituation heraus ergeben. Diese Variablen können Belastungen verstärken oder verringern. Je nachdem, welche Wirkung sie haben, bezeichnet man sie als protektive (also schützende, belastungsvermindernde) Variablen oder Risikovariablen, die zum Beispiel auch die Entwicklung negativer psychischer Folgeschäden begünstigen. Nachfolgend wird zwischen biologischen, soziografischen und psychologischen Moderatorvariablen unterschieden. Anschließend werden situative Variablen dargestellt.

3.1.2.1 Biologische Moderatorvariablen

Geschlecht: Beim Umgang mit Emotionen und Schmerzempfindungen spielt auch das Geschlecht eine Rolle. Mädchen können körperliche Schmerzen häufig besser ertragen als Jungen. Außerdem werden Mädchen eher so sozialisiert, dass sie weniger Hemmungen haben, ihre Emotionen zu zeigen, also zu weinen oder über ihre Emotionen zu sprechen als Jungen.

Alter: Üblicherweise wird davon ausgegangen, dass jüngere Kinder bei Notfällen stärker belastet werden als ältere, weil sie in geringerem Maße über Bewältigungsstrategien verfügen. Doch kann ein geringes Lebensalter auch einen protektiven Faktor darstellen. Sehr junge Schüler können ein Notfallgeschehen noch nicht überblicken und die Folgen nicht einschätzen. Die Bedeutung eines Notfalls können sie jedoch aus dem Verhalten anderer Menschen erschließen. *»Je kleiner ein Kind ist, desto intensiver liest es vom Gesichtsausdruck seiner Bezugspersonen ab, wie ernsthaft die Gefahr ist«* (LEVINE und KLINE 2005). Sie können das Eintreten einer bedrohlichen Situation kognitiv nicht nachvollziehen, aber durchaus spüren (RIEDESSER 2003, BAILLY 1999).

Konstitution: Sowohl die generelle Konstitution als auch die aktuelle körperliche Verfassung sind von Bedeutung. Wer einen kräftigen Körperbau hat oder durchtrainiert ist, wird einen Notfall zumindest körperlich besser bewältigen. Demgegenüber können chronische Erkrankungen wie Diabetes mellitus oder vorübergehende gesundheitliche Einschränkungen wie eine Erkältung das Risiko von negativen Folgen erhöhen.

3.1.2.2 Soziografische Moderatorvariablen

Familie: Ein enger Zusammenhalt innerhalb der Familie kann die Verarbeitung des Erlebten erleichtern (DORFMÜLLER 2005). Ein konfliktreiches, disharmonisches Familienleben stellt dagegen eine zusätzliche Belastung dar (FISCHER und RIEDESSER 2003). Die folgenden Variablen können die Wahrscheinlichkeit, dass sich nach Notfällen negative Folgen entwickeln, ebenfalls erhöhen (EGLE et al. 2004):

- niedriger sozioökonomischer Status der Herkunftsfamilie
- schlechte Schulbildung der Eltern
- große Familien mit wenig Wohnraum
- Kriminalität oder Dissozialität der Eltern
- psychische Störungen eines Elternteils
- mütterliche Berufstätigkeit im ersten Lebensjahr
- früher Verlust der Mutter
- uneheliche Geburt des Kindes

Diese Variablen sollten wie die anderen Moderatorvariablen allerdings nicht isoliert betrachtet und in ihrer Wirkung auch nicht überschätzt werden.

Freunde: Wenn Kinder oder Jugendliche über dauerhafte und stabile Bindungen zu Freunden (Peers) verfügen, hilft ihnen das bei der Bewältigung des Notfalls. Unsichere oder fehlende Freundschaften stellen einen Risikofaktor dar (Fischer und Riedesser 2003). Dabei ist das Erleben der sozialen Unterstützung entscheidend, also nicht die Zahl, sondern die Qualität von Beziehungen (Kaluza 1996). So kann der »*Social Support*« (nach Dorfmüller 2005) »*unterstützend und positiv verstärkend oder aber auch sparsam reduziert, hilflos und kränkend ausfallen*«.

Schule: Das allgemeine Schulklima und die Atmosphäre in den Klassen beeinflusst ebenfalls, wie Notfälle erlebt werden. Hoher Leistungsdruck im Unterricht und Konflikte in der Klassengemeinschaft belasten zum Beispiel zusätzlich. Demgegenüber kann ein guter Zusammenhalt der Schüler untereinander sehr entlastend wirken.

Ferner ist von Bedeutung, wie sich die Lehrkräfte verhalten. Manche Lehrer reagieren auf Notfälle anscheinend überhaupt nicht und meinen, es wäre für Kinder das Beste, wenn man sie einfach in Ruhe lässt und wieder zur Tagesordnung übergeht (Landolt 2000). In Erfurt wurden beispielsweise kurz nach dem School Shooting schon wieder Klassenarbeiten geschrieben und auch bewertet. Andere Lehrkräfte integrieren notfallbezogene Erfahrungen von

Schülern aufwendig in ihre Unterrichtsgestaltung und bemühen sich für die Betroffenen um intensive Hilfe.

Auch Größe und Zusammensetzung einer Klasse sind für die Bewältigung eines Notfalls relevant. In einer größeren Klasse ist es vermutlich schwieriger als in einer kleineren, jedem einzelnen Schüler mit individuellen Nachsorgemaßnahmen gerecht zu werden. Ähnliches gilt für Klassen mit sehr unterschiedlich reagierenden Schülern, unterschiedlichen sozialen Hintergründen, unterschiedlich entwickelten Kindern usw.

Kulturelle Prägung: Notfälle werden auch in Abhängigkeit von der kulturellen Prägung unterschiedlich erlebt. Sozialisation und Religion vermitteln, wie man mit Schmerz umgeht, wie man trauert und worin Ursachen von Notfällen zu sehen sind. Ebenso kann die Bewertung einzelner Notfallsituationen kultur- und religionsabhängig variieren. Was von manchen als Wille Gottes aufgefasst und fatalistisch hingenommen wird, erfordert von anderen ein besonders engagiertes Handeln.

Medien: Wie sich Mediendarstellungen auf das Erleben von Notfällen auswirken, ist nur schwer einzuschätzen. Eine pauschale Beurteilung ist nicht möglich, da die Auswirkungen unter anderem von der Häufigkeit und der Art des Medienkonsums abhängen. So ist es zum Beispiel nicht unerheblich, welche Sendungen sich ein Schüler im Einzelnen ansieht und welche Texte er liest. Denkbar ist, dass das medial erworbene Wissen die psychischen Belastungen während eines Notfalls verstärkt. Ein verletztes Kind, das im Fernsehen Berichte über schmerzhafte Behandlungen gesehen hat, befürchtet eventuell, solche Prozeduren könnten auch bei ihm durchgeführt werden. Das Lesen von Zeitschriftenbeiträgen hat unter Umständen eine ähnliche Wirkung.

Berichte über Notfälle könnten auch desensibilisieren und zu einer emotionalen Abstumpfung führen. Immerhin hat ein durchschnittlicher 18-jähriger US-Amerikaner im Laufe seines Lebens 13 000 Stunden in der Schule und

25 000 Stunden vor dem Fernseher verbracht. Dabei hat er – statistisch errechnet – womöglich bis zu 32 000 Morde und 200 000 Gewaltakte gesehen. In Deutschland sehen jugendliche Schüler durchschnittlich vier Stunden fern am Tag. In 58% der Fernsehsendungen ist mindestens eine Gewalttat zu sehen (WALDRICH 2007).

Andererseits können sich Kinder aus Mediendarstellungen auch Wissen über angemessenes Verhalten in Notfällen aneignen, das sie dann in einem Notfall abrufen und das ihnen Sicherheit gibt. Darüber, wie häufig zum Beispiel in Fernsehsendungen auch Hilfeleistungen gezeigt werden, gibt es allerdings keine statistischen Erhebungen.

3.1.2.3 Psychologische Moderatorvariablen

Persönlichkeitsmerkmale: Einige Kinder sind robuster, aktiver und kontaktfreudiger als andere (Easy Temperament). Sie sind resilienter, also widerstandsfähiger, und können unangenehme Erfahrungen grundsätzlich besser verarbeiten als andere Kinder. Weitere Persönlichkeitsmerkmale, die vor einer Traumatisierung schützen, sind eine optimistische, fröhliche Grundhaltung, eine ausgeprägte Durchsetzungsfähigkeit, eine zumindest durchschnittliche Intelligenz sowie gute schulische Fähigkeiten. Die jeweiligen Gegenteile dieser protektiven Faktoren führen zu einer erhöhten Vulnerabilität von Kindern (HAUSMANN 2005, LAUCHT 2003, LACKNER 2004).

Erziehung: Auch das erzieherische Verhalten der Eltern und anderer Bezugspersonen kann beeinflussen, ob und wie Kinder dazu in der Lage sind, Belastungen zu bewältigen. Günstig wirkt es sich aus, wenn Kinder generell viel Eigeninitiative zeigen können, gelernt haben, sich selbst zu behaupten und altersentsprechend selbstständig sind. Demgegenüber ist es problematisch, wenn Kindern zum Beispiel alle Entscheidungen abgenommen und sie übermäßig behütet werden. In diesem Zusammenhang sei auf das Phänomen der »erlernten Hilflosigkeit« hingewiesen.

Einige Eltern drohen ihren Kindern auch Bettruhe, die Gabe von Spritzen oder die Durchführung anderer Behandlungsprozeduren durch einen Arzt als Bestrafung für ein Fehlverhalten an. Es liegt auf der Hand, dass sich diese fragwürdigen Erziehungsmethoden vor allem in medizinischen Notfällen, bei denen Injektionen, Infusionen usw. notwendig sind, zusätzlich belastend auswirken.

Todesvorstellungen: Auch Todesvorstellungen beeinflussen das kindliche Erleben eines Notfallgeschehens. Dies gilt wohlgemerkt nicht nur dann, wenn jemand verstorben ist. Vielmehr sind Todesvorstellungen auch dann von Bedeutung, wenn ein Kind – etwa aufgrund der subjektiven Einschätzung der Schwere einer Verletzung – sich selbst in Lebensgefahr vermutet oder den Tod eines anderen Notfallopfers befürchtet. Zu den Todesvorstellungen gibt es inzwischen viele umfangreiche Darstellungen, die jedoch durchweg nicht empirisch begründet sind. Wenn Todesvorstellungen bestimmten Altersstufen zugeordnet werden, sind die Altersangaben daher stets mit einiger Skepsis zu betrachten. Sie unterscheiden sich in den einzelnen Veröffentlichungen teilweise deutlich voneinander und sollten nicht als Dogma, sondern immer nur als grobe schematische Einteilung gesehen werden. Dies gilt auch für die folgenden Ausführungen und die Gliederung der Tabelle 5 (ausführlicher siehe z. B. Ennulat 2003, Leist 2004, Tausch-Flammer und Bickel 2006). Insbesondere ist zu beachten, dass das Todesverständnis immer auch stark davon abhängt, welche Erfahrungen ein Kind mit dem Thema »Tod« bereits gemacht hat und wie dieses Thema in der Erziehung aufgegriffen wurde.

Von Kindern in den ersten zwei bis drei Lebensjahren wird der Tod vor allem als Trennung empfunden. Wenn jemand, zu dem ein Kind bereits eine emotionale Bindung aufgebaut hat, plötzlich nicht mehr da ist, wird ein Kind darüber weinen und verzweifelt sein. Weil die Möglichkeiten, sich verbalsprachlich auszudrücken noch wenig entwickelt sind, kann Trauer nicht in Worte gefasst werden. Auch ein tieferes Verständnis des Todes ist in diesem Alter nicht vorhanden.

Bis zum siebten Lebensjahr glauben viele Kinder noch, der Tod könne unter Umständen verhindert werden und sei womöglich reversibel – ein Verstorbener schlafe nur und könne auch wieder aufwachen. Daraus resultiert bei einigen Kindern auch der Gedanke, dass ein Verstorbener im Sarg Platzangst bekommen könnte oder ihm vielleicht langweilig ist. Magisches Denken erlaubt Kindern in diesem Alter zudem gedankliche Verbindungen zu Verstorbenen (»*Der Opa passt vom Himmel aus auf mich auf, und deshalb kann mir nichts passieren.*«). Dass der Tod alle Körperfunktionen gleichermaßen betrifft, können sie noch nicht verstehen. Auch die Einsicht, dass sie selbst sterben können, fehlt ihnen noch.

Zwischen dem siebten und elften Lebensjahr stellen Kinder sich den Tod häufig personifiziert vor, zum Beispiel als Skelett, Sensenmann oder Geist. Daraus kann ein gesteigertes Interesse an dem Thema (als Interesse am Unheimlichen, Gruseligen), aber auch stärkere Angst vor dem Tod resultieren. Viele Kinder dieses Alters verstehen bereits, dass der Tod endgültig ist. Sie vertreten aber häufig die Meinung, dass nur sehr alte Menschen sterben. Dass letztlich jeder Mensch jederzeit sterben kann, ist für sie nur schwer nachzuvollziehen. Das natürliche Lebensende wird von ihnen

TAB. 5 ▶ Entwicklung des Todesverständnisses von Kindern und Jugendlichen

Altersstufe	Einsicht in Aspekte des Todes (+ = vorhanden, – = nicht vorhanden)			
	Irreversibilität des Todes (Der Tod ist unumkehrbar.)	Universalität des Todes (Jeder muss sterben.)	Non-Funktionalität (Alle Körperfunktionen hören auf.)	Kausalität des Todes (realistisches Verständnis verschiedener Todesursachen)
0 – 3	–	–	–	–
3 – 7	–+	–+	–	–
7 – 11	+	+	+	–+
ab 11	+	+	+	+

als Todesursache verstanden, nicht jedoch ein Unfall oder eine akute Erkrankung. Mitunter wird auch angenommen, dass Menschen früher sterben, wenn sie etwas Böses getan haben (ENNULAT 2003). Der Tod kann also auch als Bestrafung eines Fehlverhaltens verstanden werden. Mit der Zeit entwickeln die Kinder ein umfassenderes Todesverständnis. Entscheidend ist hierbei, inwiefern sie mit dem Thema Tod – zum Beispiel durch den Tod des Großvaters oder eines anderen Verwandten – in Berührung kommen.

Zwischen dem elften und zwölften Lebensjahr reift das kindliche Todesverständnis so weit, dass es dem eines Erwachsenen ähnelt. Kinder erkennen, dass der Tod (auch für sie selbst) unvorhersehbar, unabwendbar, irreversibel und allgemeingültig ist. Sie setzen sich zunehmend mit religiösen Vorstellungen eines Lebens nach dem Tod und mit Sinnfragen auseinander. Abhängig von Einflüssen aus der näheren Umgebung, speziell der Peer-Gruppe von Jugendlichen, kann sich auch eine besondere, mitunter problematische Faszination für Totenkulte, Mythisches und Jenseitiges entwickeln.

Coping-Strategien: Coping-Strategien sind Strategien, die zur Bewältigung belastender Situationen eingesetzt werden. Bei Kindern sind sie allerdings noch nicht so stark ausgeprägt wie bei Erwachsenen (KRÜGER et al. 2004). Zudem müssen funktionale, d. h. tatsächlich hilfreiche von dysfunktionalen, unter Umständen sogar schädlichen Strategien unterschieden werden.

Günstig ist eine aktive Auseinandersetzung mit der Umwelt. Beispielsweise wenn ein Schüler sich bemüht, Schwierigkeiten anzugehen und überlegt, was verändert werden müsste, damit es ihm besser geht. Kinder, die gelernt haben, mit unangenehmen Erfahrungen umzugehen und wissen, wer ihnen in einem Notfall helfen kann oder wie sich selbst helfen können, haben für die Bewältigung von Notfällen bessere Voraussetzungen. Besonders hilfreich ist es, wenn ein Kind Vertrauen zu anderen Menschen hat, mit Bezugspersonen offen über seine Gefühle und Gedanken sprechen mag und es ihm möglich ist, Hilfsangebote von anderen Menschen anzunehmen (MATEJCEK 2003, HAUSMANN 2006). Ungünstige Coping-Strategien sind zum Beispiel ausweichen, vermeiden, verleugnen und resignieren.

Vorbelastung und Risiko-Gesamtbelastung: Verständlicherweise sind vorbelastete Kinder besonders gefährdet, einen Notfall nicht angemessen verarbeiten zu können und unter negativen Folgen zu leiden. Eine vorangegangene Scheidung der Eltern, Todesfälle im sozialen Umfeld, sexueller Missbrauch, eigene psychische Störungen, Krankheiten sowie Erkrankungen der Eltern können die Risiko-Gesamtbelastung eines Kindes erheblich steigern. Auch besondere Entwicklungsphasen können ein zusätzlicher Risikofaktor sein. In der Pubertät zum Beispiel wird ein Kind mit vielen Veränderungen konfrontiert, mit denen umzugehen es erst noch lernen muss. Negative Notfallfolgen werden dagegen umso unwahrscheinlicher, je weniger ein Kind vorbelastet ist (FISCHER und RIEDESSER 2003).

3.1.2.4 Situative Variablen
Neben den beschriebenen Moderatorvariablen beeinflussen Merkmale der Situation, wie ein Notfall erlebt wird. Diese Merkmale werden nachfolgend als situative Variablen bezeichnet.

Notfalltyp: Notfälle, die von Menschen verursacht wurden (Man-Made-Disaster), werden in der Regel als belastender erlebt als Naturkatastrophen (BRÜGGEMANN und RIEDESSER 2006).

Dauer: Je länger ein Notfallgeschehen andauert, desto höher ist die Wahrscheinlichkeit, dass es zur Entstehung negativer psychischer Folgen kommt (NADER und PYNOOS 1993).

Wahrnehmbarkeit: Ob Kinder durch ein Notfallgeschehen belastet werden, hängt auch davon ab, ob sie es überhaupt als solches wahrnehmen bzw. erkennen. In Studien, die nach Unglücken in Kernkraftwerken durchgeführt wurden, konnte zum Beispiel nachgewiesen werden, dass diese Ereignisse – wenn überhaupt – nur sehr selten zu negativen psychischen Folgen bei Kindern geführt haben. Vermutlich hängt das damit zusammen, dass Radioaktivität unsichtbar ist und ihre Wirkung nicht unmittelbar deutlich wird. Genetische Schädigungen und Krebserkrankungen treten erst lange Zeit nach dem Zwischenfall auf. Kinder, die die Wirkung von Radioaktivität nicht (er-) kennen, sind psychisch daher unter Umständen auch nicht belastet (CORNELY und BROMET 1986, HANDFORD et al. 1986). Der hier dargestellte Zusammenhang von Wahrnehmung und Belastung könnte auf einige andere Notfälle übertragen werden.

Helfer: Auch das Verhalten der Helfer beeinflusst das Notfallerleben. In vielen Fällen wird das Eintreffen der Rettungskräfte sehr positiv und entlastend erlebt (Schülerin: *»Als wir das Martinshorn hörten, waren wir so erleichtert! Endlich kam Hilfe!«*). Wenn sich bei Notfällen jedoch mehrere, noch dazu fremde Personen, wie Feuerwehrleute, Polizisten oder Rettungsdienstmitarbeiter, auf die von einem Notfall betroffenen Schüler stürzen, kann auch das als eine Bedrohung erlebt werden und Angst auslösen (HOFMANN 1999). Das gilt auch dann, wenn sich Menschen einem Kind nähern, die ihm doch eigentlich nur helfen möchten. Zumindest jüngere Kinder erkennen die Absicht von Helfern unter Umständen nicht, da sie noch keinen Perspektivwechsel vornehmen können (KARUTZ 2001, GLANZMANN 2004).

Anwesenheit und Verhalten von Bezugspersonen im Notfall: Es ist ein großer Unterschied, ob ein Kind eine Notfallsituation allein erlebt oder ob eine Bezugsperson bei ihm ist. In Anwesenheit vertrauter Personen fühlen Kinder sich auch in Notfällen relativ sicher und geborgen. Demgegenüber erlebt ein Kind eine solche Situation als besonders starke Belastung, wenn es keine Begleitung hat. In Studien, die kurz nach dem Zweiten Weltkrieg durchgeführt wurden, konnte in diesem Zusammenhang festgestellt werden, dass Kinder, die Bombenangriffe gemeinsam mit ihren Eltern erlebt hatten, diese Erfahrung offenbar besser verarbeiten konnten als Kinder, die in guter Absicht von ihren Eltern getrennt und in ländliche Regionen bzw. dortige Kinderheime verschickt wurden, um vor den Luftangriffen geschützt zu sein (Fischer und Riedesser 2003).

Aber nicht nur die bloße Anwesenheit, auch das (Modell-) Verhalten der Bezugspersonen spielt eine Rolle. So orientieren sich vor allem jüngere Kinder bei ihrer Bewertung eines Notfallgeschehens am Vorbild der Erwachsenen in ihrer Umgebung: Ein erschrockener Gesichtsausdruck sowie schnelles und lautes Sprechen oder Schreien signalisieren zum Beispiel, dass etwas Besonderes geschehen sein muss und offensichtlich Gefahr droht. Die Angst eines Kindes kann dadurch erheblich zunehmen (Nader und Pynoos 1993). Ein Lehrer, der selbst vor Angst zittert, wird seine Schüler also kaum beruhigen können. Bleibt er jedoch ruhig und gelassen, gibt es auch für seine Schüler zunächst keinen Grund zur Beunruhigung (Riedesser 2003, Fischer 2004).

Auswirkungen eines Notfallgeschehens: Außer dem Notfallereignis sind auch dessen Folgen zu beachten. Es ist ein erheblicher Unterschied, ob ein Notfallopfer nach einem Verkehrsunfall nur ambulant behandelt werden muss oder ob es seinen Verletzungen erliegt (Eckardt 2005). Ein Schüler, der den Tod seiner Mutter miterlebt, muss nicht nur das Ereignis an sich verarbeiten. Ihm wird die Mutter in der Zukunft fehlen; was unter Umständen viel schwieriger zu verkraften ist.

Auch andere Auswirkungen eines Notfalls beeinflussen die Bewältigung des Erlebten. Kinder, die nach einem Erdbeben ihren Wohnort wechseln mussten, zeigten zum Beispiel stärkere Belastungsreaktionen als Kinder, die den Wiederaufbau der Stadt miterleben konnten (Goenjian et al. 1997). Nicht zuletzt können längere medizinische Behandlungen, bestimmte Behandlungsprozeduren sowie erlittene körperliche Beeinträchtigungen mit starken psychischen Belastungen verbunden sein. Eine erneute, dann eventuell kumulative Traumatisierung kann auf diese Weise begünstigt werden (Lackner 2004).

Abschluss eines Notfallgeschehens: Ob ein Notfallgeschehen bis zu einem psychologischen Abschluss verfolgt werden konnte oder nicht, spielt ebenfalls eine wichtige Rolle. Es gibt Hinweise darauf, dass Kinder Notfälle zum Beispiel dann als besonders belastend erleben, wenn sie an einem Unglücksort zunächst alles beobachten, dann aber abgeschirmt werden und nicht mehr sehen können, dass die Betroffenen Hilfe erhalten. Es kann also hilfreich sein, wenn Kinder ein Notfallgeschehen mitverfolgen können, bis Verletzte abtransportiert oder beschädigte Fahrzeuge abgeschleppt werden. Gestützt wird diese Überlegung durch die Erkenntnis, dass unerledigte bzw. unterbrochene Handlungen grundsätzlich stärker erinnert werden als erledigte (Zeigarnik 1927, Karutz 2004a).

3.1.3 Reaktionen und Folgen

Das Zusammenwirken von Belastungsfaktoren, Moderatorvariablen und situativen Variablen kann eine Vielzahl unterschiedlicher psychischer Folgen nach sich ziehen. In der Fachliteratur wird auf »*vielfältige psychosoziale Konsequenzen*«, »*eine große Spannbreite psychischer Reaktionen*« sowie »*grundlegende Veränderungen der kindlichen Lebenssituation*« hingewiesen (Remschmidt 1994, Landolt 2000, Fischer 2004). Es können kurz-, mittel- und langfristige Folgen voneinander unterschieden werden:

▸ Kurzfristige Folgen – möglich wären auch die Bezeichnungen »Primärfolgen« und »Reaktionen« – treten unmittelbar nach dem Notfallereignis auf. Die jeweiligen Symptome klingen häufig nach Stunden, einigen Tagen oder wenigen Wochen wieder ab.
▸ Bei mittel- und langfristigen Folgen bleiben die bereits unmittelbar nach einem Notfall aufgetretenen Symptome entweder weiterhin bestehen, oder es entwickeln sich einige Zeit nach einem Notfall zusätzliche Symptome. Einige mittel- und langfristige Notfallfolgen resultieren zum Beispiel erst aus den vorangegangenen Reaktionen, sodass man sie als Sekundär- oder sogar Tertiärfolgen bezeichnen kann.

Die Abgrenzung kurz-, mittel- und langfristiger Folgen ist insgesamt aber eher schematisch zu verstehen und nicht immer eindeutig möglich (Tab. 6).

Häufig werden psychische Folgen von Notfällen mit der normalen Entwicklung von Kindern in Zusammenhang

Tab. 6 ▶ Reaktionen und Folgen von Notfällen bei Kindern und Jugendlichen

	emotional	kognitiv	Verhalten	körperlich
eher kurzfristige Reaktionen bzw. Folgen	• Angst • Wut • Traurigkeit • Schuldgefühl • Schamgefühl	• Gedanken • Intrusionen • Reaktion auf Hinweisreize • Schreckhaftigkeit • Konzentrationsstörungen • kompensatorische Fantasien • Dissoziation	• Erregung, Unruhe • Erstarrung • Regression • Aggression • Essverhalten • Vermeidungsverhalten • posttraumatisches Spiel	• Müdigkeit • Herzrasen • Schwindel • Schwitzen • Zittern • Frieren • Kopfschmerz • Übelkeit • Hyperventilation • Einnässen
	Akute Belastungsreaktion / Akute Belastungsstörung			
eher langfristige Folgen	• Angst- bzw. Panikstörung • Depression	• Veränderung von Grundüberzeugungen • Einschätzung der eigenen Vulnerabilität	• soziale Isolation • selbstverletzendes Verhalten • kontrollausübendes Verhalten • Sucht • Zwangshandlungen • Dissimulation	• Krankheiten
	Posttraumatische Belastungsstörung			
	Anpassungsstörung			
	Entwicklungsverzögerungen			
	Auswirkungen auf Schülergruppen			

gebracht und als Anzeichen der einsetzenden Pubertät interpretiert, sodass die eigentlich notwendige Hilfe unterbleibt. Anstelle einer Traumatisierung wird bei Schülern häufig eine Aufmerksamkeitsdefizitstörung (ADS) diagnostiziert. Daraufhin erfolgt zwar eine Behandlung, das eigentlich zugrunde liegende Problem bleibt aber unerkannt (Hofmann und Besser 2003). Beides ist nicht zuletzt deshalb unbefriedigend, weil ein unverarbeitetes psychisches Trauma als Risikofaktor für die Entwicklung zusätzlicher psychischer Störungen im späteren Leben angesehen werden muss (Perkonigg et al. 2000).

Zudem muss beachtet werden, dass die Symptome von Notfallfolgen insbesondere bei Kindern auch erst mit erheblicher Verzögerung auftreten können. Unmittelbar nach einem Notfall »funktionieren« manche Kinder erstaunlich gut (Lackner 2004). Wenn zum Beispiel die Mutter eines Kindes ernsthaft erkrankt, übernimmt das Kind mitunter zusätzliche Aufgaben innerhalb der Familie. Symptome psychischer Notfallfolgen treten dann unter Umständen erst auf, wenn die Mutter wieder gesund ist und sich die übliche Alltagsroutine wieder eingestellt hat. Zeigt ein Kind direkt nach einem Notfall keine Symptome und scheint es vollkommen unverändert, ist das folglich keine Garantie dafür, dass sich zu einem späteren Zeitpunkt nicht doch psychische Notfallfolgen bemerkbar machen.

Doch nicht jeder Schüler entwickelt negative psychische Folgen. Viele Schüler können Notfälle durchaus gut bewältigen. Und nicht jedes Kind, bei dem bestimmte Symptome auftreten, ist deshalb traumatisiert. Nach der Ermordung einer Lehrerin in Meißen zeigten 33,3% der untersuchten Schüler, die Augenzeuge der Tat gewesen sind, eine schwere und 27,7% eine mittlere Belastung. Bei immerhin 38,9% der untersuchten Schüler wurde jedoch nur eine leichte Belastung festgestellt (Pieper 2007b).

Die nachfolgend beschriebenen Folgen sind möglich, treten aber keineswegs zwangsläufig, nicht bei allen Schülern und auch nicht immer alle gemeinsam auf. Die Darstellung bietet somit nur einen Überblick über *potenzielle* Notfallfolgen. Sehr persönliche Erfahrungsberichte, die ebenfalls deutlich machen, wie unterschiedlich zum Beispiel das Massaker in Erfurt 2002 von einzelnen Betroffenen verarbeitet worden ist, enthält die Veröffentlichung von Becker (2005).

3.1.3.1 Kurzfristige Notfallfolgen

Als kurzfristige Notfallfolgen bzw. Reaktionen, die unmittelbar auf Notfallsituationen folgen, lassen sich emotionale, kognitive und körperliche Auswirkungen sowie Veränderungen des Verhaltens beobachten. Generell sind diese Notfallfolgen individuell sehr unterschiedlich.

Kurzfristige emotionale Notfallfolgen
Angst: Ähnlich wie bei Erwachsenen ist auch bei Kindern Angst eine besonders häufige Folge von Notfällen. Es kann eher diffuse, aber auch sehr konkrete Angst auftreten (Akademie Bruderhilfe 2002). So haben viele Kinder davor Angst, dass sie von ihren Eltern in einer Notfallsituation verlassen oder getrennt werden. Auch die bevorstehende Behandlung in einem Krankenhaus kann Angst auslösen. Zumal gerade Kinder häufig nicht wissen, was sie dort erwartet. Es entsteht dann Angst vor dem Unbekannten. Vor allem bei älteren Kindern bzw. Jugendlichen in der Pubertät, insbesondere bei Mädchen, können Verletzungen Angst auslösen, wenn durch sie eine bleibende Veränderung des äußeren Erscheinungsbildes verursacht werden könnte (16-jährige Schülerin, die eine Gesichtsverletzung erlitten hatte: »*Ist da später eine Narbe zu sehen?*«).

Wut: Notfallbetroffene Schüler sind häufig wütend. Sie richten ihre Wut auf verschiedene Dinge oder Personen: zum Beispiel auf Verursacher eines Notfalls bzw. (bei kriminellen Akten) den oder die Täter, auf Zuschauer, auf den aus ihrer Sicht verspätet eintreffenden oder nicht angemessen reagierenden Rettungsdienst, auf Medienvertreter oder auf sich selbst. Auch auf den Tod eines nahestehenden Menschen können Kinder sehr zornig reagieren, unter Umständen spielt dabei der Gedanke eine Rolle: »*Wieso hat der [Verstorbene] mich alleine gelassen? Das ist so gemein!*« Ferner kann Wut dadurch verursacht werden, dass Kinder in einem Notfallgeschehen keinen Sinn erkennen können (»*Das ist so unnötig und so unsinnig gewesen! Das macht mich richtig wütend!*«).

Traurigkeit und Trauer: Wenn Kinder ein Notfallereignis miterleben, kann dies zu großer Traurigkeit und Niedergeschlagenheit führen. Unter Umständen verlieren Kinder die Fähigkeit, sich zu freuen und erscheinen abgestumpft. Sie können antriebslos oder häufig müde sein. Vor allem wenn ein nahestehender Mensch verstorben ist, fühlen sich viele Kinder einsam (8-jähriger Grundschüler nach dem Tod eines Klassenkameraden: »*Jetzt habe ich niemanden mehr, mit dem ich spielen kann!*«).

Schuldgefühl: Jüngere Kinder haben nach einem Notfall oft unbegründete Schuldgefühle. Sie fühlen sich für das Geschehene verantwortlich, obwohl sie dazu keinen Anlass haben. Zu erklären ist dies mit der kognitiven Entwicklung der Kinder bzw. der Eigenart des kindlichen Denkens. Kinder können die tatsächlichen Ursachen eines Notfalls häufig noch nicht erkennen. Suchen sie dann nach einer Erklärung für das Geschehene, bleibt ihnen oftmals nichts anderes übrig, als anzunehmen, dass sie das Unglück – wodurch auch immer – selbst verursacht haben (Lackner 2004). Diese Denkweise wird als egozentriertes Denken bezeichnet: Der Betroffene erklärt das Erlebte aus sich selbst heraus und auf sich selbst bezogen (6-jähriger Grundschüler: »*Ich fand meinen Bruder immer doof. Bestimmt ist er deshalb angefahren worden*«). Die so entstehenden Schuldgefühle verursachen zusätzliche Angst, zum Beispiel vor einer Bestrafung für das Fehlverhalten. Bestimmte Erziehungsmethoden können die Entstehung solcher Schuldgefühle – wie bereits dargestellt – begünstigen.

Eine andere Erklärung für die Entstehung von Schuldgefühlen bei Kindern ist, dass es womöglich leichter ist, eigene Schuld zu ertragen, als sich eingestehen zu müssen, vollkommen handlungsunfähig und hilflos gewesen zu sein (Krüger 2007). Schuldgefühle können ferner entstehen, wenn ein Kind selbst unverletzt geblieben ist, während andere verletzt worden sind. MÜLLER-LANGE und ZIPPERT (2006) bezeichnen dies als »*Survival Syndrom*«, als »*das Leiden daran, selbst überlebt zu haben, während andere zu Tode kamen*«.

Schamgefühl: Auch kleinere Kinder empfinden Scham. Es ist ihnen – genau wie Erwachsenen – daher unangenehm, wenn sie von Fremden entkleidet oder angefasst werden. Bei älteren Kindern oder Jugendlichen ist das Schamgefühl besonders stark ausgeprägt. So kann ein Kind, das in der Schule verunfallt, es zum Beispiel als sehr belastend empfinden, dass andere Kinder dabei zuschauen, wie es verletzt und hilflos auf dem Boden liegt. Von einem Notfall betroffen zu sein, ist für ein Kind mitunter Anlass genug, sich zu schämen. Schamgefühl ist also unabhängig von körperlichen Verletzungen und dem Verhalten Dritter.

Kurzfristige kognitive Notfallfolgen
Gedanken: Haben Kinder eine Notfallsituation miterlebt, sind ihre Gedanken meistens stark von dem Erlebten geprägt. Bedingt durch ihren kognitiven Entwicklungsstand können jüngere Kinder völlig unlogische Schlüsse ziehen oder Zusammenhänge missverstehen (6-jähriger Grundschüler: »*Mein Bruder ist gestorben, weil er mir bei den Hausaufgaben geholfen hat.*«). Sie denken noch nicht so rational wie ältere Kinder.

Intrusionen: Erinnerungen an das Notfallgeschehen können sich Kindern immer wieder aufdrängen. Hierzu gehören vor allem Bilder, Stimmen (Schreie!), Geräusche (z.B. Martinshörner) und Gerüche. Diese Erinnerungen können in vielfältiger Weise mit Schlafstörungen verbunden sein. Kindern, die einen Notfall miterlebt haben, gelingt es häufig nicht mehr einzuschlafen. Oder sie haben Alpträume und wachen nachts mehrfach auf.

Starke Reaktion auf Hinweisreize: Visuelle oder akustische Eindrücke, die in irgendeiner Weise mit dem Notfall verknüpft sind, können heftige Reaktionen hervorrufen: zum Beispiel ein Pausengong, eine Lautsprecherdurchsage, das Stimmengewirr oder laute Rufe auf dem Schulhof, das Geräusch von Schritten, wenn jemand über den PVC-Boden des Schulgebäudes läuft usw.

Schreckhaftigkeit: Nach Notfällen können Schüler besonders schreckhaft sein, etwa beim Zuschlagen einer Türe, beim Umkippen eines Stuhles oder beim plötzlichen Auftreten anderer Geräusche. Die Geräusche müssen hierfür nicht unbedingt in einem direkten Zusammenhang mit dem Notfall stehen.

Konzentrationsstörungen: Bei vielen Kindern treten Konzentrationsstörungen auf, die sich unter anderem auf ihre schulischen Leistungen auswirken. Häufig ist zu beobachten, dass Kinder, die einen Notfall miterlebt haben, dem Unterrichtsgeschehen nicht mehr so aufmerksam folgen können (ENGLBRECHT und STORATH 2005). Leistungsstörungen, die schon vor einem Notfall bestanden haben, werden gegebenenfalls verstärkt (STEIL und STRAUBE 2002).

Kompensatorische Fantasien: Mit bestimmten Vorstellungen versuchen Schüler, eine tatsächlich erlebte Notfallsituation bzw. ihre Folgen ungeschehen zu machen oder zumindest eine Wiederholung des Ereignisses in der Zukunft zu verhindern. Solche Fantasien stehen in einem engen Zusammenhang mit dem Bestreben, wenigstens im Nachhinein etwas tun zu können, anstatt dem Notfallgeschehen hilflos ausgeliefert zu sein. Eine typische kompensatorische Fantasie ist zum Beispiel die Vorstellung, als Superheld an demjenigen Rache üben zu können, der einen Notfall verursacht hat. Mitunter bilden sich auch Glaubenssätze, von denen ein Kind überzeugt ist, dass sie erneute Notfallsituationen verhindern, und die deshalb auch das weitere Leben eines Kindes bestimmen können (»*Ich muss immer lieb und nett sein, damit den Menschen, die ich lieb habe, nichts Schlimmes geschieht*« oder »*Ich darf nicht fröhlich sein, sonst passiert wieder etwas Furchtbares*«, Beispiele zit. n. LACKNER 2004).

Dissoziationen: Bei Dissoziationen handelt es sich zunächst um einen Mechanismus des psychischen Eigenschutzes. Um die Reizüberflutung, die extreme Belastung und die besonders starke Erregung des Organismus in Notfällen zu überstehen, wird das Erleben des Geschehens aufgespalten. Die Notfallsituation wird nicht mehr als Ganzes wahrgenommen und folglich nicht als Ganzes verarbeitet und in das Gedächtnis integriert (LACKNER 2004). Einzelne Sinneseindrücke, Empfindungen und Gefühle bleiben voneinander getrennt und sind dem Bewusstsein nicht zugänglich. Damit verbunden sind eine veränderte Zeitwahrnehmung (»*Das war wie in Zeitlupe*«), Depersonalisations- (»*Ich konnte mich selbst von außen sehen*«) und Derealisationserlebnisse (»*Das war wie in einem Film*«) bis hin zu einem partiellen oder vollständigen Gedächtnisverlust (LUEGER-SCHUSTER und PAL-HANDL 2004).

Kurzfristige verhaltensbezogene Notfallfolgen

Erregung, Unruhe: Weil Notfälle einen psychischen Erregungszustand verursachen und große Mengen an Stresshormonen ausgeschüttet werden, ist es nahe liegend, dass notfallbetroffene Kinder mit erhöhter Wachsamkeit (Hypervigilanz) reagieren. Sie weinen, schreien, laufen aufgeregt herum oder sind insgesamt sehr unruhig. Einige Schüler werden vom Notfallort vielleicht sogar spontan weglaufen, etwa um so rasch wie möglich in der Nähe einer Bezugsperson zu sein oder um sich instinktiv von dem Gefahrenbereich zu entfernen. Bei einigen Schülern wird auch ein starker Rededrang auftreten. Sie wollen dann sofort und ununterbrochen von dem Erlebten berichten.

Speziell in Schulen ist dabei auch die Möglichkeit einer »psychischen Infektion« zu beachten: Wenn ein Kind sehr erregt und unruhig ist, kann sich dies auf andere Schüler übertragen. Weint ein Schüler, weinen rasch auch viele andere usw.

Erstarrung: Manche Kinder reagieren aber gerade nicht mit gesteigerter Aktivität. Sie sind in sich zurückgezogen, völlig still, bewegungsunfähig und auch in ihrer Gestik und Mimik regelrecht erstarrt. Sie wirken wie eingefroren (*Frozen Watchfulness*; Krüger 2006). Weil Kinder in diesem Zustand auch auf direkte Ansprache unter Umständen nicht reagieren, kann der Eindruck entstehen, dass sie keinerlei Anteil nehmen oder dass ihnen das Geschehene gleichgültig ist. Tatsächlich ist auch dieses Verhalten ein Schutzmechanismus, ohne den das Kind vom Erlebten überwältigt werden würde (Juen 2002).

Insofern wäre es auch eine Fehlinterpretation zu glauben, diese Kinder würden keine weitere Hilfe benötigen. Ganz im Gegenteil können gerade die apathisch wirkenden Kinder stärker belastet sein als schreiende oder weinende. Wenn ein Kind zumindest noch schreien oder weinen und dadurch auf sich aufmerksam machen kann, hat es offenbar noch gewisse Ressourcen, um auf das Geschehen Einfluss zu nehmen. Ein apathisch zurückgezogenes Kind kann demgegenüber so schockiert sein oder so große Angst haben, dass es nicht einmal mehr dazu in der Lage ist, Äußerungen von sich zu geben oder irgendetwas zu tun (Terr 1992, Karutz 2002b).

Regression: Auch der Rückfall auf eine vorangegangene Entwicklungsstufe kann durch das Miterleben eines Notfalls verursacht werden. So nässen manche Schüler nachts wieder ein, lutschen am Daumen oder sprechen in einer Babysprache. Eventuell erscheint ein eigentlich schon recht selbstständiges Kind auch zu Hause wieder sehr anhänglich, oder es möchte plötzlich wieder im Bett der Eltern schlafen (Eckardt 2005). Kinder im Grundschulalter können ihren Lehrern gegenüber plötzlich besonders anhänglich erscheinen und insgesamt ein verstärktes Bindungsverhalten zeigen. Riedesser (2003) erklärt diese Symptome als Versuch eines Kindes, »*auf das sichere Fundament früherer, prätraumatischer Entwicklungsphasen zurückzukehren. Sie sind auch ein Appell an die Bezugspersonen, ihm Zuwendung und Aufmerksamkeit wie einem Kleinkind zu schenken*«.

Aggression: Einige Kinder werden sich Helfern gegenüber aggressiv bzw. aversiv (ablehnend) verhalten, zum Beispiel mit den Füßen strampeln oder um sich schlagen. Denkbar ist auch, dass notfallbetroffene Kinder ausgerechnet diejenigen beschimpfen, die ihnen helfen wollen. Wichtig ist, dass dieses Verhalten – ebenso wie die beschriebene Teilnahmslosigkeit – nicht als unangemessen gewertet bzw. verurteilt wird. Es handelt sich um eine zulässige Reaktion auf das Erlebte, die aus dem hohen Erregungsgrad resultiert. Unangemessen wäre es, ein Kind auszuschimpfen oder in anderer Weise dafür zu bestrafen, dass es unmittelbar nach einem Notfall frech oder gereizt erscheint.

Essverhalten: Nach Notfällen kann häufig beobachtet werden, dass sich das Essverhalten von Schülern verändert. Appetitlosigkeit kann dabei ebenso auftreten wie besonders großer Hunger. So kommt es vor, dass Schüler nach einem Notfall deutlich an Gewicht verlieren oder zunehmen.

Vermeidungsverhalten: Vielen Kindern ist es sehr unangenehm, wenn sie nach einem Notfall mit Hinweisreizen konfrontiert werden, die Erinnerungen an das Erlebte wachrufen. Aus diesem Grunde vermeiden sie es, einen Klassenraum aufzusuchen, in dem sie verunglückt sind oder Augenzeuge eines Notfalls wurden. Schüler, die einen Verkehrsunfall miterlebt haben, trauen sich möglicherweise nicht mehr auf die Straße oder vermeiden es zumindest, die Straße entlangzulaufen, auf der sich der Unfall ereignet hatte.

Aber nicht nur Orte, auch Personen und Gespräche, die an das Erlebte erinnern, werden unter Umständen vermieden. Ein Schüler besucht zum Beispiel ein bestimmtes Fach plötzlich nicht mehr, weil in eben diesem Unterricht ein Notfall eingetreten ist. In der Folge eines Notfalls verweigern Kinder möglicherweise auch andere Aktivitäten, etwa Verabredungen mit Freunden oder die Teilnahme an Arbeitsgemeinschaften, selbst dann wenn ihnen diese Dinge früher große Freude bereitet haben (LACKNER 2004). Im Extremfall kann ein Kind den Schulbesuch auch insgesamt vermeiden.

Posttraumatisches Spiel: Eine weitere Notfallfolge bei Kindern ist das posttraumatische Spiel. Das bedeutet, Kinder spielen das Erlebte zwanghaft immer und immer wieder nach; realitätsgetreu oder symbolisch. Dabei werden meist Modellautos und Spielzeugfiguren verwendet, oder das Erlebte wird in Rollenspielen nachgespielt (Fischer 2004).

Kurzfristige körperliche Notfallfolgen

Neben den emotionalen, kognitiven und verhaltensbezogenen Auswirkungen können durch das Miterleben einer Notfallsituation auch diverse körperliche Reaktionen auftreten. Einige Kinder zittern, sie haben Herzrasen (Tachykardie) oder ihnen wird schwindelig. Andere Kinder schwitzen oder frieren und klagen über Schüttelfrost oder Kopfschmerzen. Wieder andere Kinder sind durch das Erlebte sehr erschöpft und müde, sie schlafen am Ort des Geschehens eventuell sogar ein.

Häufig treten bei Kindern zudem Bauchschmerzen oder Übelkeit bis hin zum Erbrechen auf. Bei Mädchen entwickelt sich öfter als bei Jungen ein Hyperventilationssyndrom, das heißt eine beschleunigte und besonders flache Atmung, die unbehandelt zu Muskelkrämpfen führen kann (Hyperventilationstetanie). Schließlich kann es sein, dass Kinder die Kontrolle über ihre Schließmuskeln verlieren und einnässen oder einkoten (Lueger-Schuster und Pal-Handl 2004).

Akute Belastungsreaktion bzw. Akute Belastungsstörung

Neben den bisher beschriebenen Notfallfolgen kann bei Kindern eine Akute Belastungsreaktion auftreten, wie sie im Diagnoseverzeichnis ICD-10 definiert worden ist (Dilling, Mombour und Schmidt et al. 2008). Im Diagnoseverzeichnis DSM IV-TR wird alternativ der weniger treffende Begriff Akute Belastungsstörung verwendet (Saß et al. 2003). Als Belastungsreaktionen nennt das Diagnoseverzeichnis ICD-10:

- ▸ eine Art von Betäubung
- ▸ eine gewisse Bewusstseinseinengung und eingeschränkte Aufmerksamkeit
- ▸ Unfähigkeit, Reize zu verarbeiten
- ▸ Desorientiertheit

Als Folge können auftreten:

- ein weiteres Sichzurückziehen aus der aktuellen Situation
- Unruhezustände
- Überaktivität wie Fluchtreaktion oder Fugue (unerwartetes Weggehen)
- vegetative Zeichen panischer Angst (z.B. Tachykardie, schwitzen, erröten)

Diese Symptome treten laut ICD-10 innerhalb von Minuten auf und gehen meistens innerhalb von Stunden oder zwei bis drei Tagen zurück. Zu beachten ist, dass die genannten Diagnosekriterien sich vorrangig auf Akute Belastungsstörungen bei Erwachsenen beziehen. Regressives und aggressives Verhalten, das Auftreten somatischer Beschwerden sowie das rasche Ab- und Wiederaufklingen einzelner Symptome, wie es vor allem bei Kindern beobachtet werden kann, werden im ICD-10 nicht ausreichend dargestellt (Lackner 2004, Landolt 2004).

3.1.3.2 Mittel- und langfristige Notfallfolgen

Generell können alle Symptome, die bereits bei den kurzfristigen Folgen beschrieben wurden, auch über einen längeren Zeitraum bestehen bleiben. So wurden in einer Studie der Akademie Bruderhilfe bei 38% der Kinder, die einen Verkehrsunfall miterlebt hatten, auch nach vier Jahren noch verschiedenste Symptome psychischer Notfallfolgen beobachtet. 37% dieser Kinder hatten noch immer Angst im Straßenverkehr, 30% hatten Schlafstörungen, 21% Konzentrationsschwierigkeiten. Häufige Alpträume und Unruhe gaben jeweils 16% der untersuchten Kinder an. Ein Absinken der schulischen Leistung konnte ebenfalls bei 16% der Kinder registriert werden. Aggressionen und Wutausbrüche traten bei 12% der Kinder auf (Akademie Bruderhilfe 2002).

Darüber hinaus können noch einige weitere Notfallfolgen beschrieben werden. Sie treten in der Regel jedoch nicht unmittelbar nach einem Notfall auf, sondern entwickeln sich erst einige Zeit nach dem Ereignis oder lassen sich definitionsgemäß erst nach einigen Wochen als Notfallfolgen diagnostizieren.

Mittel- und langfristige emotionale Notfallfolgen

Angst- bzw. Panikstörung: Angst, die zunächst nur in oder unmittelbar nach einem Notfallereignis empfunden wurde, kann sich im weiteren Verlauf als Angst- bzw. Panikstörung manifestieren. Häufig haben Kinder Angst davor, dass sich ein ähnliches Ereignis wiederholen könnte. In vielen Fällen entwickeln sie Angst vor der Angst, sodass ein Teufelskreis entsteht (LACKNER 2004). Eine Generalisierung von Ängsten (z. B. Angst vor Tieren, vor dem Alleinsein oder vor Dunkelheit) ist ebenfalls zu beobachten.

Depression: Einige Kinder und Jugendliche entwickeln nach Notfällen eine pessimistische Sicht der Zukunft. Sie sind anhaltend traurig, antriebslos und verlieren das Interesse an der Gestaltung konkreter Zukunftspläne. Möglicherweise sehen sie in ihrem Leben keinen Sinn mehr. Im Extremfall haben sie Suizidgedanken.

Mittel- und langfristige kognitive Notfallfolgen

Veränderung von Grundüberzeugungen: Unter Umständen stellen Kinder nach Notfällen ihre bisherigen Grundüberzeugungen (z. B. »*Meine Mutti passt schon auf mich auf.*«) in Frage, oder sie negativieren sie. Damit verbunden ist eventuell auch eine tiefe Verzweiflung und eine veränderte Einstellung zum eigenen Leben, zur eigenen Lebensführung und gegenüber anderen Menschen (»*Das Leben ist gefährlich.*«, »*Die Menschen sind böse – ich kann niemandem mehr vertrauen.*«, »*Gott hilft mir nicht – ich muss auf mich selbst aufpassen.*«). Auch die grundsätzliche Einstellung zur Schule kann sich ändern. Nach einem Notfall in der Schule entsteht womöglich der Eindruck »*Hier bin ich nicht mehr sicher!*« Im weiteren Verlauf könnte dies die Entstehung einer generellen Schulangst zur Folge haben (NADER und PYNOOS 1993).

Einschätzung der eigenen Vulnerabilität: Möglicherweise hat ein Notfall für Schüler auch Modellcharakter. »*Es tritt etwas zuvor Unvorstellbares ein und damit erscheint nun alles nur denkbar Schlimme möglich*« (LACKNER 2004). In diesem Zusammenhang sehen sich Kinder, die einen Notfall miterlebt haben, häufig selbst als verwundbarer bzw. gefährdeter an als früher. Kinder, die eine schwere Krankheit bei einem nahe stehenden Menschen miterlebt haben, schätzen oftmals auch ihre eigene Anfälligkeit für Krankheiten anders ein als vor dem Notfall (10-jähriger Schüler nach dem Tod seiner Mutter: »*Ich bekomme bestimmt auch einmal Krebs!*«).

Mittel- und langfristige verhaltensbezogene Notfallfolgen

Soziale Isolation: Kinder können sich nach einem Notfall von ihren Eltern und Freunden unverstanden fühlen, sodass sie sich zunehmend aus ihrem sozialen Umfeld zurückziehen. Unter Umständen werden auch langjährige und bewährte Freundschaften aufgekündigt. Das ist insbesondere dann der Fall, wenn ein notfallbetroffenes Kind nicht mit anderen über das Erlebte sprechen kann, weil es fürchtet, erst dadurch ausgegrenzt oder als anders abgelehnt zu werden. Ein solches Verhalten kann zu erheblichen Einschränkungen in der gesamten Lebensgestaltung führen.

Selbstverletzendes Verhalten: Mitunter zeigen Kinder nach Notfällen selbstverletzendes Verhalten. Sie reißen sich Haare aus, ritzen sich mit scharfen Gegenständen die Haut ein oder fügen sich absichtlich Verbrennungen zu, indem sie Finger in eine Kerzenflamme halten (LACKNER 2004). Nach JUEN et al. (2008) kann das mit einer durch dissoziative Mechanismen beeinträchtigten Körperwahrnehmung zusammenhängen. Selbstverletzendes Verhalten – oder auch ein gesteigertes Risikoverhalten – könnte dann ein Versuch sein, sich wieder zu spüren.

Kontrollausübendes Verhalten: Kinder können sich nach einem Notfall extrem kontrollausübend verhalten. »*Nachdem sie sich in der Notfallsituation hilflos und ausgeliefert gefühlt* *haben, streben sie jetzt danach, alles und jeden in ihrem Umfeld zu kontrollieren«* (FISCHER 2004).

Sucht: Vor allem Jugendliche können nach einer Notfallsituation eine Alkohol-, Nikotin-, Medikamenten- oder Drogenabhängigkeit entwickeln (LACKNER 2004). Sedierende (beruhigende) Substanzen wirken der anhaltenden Übererregung entgegen und helfen zunächst dabei, sich zu entspannen. Somit ist ein starker Anreiz vorhanden, Sedativa zu konsumieren.

Weitere Zwangshandlungen: ECKARDT (2005) weist darauf hin, dass neben dem Suchtverhalten auch andere Zwangshandlungen auftreten können. Hat ein Kind in einem Notfall starkes Ekel- oder Schamgefühl empfunden, kann das zu zwanghaftem, besonders häufigem Händewaschen führen. Jüngere Kinder haben eventuell magische Vorstellungen, nach denen sie durch das permanente Wiederholen bestimmter Verhaltensweisen (z.B. das mantraartige Wiederholen von Formeln oder Redensarten) ein Unglück rückgängig machen können (ECKARDT 2005).

Dissimulation: Mitunter erscheinen Kinder nach Notfällen besonders lieb, heiter oder – vor allem in der Schule – besonders leistungswillig. Auf den ersten Blick sind keine negativen Notfallfolgen zu erkennen. Möglicherweise geben sich jedoch gerade diese Kinder die Schuld für das Geschehene und versuchen, mit ihrem Verhalten eine Art Wiedergutmachung zu erreichen. Denkbar ist außerdem, dass Kinder mit der Dissimulation (so tun, als ob alles in Ordnung wäre) versuchen, das Notfallereignis ungeschehen zu machen (KRÜGER, BRÜGGEMANN und RIEDESSER 2004).

Mittel- und langfristige körperliche Notfallfolgen
Einige Zeit nach einem Notfall können sich auch anhaltende körperliche Störungen entwickeln, die durchaus die Diagnosekriterien verschiedener Krankheiten erfüllen. Als *»typische posttraumatische Auffälligkeiten«* bezeichnet ECKARDT (2005) Hautausschläge, Verdauungsstörun-

gen, Kopfschmerzen bzw. Migräne, Geschwüre und Infekte (Viruserkrankungen).

Posttraumatische Belastungsstörung
Als eine weitere mittel- bzw. langfristig anhaltende Notfallfolge wird die Posttraumatische Belastungsstörung (PTBS) bezeichnet. Kriterien für die PTBS sind (Herbert 1999, Saß et al. 2003):

> - Eine Person wurde mit einem traumatischen Ereignis konfrontiert, das äußerst bedrohlich war und zu Hilflosigkeit oder Entsetzen, bei Kindern auch zu aufgelöstem oder agitiertem Verhalten führte.
> - Das traumatische Ereignis wird in irgendeiner Form beharrlich wieder erlebt. Themen und Aspekte des Traumas können im Spiel oder in Träumen deutlich werden (wobei beängstigende Träume bei Kindern auch ohne wiedererkennbaren Inhalt möglich sind).
> - Hinweisreize führen zu einer starken psychischen Belastung und körperlichen Reaktionen.
> - Reize, die mit dem Trauma verbunden sind, werden vermieden oder die Reagibilität flacht insgesamt ab.
> - Anhaltende Symptome erhöhten Arousals sind zu verzeichnen, etwa Durchschlaf- und Konzentrationsschwierigkeiten, Reizbarkeit, übermäßige Wachsamkeit und Schreckreaktionen.
> - Das Störungsbild dauert länger als einen Monat.

Die Forschungslage zur Prävalenz der Posttraumatischen Belastungsstörung bei Kindern ist derzeit jedoch ausgesprochen uneinheitlich. Die Häufigkeit, mit der Posttraumatische Belastungsstörungen bei Kindern auftreten, schwankt in Abhängigkeit von der jeweiligen Untersuchungsmethode und den Notfallsituationen, die den jeweiligen Studien zugrunde liegen, so erheblich, dass kein klares Bild erkennbar ist. Bei Kindern, die Unfälle miterlebt haben, wurden PTBS-Prävalenzraten zwischen 14 und 100% festgestellt. Bei

Kindern, die misshandelt wurden, werden Prävalenzraten zwischen 18 und 58% beschrieben. Nach Terrorakten entwickeln zwischen 28 und 50% der betroffenen Kinder eine Posttraumatische Belastungsstörung (Landolt 2004).

Nach einem Amoklauf an einer amerikanischen Schule zeigten 38% von 159 befragten Schülern »mittelschwere bis schwere Symptome« einer PTBS. Am stärksten betroffen waren Kinder, die das Opfer kannten und sich in der Nähe aufgehalten haben, als geschossen wurde (Pynoos et al. 1987).

Auch in einer Studie von Schwarz und Kowalski (1991) wurden Kinder und Erwachsene befragt, die ein School Shooting miterlebt hatten. 27% der Kinder und 19% der Erwachsenen zeigten dabei zumindest einzelne Symptome einer Posttraumatischen Belastungsstörung. Insgesamt waren die Kinder stärker belastet als die Erwachsenen, sie berichteten von signifikant mehr Symptomen und gaben signifikant häufiger an, dass das Ereignis für sie »extrem belastend« gewesen sei.

Nach dem Massaker in Erfurt zeigten 46% der Schüler, die an einem Nachsorgeprojekt der Unfallkasse Thüringen teilgenommen haben, das Vollbild einer Posttraumatischen Belastungsstörung. Neun Monate später wurde diese Diagnose immer noch bei 19,7% der am Nachsorgeprojekt teilnehmenden Schüler aufrechterhalten (Scheithauer et al. 2008).

Anpassungsstörung
Teilweise bzw. unter bestimmten Bedingungen sind die bisher beschriebenen mittel- und langfristigen Notfallfolgen auch als Symptom einer Anpassungsstörung (Dilling, Mombour und Schmidt et al. 2008) zu betrachten. Unterschieden werden solche Anpassungsstörungen in Abhängigkeit von der jeweils vorrangigen Symptomatik wie zum Beispiel depressiven Symptomen, Angst oder Störungen des Sozialverhaltens. Bei Jugendlichen können insbesondere aggressive oder dissoziale Verhaltensweisen Anzeichen einer Anpassungsstörung sein (ausführlich siehe Landolt 2004).

Entwicklungsverzögerungen bzw. Entwicklungsstörungen

Nach dem Erleben von Notfällen können bei Kindern auch Verzögerungen und Störungen der kognitiven, emotionalen, sozialen und psychomotorischen Entwicklung auftreten (SEIFFGE-KRENKE 1994). Als eine mögliche Ursache nennt HÜTHER (2003) neurophysiologische Veränderungen im Gehirn. Eine weitere Erklärung für Entwicklungsverzögerungen ist, dass die Bewältigung eines Notfallgeschehens Ressourcen bindet. Zumindest vorläufig können die regulär anstehenden Entwicklungsaufgaben von einem Kind nicht oder nicht ausreichend bearbeitet werden.

Auswirkungen auf Schülergruppen

Zu den Folgen eines Notfalls, von denen einzelne Schüler mehr oder weniger stark betroffen sind, kommen unter Umständen noch Auswirkungen auf Schülergruppen, zum Beispiel die Klasse oder Jahrgangsstufe, hinzu. Teilweise sind diese Auswirkungen auch als direkte Folge der zunächst nur bei einzelnen Schülern aufgetretenen Symptome zu verstehen.

Reagiert ein Schüler nach einem Notfall häufig gereizt oder aggressiv, wirkt sich das auch auf sein Umfeld aus. Schüler, die nach einem Notfall sehr starke Symptome oder keinerlei sichtbare Betroffenheit zeigen, können bei Klassenkameraden auf Unverständnis stoßen und isoliert werden. Übererregung eines Schülers, die sich durch starken Bewegungsdrang, häufiges Herumlaufen, Hantieren mit Gegenständen usw. zeigen kann, nervt und verärgert andere Schüler.

Wenn Schüler sich nach Notfällen untereinander Schuld zuweisen, beinhaltet auch das ein großes Konfliktpotential. Auf »kalte« Konflikte, d.h. Streitigkeiten, die schon im Vorfeld eines Notfalls geschwelt haben, können Notfälle wie ein Katalysator wirken. Sie können zur Umwandlung in einen »heißen«, plötzlich eskalierenden Konflikt führen. Unbeholfenheit, innerhalb einer Klasse oder Jahrgangsstufe mit einem bestimmten Thema umzugehen, kann dieses Thema tabuisieren. Das Kommunikations- und Sozialverhalten in einer Schülergruppe,

d. h. der Umgang miteinander könnte sich dadurch insgesamt erheblich ändern.

Ökonomische Folgen
Neben den psychischen Auswirkungen sind auch die ökonomischen Folgen von Notfällen in Schulen zu beachten. So gibt die Unfallkasse Thüringen an, nach dem Massaker in Erfurt bis Mai 2007 insgesamt rund 4,7 Millionen Euro für Nachsorgemaßnahmen aufgewendet zu haben. Davon entfallen etwa 2,5 Millionen Euro auf die ambulante und stationäre Behandlung der Opfer, etwa 880 000 Euro auf Versicherungsrenten und etwa 680 000 Euro auf Hinterbliebenenrenten. Umbau und Renovierung des Schulgebäudes haben weitere 10 Millionen gekostet, wobei diese Kosten vom Bund übernommen wurden. In der Auflistung nicht enthalten sind Kosten, die durch den umfangreichen Polizei- und Rettungseinsatz sowie die anschließende Ermittlungsarbeit verursacht wurden. Beispielsweise waren allein 973 Polizeibeamte im Einsatz (PIEPER 2007a). Nach dem Massaker in Emsdetten waren 222 Einsatzkräfte der Feuerwehr und des Rettungsdienstes sowie etwa 600 Polizeibeamte vor Ort (WILP und ALBERS 2007).

3.1.3.3 Positive psychische Folgen
Es soll nicht unerwähnt bleiben, dass Notfälle in Schulen auch mit positiven Auswirkungen verbunden sein können. Bislang wurden zwar nur Studien veröffentlicht, die positive Notfallfolgen bei Erwachsenen thematisieren. Auch ist unklar inwieweit die Erkenntnisse aus diesen Untersuchungen auf Schüler übertragen werden können. Nach LANDOLT (2004) gibt es »*aus der klinischen Erfahrung heraus*« jedoch deutliche Anhaltspunkte dafür, dass auch bei einigen Kindern und Jugendlichen positive Auswirkungen von Notfällen beobachtet werden können.

LACKNER (2004) weist zum Beispiel darauf hin, dass das Miterleben von Notfällen eine Erfahrung sein kann, durch die Kinder »*mit der Zeit reifen und an Tiefe gewinnen können. Manche Kinder sind nach einem traumatischen Ereignis innerlich stark gefestigt, haben an sozialer Reife und*

Verantwortungsgefühl gewonnen und zeigen eine tiefe Weisheit und Spiritualität«. Über Grundschüler, die mit der Entführung und Ermordung eines Klassenkameraden konfrontiert worden sind, schreibt die Grundschullehrerin KROL (2009): »*Die arglose Weltsicht der Kinder hat sich offenbar zu einer realistischeren Einschätzung der Welt weiterentwickelt*«.

Mehrere Notfallbetroffene können zudem – gerade in Schulen – eine enge »*Notfallgemeinschaft*« bilden (RÖTHLEIN 2007). Berichtet wird zum Beispiel von einer verbesserten Klassengemeinschaft, einem insgesamt positiveren Schulklima und davon, dass nach einem Notfall »mehr aufeinander geachtet und aufmerksamer, wertschätzender miteinander umgegangen wird«. In vielen Schulen findet, nachdem sich ein Notfall ereignet hat, auch die entsprechende Prävention eine stärkere Beachtung. Schulsanitätsdienste werden gegründet, Erste-Hilfe-Projekte durchgeführt, Streitschlichter ausgebildet usw. Es scheint also angebracht, bei Notfällen in Schulen nicht ausschließlich von der Entwicklung negativer Folgen auszugehen, sondern auch das Lern- und Entwicklungspotential solcher Ereignisse wahrzunehmen.

3.2 Lehrer

Auch für Lehrer können Notfälle sehr belastend sein. Viele Belastungen, Moderatorvariablen und situative Variablen, die in den Ausführungen zur Situation von Schülern beschrieben wurden, sind bei Lehrern ebenso oder in ähnlicher Weise gegeben. Um Wiederholungen zu vermeiden, werden sie nicht noch einmal aufgeführt. Im folgenden Abschnitt werden lediglich ergänzende Hinweise gegeben. Die Gliederung des Textes ist an das vorherige Kapitel (3.1) angelehnt. Erneut werden physiologische (körperliche) und psychologische Belastungen unterschieden. Anschließend werden einige ausgewählte Moderatorvariablen thematisiert. Viele der folgenden Ausführungen lassen sich auch auf andere Erwachsene übertragen, die einen Notfall in einer Schule miterleben, so zum Beispiel auf Hausmeister, Sekretärinnen oder das Küchenpersonal.

3.2.1 Belastungen

3.2.1.1 Physiologische Belastungen
Eigengefährdung: In einigen Notfällen sind auch Lehrkräfte einer Gefahr ausgesetzt, etwa bei einem School Shooting. Das subjektive Gefühl, gefährdet zu sein, kann sich jedoch auch unabhängig von einer tatsächlich gegebenen Gefährdung einstellen. Ein Lehrer kann zum Beispiel auch dann Todesangst empfinden, wenn er sich bei einem Amoklauf in der Schule weit entfernt vom Täter und außerhalb dessen Reichweite aufhält.

Schlafmangel: Notfälle in Schulen verursachen einen erheblichen Organisations- und Arbeitsaufwand. Lehrkräfte müssen zum Beispiel an vielen zusätzlichen Besprechungen teilnehmen, Elternabende veranstalten, Informationsbriefe schreiben, Einzelgespräche führen, spezielle Nachsorgemaßnahmen wie etwa eine Gedenkveranstaltung vorbereiten usw. Wenn so viele Aufgaben zu erledigen und Regenerationsphasen zu kurz sind oder insgesamt fehlen, finden viele Lehrer keinen ausreichenden Schlaf. Müdigkeit kann dann als wesentlicher Belastungsfaktor empfunden werden, und zwar umso intensiver, je länger die hohe Arbeitsbelastung anhält.

3.2.1.2 Psychologische Belastungen
Individualpsychologische Belastungen
Fehlende Erfahrung, mangelnde Kompetenz: Auch für viele Lehrer sind Notfälle etwas völlig Neues. Vorerfahrungen mit vergleichbaren Situationen fehlen häufig, und es ist keine Handlungsroutine vorhanden. Nach der Ermordung einer Lehrerin in Meißen 1999 äußerten die Lehrkräfte, sie seien »*über den richtigen Umgang mit ihren [traumatisierten] Kindern sehr verunsichert*« gewesen (Pieper 2007b).

Insgesamt schätzen viele Lehrer ihre eigene Kompetenz zur Bewältigung von Notfällen als eher gering ein. In einer Studie zur Psychischen Ersten Hilfe in Schulen äußerten 39,6% der befragten Lehrer, dass sie sich »*sehr schlecht*« auf Notfälle vorbereitet fühlen. 37,7% schätzten die eigene Vorbereitung »*schlecht*« ein und nur 5,7% »*gut*«. Lediglich 0,9% der Befragten waren der Meinung, »*sehr gut*« vorbereitet zu sein (STOERMER 2001).

Kontrollverlust, Hilflosigkeit: Gerade Lehrer sind es gewohnt, Kontrolle zu haben und letztlich auch eine gewisse Macht auszuüben. Ihren Schülern geben sie Anweisungen, in der Regel bestimmen sie, wie der Unterricht verläuft usw. Viele Aspekte eines Notfallgeschehens können – wie bereits dargestellt – jedoch nicht oder nur in geringem Maße beeinflusst werden. Für Lehrkräfte kann daraus ein besonders ausgeprägtes Gefühl von Hilflosigkeit resultieren.

Soziale Hierarchie: Auch die Veränderung der sozialen Hierarchie kann ein Lehrer als belastend erleben, insbesondere dann, wenn er selbst verletzt und auf die Hilfe anderer angewiesen ist. Im Unterrichtsalltag sind es Lehrkräfte, die ihren Schülern Hilfestellung geben. In einem Notfall kann dieses Verhältnis umgekehrt werden. Dass Schüler einem Lehrer helfen, könnte jedoch Irritationen verursachen. Für manche Lehrkraft wird es sich zumindest um eine ungewohnte Erfahrung handeln.

Informationsangebot: In Notfällen werden Lehrer einerseits mit unzähligen Informationen überschüttet: Schüler berichten aufgeregt, was passiert ist. Es wird etwas gerufen. Jemand zeigt auf etwas. Viele kommen angelaufen, wissen etwas und möchten es mitteilen usw. Dennoch ist in der Notfallsituation häufig nicht sofort erkennbar, was geschehen ist, wer betroffen ist und was als Erstes getan werden muss. Es herrscht ein unübersichtliches Chaos. Lehrer sind daher einerseits mit einem Informationsüberschuss, andererseits mit Informationsmangel konfrontiert. Relevante Informationen müssen zunächst von irrelevanten getrennt werden. Das ist keine einfache Aufgabe.

Rollendiffusion: In einem Notfall sind Lehrer nicht als Vermittler von Wissen gefordert, sondern als Notfallhelfer. Je nachdem, wie eine Lehrkraft ihre Aufgaben und Zuständigkeiten definiert, kann dadurch eine Rollendiffusion verursacht werden. Die Tätigkeit als Notfallhelfer setzt zumindest teilweise ein anderes Verhalten, andere Handlungsziele und andere Fähigkeiten als in der üblichen Unterrichtspraxis voraus.

Sozialpsychologische Belastungen
Anblicke: Unter Umständen werden auch Lehrkräfte mit belastenden Anblicken konfrontiert, etwa mit schweren oder entstellenden Verletzungen, in Einzelfällen auch mit dem Anblick von Leichen. Nach einigen School Shootings wurden Lehrer sogar von der Polizei gebeten, bei der Identifizierung der Opfer mitzuhelfen.

Opfer: Die Konfrontation mit den Opfern eines Notfalls ist in der Regel belastend. Bei Notfällen in Schulen kommt hinzu, dass die Lehrer die Opfer häufig kennen. Die Opfer sind – anders als etwa bei einem Verkehrsunfall auf der Autobahn – keine Fremden, sondern vertraute Menschen aus dem beruflichen Umfeld der Lehrer.

Kinder, die von einem Notfall betroffen sind, erscheinen hilfloser als Erwachsene. Lehrkräfte fühlen sich für ihren Schutz in ganz besonderer Weise verantwortlich. Dabei spielt aber nicht nur die berufliche Zuständigkeit eine Rolle. Kinder können bei Erwachsenen auch ein instinktives Schutzverhalten auslösen, das man in der Tierwelt als »Welpenschutzmechanismus« bezeichnet (Krüger 2007). Der Tod eines Kindes wird außerdem als unzeitgemäß empfunden: Dass jemand schon so jung sterben muss, entspricht nicht dem natürlichen Verlauf des menschlichen Lebens.

Eine spezielle Situation kann sich dann ergeben, wenn das Kind einer Lehrkraft auf die Schule geht, an der diese unterrichtet. Tritt an der Schule eine Notfallsituation ein, ist die Lehrkraft in höherem Maße persönlich betroffen. Entweder sie befürchtet, dass das eigene Kind direkt oder indirekt betroffen sein könnte, oder das ist tatsächlich der Fall (NADER und PYNOOS 1993). Zu den Belastungen, die sich aus der Tätigkeit als Lehrkraft ergeben, können also auch noch die Belastungen hinzukommen, die speziell bei Eltern auftreten (ausführlich siehe KARUTZ und LASOGGA 2008).

Zu *Lehrkräften,* die von einem Notfall betroffen sind, bestehen mitunter nicht nur kollegiale, sondern auch freundschaftliche Kontakte. Die berufliche Verbundenheit, insbesondere aber die persönliche Nähe führen zu einer besonders starken Betroffenheit. Bei einigen Notfällen, etwa bei einem Attentat auf eine Lehrkraft in der Schule, wird womöglich der Gedanke hervorgerufen: »*Das hätte mir auch passieren können*«, oder ein Lehrer überlegt, wie er in diesem Notfall selbst reagiert hätte. Menschen übertragen das, was einem Kollegen widerfährt, oft auf sich selbst.

Schulleitung, Kollegen: Wenn sich Schulleitung oder Kollegen in einer Notfallsituation unangemessen verhalten, ist auch das belastend. In einer Fortbildung erzählte eine Lehrerin, dass sich Kolleginnen regelrecht darüber amüsiert hätten, wie betroffen sie vom Unfalltod eines Jungen aus ihrer Klasse gewesen sei. Ein Kollege aus einer anderen Schule berichtete, dass sein Schulleiter ihm ausdrücklich weitere Nachsorgemaßnahmen nach einem Schülersuizid untersagt habe.

Es kann auch belasten, wenn Kollegen eine grundsätzlich andere Auffassung zum Vorgehen nach einem Notfall haben. SINGER (2005) gibt dazu ein eindrucksvolles Beispiel: »*Nach dem Suizid eines Schülers sitzen sich zwei Lehrer gegenüber. Der eine ruft, sichtlich aufgewühlt: Wir brauchen eine andere Schule, wir müssen andere Lehrer werden! Der andere erwidert: Hysterie ist das, was wir nun am wenigsten brauchen. Wir sollten schnellstmöglich zur Normalität zurückfinden!*« Aus solchen Meinungsverschiedenheiten können in emotional ohnehin stark aufgeladenen Notfallsituationen rasch größere Konflikte resultieren.

Eltern: In oder kurz nach einer Notfallsituation kann das Verhalten von Eltern ebenfalls als eine Belastung erlebt werden. Das ist insbesondere dann der Fall, wenn sie einem Lehrer Vorwürfe machen und ihm die Verantwortung für das Geschehene geben (»*Wie konnte das Kind nur auf die Straße laufen? Herr Müller, der die Pausenaufsicht hatte, hätte das doch verhindern müssen!*«). Manchmal verbünden sich auch mehrere Eltern gegen eine Lehrkraft, wenn sie glauben, »*einen Schuldigen gefunden*« zu haben (KRÜGER 2007). In einigen Fällen werden konkrete Beschwerden geäußert oder disziplinarische Konsequenzen gefordert. Das ist für eine Lehrkraft ausgesprochen unangenehm – unabhängig davon, ob eine tatsächliche (Mit-) Verantwortung für einen Notfall gegeben ist oder nicht! Wenn ein Fehlverhalten vorgelegen hat, werden ohnehin vorhandene Schuldgefühle sicherlich noch verstärkt. Sind die Vorwürfe einer Lehrkraft gegenüber sachlich jedoch unbegründet, fühlt diese sich zu Unrecht verurteilt.

Medien: Ebenso wie Schüler empfinden auch viele Lehrer die Berichterstattung über einen Notfall an ihrer Schule als sehr belastend. Dies gilt insbesondere dann, wenn Schuldzuweisungen und Vorwürfe erhoben werden oder am Verhalten von Lehrern Kritik geübt wird. Auch unsachliche bzw. verzerrende oder schlichtweg falsche Darstellungen sind für Lehrkräfte belastend (Schlagzeile einer Boulevard-Zeitung: »*Seine Lehrer haben ihn in den Selbstmord getrieben!*«).

3.2.2 Moderatorvariablen

Eigene Notfallerfahrungen: Durch das Miterleben einer Notfallsituation können bei einigen Lehrern Erinnerungen an eigene frühere Notfallerfahrungen wachgerufen werden. Das kann Belastungen durch einen aktuell aufgetretenen Notfall vermindern oder verstärken, je nachdem, welche Erinnerungen im Einzelfall getriggert werden (von »*Das ist mir als Grundschüler auch einmal passiert, aber das hat damals auch schlimmer ausgesehen als es wirklich war.*« bis hin zu »*Ich hatte mein ganzes Leben lang Angst davor, so etwas noch einmal erleben zu müssen. Jetzt ist es passiert!*«).

Individuelles Verständnis von Notfällen in Schulen: Das Erleben einer Notfallsituation hängt unter anderem davon ab, welche Sichtweise von »Schule« ein Lehrer hat. Für einige Lehrer sind Schulen vor allem Bildungsstätten, in denen gelehrt und gelernt wird, Kinder und Jugendliche finden dort Freunde und Gemeinschaft, sie wachsen und reifen dort. Zu solch einem überwiegend positiven Verständnis von Schule passen Notfälle jedoch nicht. Wenn dann in einer Schule ein Notfall eintritt, wird das als kognitive Dissonanz empfunden. Betrachtet ein Lehrer seine Schule demgegenüber ohnehin als Ort, an dem Gewalt nun einmal üblich ist, wird er von einer schweren Körperverletzung durch eine Prügelei nicht besonders überrascht sein.

In gleicher Weise wirkt sich die generelle Sicht auf Schüler und nicht zuletzt das allgemeine Menschenbild aus. Werden Kinder eher als lieb und grundsätzlich unschuldig eingeschätzt, ist ein Notfall, bei dem Kinder verletzt werden, umso belastender. Eine andere Sichtweise verdeutlicht die folgende Aussage eines Schulleiters: »*Ach, wissen Sie, die Hälfte unserer Schüler ist der Polizei schon bestens bekannt. Mich wundert hier nichts mehr. Ich bin jeden Tag froh, wenn ich gesund nach Hause komme.*«

Berufliche Vorbelastung: Sicherlich beeinflusst auch die berufliche Vorbelastung, wie Notfälle erlebt werden. Zu beachten sind hier das jeweilige Schüler- und Elternklientel bzw. das soziale Umfeld einer Schule, die Klassengröße, die Anzahl der zu leistenden Wochenunterrichtsstunden, Anforderungen durch schulinterne Vorgaben und Zusatzaufgaben wie die Lernstandserhebungen PISA, IGLU, TIMMS usw. Auch gesellschaftliche Erwartungen an die Arbeit von Lehrern sowie das Ansehen des Berufsstandes in der Öffentlichkeit sind mögliche Vorbelastungen (Man denke nur an die Äußerung des damaligen Ministerpräsidenten und späteren Bundeskanzlers Gerhard Schröders: »*Lehrer sind faule Säcke!*«).

Viele Lehrer klagen unter anderem darüber, dass sie immer mehr als »Entertainer« verstanden werden und ihre Schüler zunehmend unerzogen und unaufmerksam sind (STOERMER 2001). Nach SCHAARSCHMIDT und KIESCHKE (2007) werden zudem fehlende Entlastungsstunden, ein zu geringer Erholungswert der Unterrichtspausen und fehlende Supervision besonders negativ erlebt. In anderen Untersuchungen wurden hohe Lärmbelastungen, Zeitdruck, ständige Reaktionsbereitschaft und der Umgang mit einer Vielzahl von Informationen als Belastungsfaktoren identifiziert. Fast jeder dritte Lehrer in Deutschland fühlt sich demnach »*ausgebrannt*«, ein weiteres Drittel fühlt sich – unabhängig vom aktuellen Auftreten einer Notfallsituation – »*überfordert*« (HIRSCHMANN 2008).

Berufszufriedenheit: Eng verbunden mit der beruflichen Vorbelastung ist die Berufszufriedenheit. Lehrer, die sich in ihrer pädagogischen Freiheit permanent eingeengt fühlen, kein berufliches Vorankommen sehen und insgesamt frustriert sind, werden einen Notfall als belastender erleben als ihre zufriedeneren Kollegen.

Schulleitung: Das Verhalten der Schulleitung kann die psychische Belastung der Lehrer in einem Notfall wesentlich beeinflussen. Hilfreich ist es, wenn im Vorfeld Rollen und Aufgaben, die in einem Notfall übernommen werden müssen, klar verteilt wurden. Unmittelbar nach einem Notfall kann die Schulleitung durch Verständnis, Rückendeckung und das Einräumen von Entlastungsstunden eine Lehrkraft unterstützen. Eine Schulleitung, die keinerlei Rücksichtnahme auf das Notfallerleben zeigt, völlig emotionslos, distanziert und kalt reagiert, verursacht hingegen eine zusätzliche Belastung.

Kollegen: Das allgemeine Klima im Kollegium kann ebenfalls ent- oder belastend wirken, je nachdem, wie der Umgangston, das Vertrauen und die Offenheit der Kollegen untereinander ausgeprägt sind. Nach ENGLBRECHT und STORATH (2005) gelten insbesondere nicht funktionierende

Kommunikationsstrukturen als schwere Zusatzbelastung. Wenn Lehrkräfte Angst haben sich vor ihren Kollegen zu blamieren, sobald sie eigene Betroffenheit zeigen, ist das ungünstig. Auch bestehende Konflikte oder Konkurrenzsituationen im Kollegium sind Risikofaktoren, die die Bewältigung eines Notfalls erschweren. Umgekehrt wirken ein guter Zusammenhalt sowie ein angenehmes, von gegenseitiger Wertschätzung geprägtes Klima im Kollegenkreis protektiv.

Eltern: Je nachdem, wie gut oder schlecht das Verhältnis von Eltern und Lehrkraft zueinander ist, kann es zusätzlich belasten oder auch entlasten. Bestehen gegenseitiges Vertrauen und Offenheit, ist das für die Bewältigung einer Notfallsituation hilfreich. In einer 2009 veröffentlichten Studie über die Vertrauenswürdigkeit verschiedener Berufsgruppen gaben zum Beispiel 59% von 7 037 Befragten an, zu Lehrern »ein sehr hohes« Vertrauen zu haben. Ein »ziemlich hohes« Vertrauen gegenüber Lehrern sprachen sogar 74% der Befragten aus (Horn 2009). Fehlt das Vertrauen jedoch oder ist das Verhältnis von Eltern und Lehrkraft insgesamt angespannt, werden die durch den Notfall verursachten Belastungen nochmals verstärkt.

Coping-Strategien: Auch bei Lehrern sind funktionale Coping-Strategien (z. B. einem Hobby nachgehen, mit vertrauten Menschen über das Erlebte sprechen, ein Tagebuch führen, Entspannungsmethoden anwenden, Sport treiben usw.) von dysfunktionalen, eher schädlichen Strategien zu unterscheiden. Ein problematischer Bewältigungsversuch ist ein gesteigerter Alkoholkonsum oder eine längerfristige Medikamenteneinnahme. Aus beidem kann sich eine Abhängigkeit entwickeln. Das ursprüngliche Problem wird nicht gelöst. Stattdessen kommt ein weiteres erschwerend hinzu.

Auf die Frage, wie berufliche Belastungen verarbeitet werden, wurden in einer Befragung von 106 Lehrern verschiedener Schulformen und Altersgruppen folgende Antworten gegeben: 39,6% gaben an, vor allem auf ein ausgeglichenes Privatleben zu achten. Für 37,7% waren Gespräche mit Kollegen hilfreich. Ebenfalls 37,7% trieben Sport. 30,2% beschäftigten sich mit einem Hobby. 19,8% führten Gespräche mit Familienangehörigen bzw. 13,2% Gespräche mit Freunden. 12,3% gaben an, dass sie ihre Arbeit gerne ausüben und die Freude am Beruf bereits den Umgang mit Belastungen erleichtert. Für 10,4% war auch ihre berufliche Routine hilfreich. Weiteren 10,4% fiel es allerdings schwer abzuschalten, d.h. sie verfügten möglicherweise über keine ausreichend wirksamen Coping-Strategien (Stoermer 2001).

Aus- und Fortbildung: Nicht zuletzt beeinflusst die Aus- und Fortbildung von Lehrkräften, wie sie Notfälle erleben. Ungünstig ist, dass Notfälle im Lehramtsstudium weitgehend unbeachtet bleiben. Lehramtsanwärter bekommen weder in Seminaren noch durch ihre Betreuer Informationen zum angemessenen Verhalten in Notfällen vermittelt (Stoermer 2001). Auch verfügt längst nicht jeder Lehrer über aktuelle Erste-Hilfe-Kenntnisse. Dabei versteht sich von selbst, dass eine Notfallsituation leichter bewältigt werden kann, wenn im Vorfeld bereits eine entsprechende fachliche Vorbereitung stattgefunden hat. Umgekehrt verstärkt eine fehlende oder unzureichende Vorbereitung auf Notfälle die Belastung.

3.2.3 Reaktionen und Folgen

Notfälle können bei Lehrern ebenso wie bei Schülern vielfältige psychische Folgen verursachen. In einem Diagnosescreening, das kurz nach dem School Shooting in Erfurt durchgeführt wurde, befanden sich 16 von 43 teilnehmenden Lehrern (bis auf drei nahmen alle Lehrkräfte der Schule an dem Diagnosescreening teil) aufgrund der bestehenden Symptomatik bereits in einer Psychotherapie. 16 weitere wurden als »therapiebedürftig« eingestuft. Im Mai 2007, also fünf Jahre nach dem Ereignis, wurden sechs Lehrkräfte noch immer therapeutisch behandelt (Scheithauer et al. 2008). Nach der Ermordung einer Lehrerin in Meißen zeigten 14,3% der untersuchten Lehrer eine schwere, 14,3% eine mittlere und 20% eine leichte psychische Belastung (Pieper 2007b).

Notfallfolgen, die bei Lehrkräften besonders häufig auftreten, sind Erschöpfungszustände, eine diffuse Verunsicherung bzw. Angst (Schulleiter: »*Beim Betreten der Schule habe ich seit diesem Unfall immer ein ganz mulmiges Gefühl.*«) sowie der Eindruck, pädagogisch versagt zu haben. Manche Lehrer entwickeln – unabhängig davon ob das aus objektiver Sicht berechtigt ist oder nicht – Schuldgefühle. Sie machen sich Gedanken darüber, ob sie durch ihr eigenes Verhalten möglicherweise zu dem Notfall beigetragen haben, etwa durch eine nachlässige Wahrnehmung der Pausenaufsicht oder den nicht korrekten Umgang mit einem Schüler. Manche haben Angst vor möglichen Sanktionen, etwa einem Disziplinarverfahren. Im Extremfall fürchten sie den Verlust des Arbeitsplatzes, verbeamtete Lehrer außerdem den Verlust des Beamtenstatus. Diese Befürchtungen können wiederum Auswirkungen auf die Notfallnachsorge haben: »*Lehrkräfte trauen sich evtl. nicht, über alle Dinge offen [...] zu sprechen, aus Angst vor juristischen Konsequenzen*« (KRÜGER 2007).

Eine Notfallfolge kann zudem sein, dass Arbeitsmotivation und Arbeitsleistung sinken. Ein Lehrer bereitet sich beispielsweise nicht mehr sorgfältig auf seinen Unterricht vor oder meldet sich häufiger krank. Es kann zu einer Berufsentfremdung kommen. RÖTHLEIN (2007) schätzt, dass etwa 10 bis 15% der Lehrer an deutschen Schulen aufgrund Posttraumatischer Belastungsstörungen berufsunfähig werden. Etwa der gleiche Prozentsatz, so wird vermutet, wechselt nach einem Notfall zumindest die Schule. Wie bei Schülern gilt aber auch bei Lehrern: Nicht jeder, der einen Notfall miterlebt, ist anschließend traumatisiert.

4 Prävention

Natürlich kann nicht jeder Notfall verhindert werden. Auch kann es an Schulen keine hundertprozentige Sicherheit geben. Gleichwohl ist notfallbezogene Prävention möglich. Zu beachten ist, dass der Begriff »Prävention« in der Literatur uneinheitlich verwendet wird. Teilweise ist von primärer, sekundärer und tertiärer Prävention die Rede – je nachdem, zu welchem Zeitpunkt und mit welcher Zielsetzung eine Maßnahme erfolgt. Im vorliegenden Kapitel werden ausschließlich Maßnahmen der primären Prävention thematisiert. Es handelt sich dabei um Maßnahmen, die *vor* dem Eintritt eines Notfalls ergriffen werden. Theoretisch ist zu unterscheiden zwischen

- Maßnahmen, die dazu dienen sollen, den Eintritt eines Notfalls zu *verhindern* (Vorbeugung) und
- Maßnahmen, die dazu dienen, sich auf den Eintritt eines Notfalls und das Handeln in dieser Situation *vorzubereiten* (Vorsorge).

Diese Unterscheidung ist in der Praxis aber kaum umzusetzen, weil Vorsorgemaßnahmen häufig auch eine vorbeugende Wirkung haben und umgekehrt (NADER und PYNOOS 1993). Deshalb wird nachfolgend lediglich eine Differenzierung in psychologische, organisatorische und technische Aspekte der primären Prävention vorgenommen (KARUTZ 2008a). Spezielle Hinweise, die nur im Hinblick auf einen einzelnen Notfalltyp relevant sind, werden in den entsprechenden Passagen des Kapitels 7 ergänzt.

Formelle Regelungen von Präventionsmaßnahmen finden sich in kultusministeriellen Erlassen und Verwaltungsvorschriften der einzelnen Bundesländer, in Vorschriften der Berufsgenossenschaften, der gesetzlichen Unfallversicherung und der Normung (siehe z. B. GESETZLICHE UNFALLVERSICHERUNG 2001, BUNDESVERBAND DER UNFALLKASSEN 2003 und 2007).

4.1 Psychologische Prävention

Selbstklärung: Wer mit Notfällen in Schulen konfrontiert werden könnte, sollte sich bereits im Vorfeld intensiv damit auseinandersetzen. Lehrer sollten zum Beispiel überlegen, vor welchen Notfällen sie besondere Angst haben, welche Aspekte dieser Notfälle besondere Betroffenheit verursachen und warum das so ist. Sie könnten über mögliche Notfallszenarien in der eigenen Schule nachdenken, sich darüber mit Kollegen austauschen und auf diese Weise versuchen »*zu begreifen, was ergreift*« (Karutz 2004b).

Außerdem sollten Lehrkräfte sich fragen, auf welche persönlichen Ressourcen sie zur Bewältigung einer Notfallsituation zurückgreifen können (Schwiebach 2006), welche Erfahrungen sie im Umgang mit Notfällen bislang gesammelt haben und welche Konsequenzen sie daraus ziehen. Wie haben sie die bisher miterlebten Notfälle bewältigt, welche besonderen Probleme und Folgen sind in der Vergangenheit aufgetreten, und was haben sie aus früheren Notfällen gelernt? Neben der Beantwortung dieser Fragen setzt die persönliche Vorbereitung auf Notfälle auch eine intensive Reflexion des eigenen Verständnisses von Krankheiten, Verletzungen und Tod voraus (Englbrecht und Storath 2005). Diese Überlegungen kann man zusammenfassend als »*Selbstklärung*« bezeichnen (Pentz 2001).

Ein Beispiel dafür, wie wichtig eine selbstkritische Auseinandersetzung mit den Ursachen eigener Ängste sowie den eigenen Fähigkeiten sein kann: In einer Fortbildung äußerte eine Lehrerin, wie sehr sie sich davor fürchte, dass einem Kind in ihrem Sportunterricht etwas passieren könnte. Die Angst bezog sich vor allem darauf, dass sie völlig hilflos sein könnte und ja überhaupt nicht wisse, wie sie (medizinische) Erste Hilfe leisten soll. Wohlgemerkt: Ihre Erste-Hilfe-Ausbildung lag viele Jahre zurück. Daran, dass es sinnvoll sein könnte, die Erste-Hilfe-Kenntnisse aufzufrischen, hatte sie bislang nicht gedacht.

Notfälle als Unterrichtsthema: Notfälle können – auch ohne konkreten Anlass – im regulären Unterricht aufgegriffen werden. Lehrpläne bieten zum Beispiel vielfältige Möglichkeiten, Tod und Trauer zu thematisieren (BARKOWSKI 2006a). Zum gesamten Themenkomplex »Notfall« liegen mittlerweile zahlreiche Arbeitsmaterialien vor (S. KAP. 9.4).

Auf diese Weise lässt sich vermitteln, dass sich Notfälle nun einmal ereignen und dass sie letztlich Bestandteil des menschlichen Lebens sind. Lehrer können Schüler dazu ermutigen, sich über eigene Notfallerfahrungen auszutauschen, etwa über den Tod eines geliebten Haustieres, den Umzug eines guten Freundes in eine andere Stadt, den verloren gegangenen Teddybär, die Beschädigung des Lieblingsspielzeuges oder eine Bagatellverletzung, die sie sich beim Toben zugezogen haben usw. Wenn es einem Kind gelingt, diese alltäglichen Notfälle zu bewältigen, ist es auch auf bedrohlichere Ereignisse besser vorbereitet. Im Unterricht kann gemeinsam über Notfallursachen und auch darüber nachgedacht werden, wie Notfälle vermieden werden können. Sinnvollerweise sollte angesprochen werden, welche Hilfsmöglichkeiten es gibt und welches Verhalten in einem Notfall angebracht ist.

In diesem Zusammenhang schlägt KAISER (2007) vor, Kindern eine spezielle Katastrophenkompetenz zu vermitteln. Unter anderem gehören dazu die Ausbildung eines stabilen Selbstkonzeptes, die Akzeptanz von Schwäche sowie die Fähigkeit zu flexiblem und historischem Denken, zu kritischer Distanz und zur Übernahme von Verantwortung. Außerdem sollen die Entwicklung der Sozialkompetenz und die praktischen Fähigkeiten, die für die Bewältigung von Notfällen erforderlich sind, gefördert werden.

Das Aufgreifen von Notfällen im Unterricht ist allerdings eine Gratwanderung. Einerseits soll ein Bewusstsein für Risiken und Gefahren geschaffen werden. Andererseits ist es nicht angebracht, Ängste zu schüren. So heißt es bei LORENZ (2007): »*Insbesondere das Thema »Amoklauf an Schulen« sollte mit älteren Schülern auf der sachlich-kognitiven Ebene, unter Einbeziehung entsprechender Literatur, Medien und didaktisch gut aufbereiteter Unterrichtsmaterialien behandelt werden, weil der Gleichaltrigengruppe, den so genannten Peers, in dem multikausalen Bedingungsgefüge solcher Gewalttaten eine Schlüsselrolle zukommt«.* Demgegenüber empfiehlt das HESSISCHE KULTUSMINISTERIUM (2007), Amokläufe an Schulen ausschließlich bei konkreten Anlässen mit Schülern zu besprechen. Es könnte die Gefahr bestehen, dass Amok erst durch das Thematisieren im Unterricht als eine Möglichkeit zur Problemlösung ins Bewusstsein gerückt wird. In der Tat dürfte die konkrete Unterrichtsgestaltung entscheidend dafür sein, welche Wirkung mit der Behandlung des Themas erzielt wird.

Auf jeden Fall ist zu beachten, dass in einer Schulklasse Kinder sein können, die von ihren bisherigen Erfahrungen mit Notfällen noch immer hoch belastet sind. Das Thematisieren von Notfällen im Unterricht könnte bei ihnen triggernd wirken und unter Umständen eine Reaktivierung des Erlebten hervorrufen. Bevor Notfälle im Unterricht thematisiert werden, sollte daher abgeklärt werden, ob mit entsprechenden Problemen zu rechnen ist (MÜLLER-CYRAN 2002). KRÜGER (2007) empfiehlt, dass den betroffenen Kindern und Jugendlichen die Möglichkeit gegeben wird, sich aus dem Unterricht herauszuhalten oder gegebenenfalls gar nicht an ihm teilzunehmen. Er regt auch an, zunächst grundlegende Informationen über psychische Notfallfolgen und den Umgang mit diesen Folgen zu vermitteln. Erst nach dieser Einführung sollten Notfälle als das eigentliche Unterrichtsthema aufgegriffen werden.

Ausbildung: Das Sprechen und Nachdenken über Notfälle und deren Folgen stellt nur eine Form der psychologischen Prävention dar. Lehrer und Schüler sollten auch eine spezielle Ausbildung absolvieren. Wer gelernt hat zu helfen, wird sich in einem Notfall weniger hilflos fühlen als jemand ohne entsprechende Ausbildung (KARUTZ und VON BUTTLAR 2008).

Medizinische Erste Hilfe: Erste-Hilfe-Lehrgänge werden in Deutschland von den unterschiedlichsten Organisationen angeboten: vom Arbeiter-Samariter-Bund, dem Deutschen Roten Kreuz, der Deutschen Lebens-Rettungs-Gesellschaft, der Johanniter Unfallhilfe, dem Malteser-Hilfsdienst und zahlreichen privaten Anbietern. In Schulen richtet sich die Erste-Hilfe-Ausbildung nach vielen Vorschriften, insbesondere nach dem siebten Sozialgesetzbuch (§ 21), dem Strafgesetzbuch (§ 323c unterlassene Hilfeleistung) sowie den Richtlinien der gesetzlichen Unfallversicherung. Mindestens 5% der in einer Schule anwesenden Personen sollten eine entsprechende Ausbildung haben (FLEISCHHACKL et al. 2006). Vom Bundesamt für Bevölkerungsschutz wird sogar angestrebt, dass zehn bis 20% aller Schüler im Alter von 10 bis 16 Jahren einen Erste-Hilfe-Lehrgang absolvieren (BUNDESAMT FÜR BEVÖLKERUNGSSCHUTZ 2009). Diese Ausbildung soll zudem in regelmäßigen Abständen – etwa alle zwei Jahre – wiederholt werden.

Grundsätzlich können nicht nur Lehrer, sondern auch Schüler hilfreiche Verhaltensweisen für Notfälle trainieren. Speziell für die Vermittlung von Erste-Hilfe-Kenntnissen in Schulen wurden in den vergangenen Jahren viele Konzepte entwickelt. Das Deutsche Rote Kreuz hat unter anderem eine Hörspiel-CD für Grundschulkinder mit dem Titel »Alle lieben Helpman« herausgegeben. Vom Deutschen Jugendrotkreuz wurde – ebenfalls für Grundschulen – das Projekt »Kinder helfen Kindern« entwickelt. Weitere Projekte des DRK sind vorrangig regional verbreitet, so etwa der »Juniorhelfer« des Bayerischen Jugendrotkreuzes oder das Programm »Ich und Du – wir helfen« in Baden-Württemberg. Initiativen anderer Anbieter tragen die Titel »Ersthelfer von morgen« (Johanniter Unfallhilfe), »Abenteuer helfen – helfende Hände statt fliegende Fäuste« (Malteser Hilfsdienst) usw. (FRANKE 2006).

Seit 2005 werden Erste-Hilfe-Kurse für Schüler sogar vom Bundesinnenministerium finanziell gefördert (LORENZ 2005). Trotz intensiver Bemühungen ist es in Deutschland allerdings noch nicht gelungen, die Erste-Hilfe-Ausbildung flächendeckend, d.h. in allen Bundesländern als verbindlichen Unterrichtsinhalt in die Lehrpläne allgemeinbildender Schulen zu integrieren (LIPP und SCHOLL 2005).

Die Durchführung eines einzelnen Modellprojektes in der Grundschule beschreibt SCHOLL (2008): Die Kinder lernen dabei zunächst, den Rettungsdienst zu alarmieren und einfache Verbände anzulegen. Die Besichtigung eines Rettungswagens im Rahmen des Erste-Hilfe-Kurses hilft, Ängste vor medizinischen Geräten und den Helfern abzubauen. Ein Erste-Hilfe-Quiz wirkt motivierend. Nach Abschluss des Kurses erhalten die Kinder ein Zertifikat bzw. eine Urkunde.

Älteren Kindern können aufbauend auf einer solchen Schulung auch komplexere Maßnahmen wie die Herstellung der stabilen Seitenlage oder die Durchführung einer Herz-Lungen-Wiederbelebung vermittelt werden. Empfehlenswert ist es außerdem, die »klassische«, rein medizinisch ausgerichtete Erste-Hilfe-Ausbildung an Schulen in einem möglichst umfassenden Gesamtzusammenhang aufzugreifen.

Um eine »*mehrperspektivische Bearbeitung*« (FREESE 2001) zu ermöglichen, ist die Durchführung Fächer übergreifender Projekte denkbar. So könnte im Biologieunterricht an weiterführenden Schulen über die Auswirkungen von Sauerstoffmangel im menschlichen Körper und im Religionsunterricht über die ethische Verpflichtung zur Hilfeleistung gesprochen werden. Im Kunstunterricht könnten Stilmittel und die Aussagekraft der bildlichen Darstellung von Unglücken und Katastrophen interpretiert werden, im Deutschunterricht literarische Beschreibungen persönlicher Notfallerfahrungen.

Psychische Erste Hilfe: Auch das psychologisch angemessene Verhalten gegenüber Notfallbetroffenen sollte in Aus- und Fortbildungen gelernt und trainiert werden. Für Kinder hat das Deutsche Jugendrotkreuz im Landesverband Nordrhein zum Beispiel das Projekt »Sanis für die Seele« konzipiert. Schüler lernen darin praxisorientiert mit vielen kleineren Übungen und Rollenspielen, wie Menschen in einem Notfall reagieren und wie man einen verletzten Mitschüler »trösten« kann.

Für Lehrkräfte gibt es ebenfalls eine Vielzahl unterschiedlicher Veranstaltungen, in denen psychologische Aspekte von Notfällen thematisiert werden. Nachfolgend wird beispielhaft dargestellt, wie eine dreitägige, in die Thematik einführende Lehrerfortbildung strukturiert werden könnte:

- **Erster Tag:** Die Teilnehmer stellen sich einander vor und äußern ihre Erwartungen an die Veranstaltung. Regeln für den Umgang miteinander werden vorgestellt. Es wird darauf hingewiesen, dass Angaben zu persönlichen Notfallerfahrungen vertraulich behandelt werden und den Teilnehmerkreis nicht verlassen sollen. In einem intensiven Austausch über die bisher miterlebten Notfälle werden aufgetretene Probleme, Schwierigkeiten, Unsicherheiten und Fragen, aber auch positive Beobachtungen, Herausforderungen und Chancen diskutiert. Im Anschluss werden Grundlagen der Notfallpsychologie vermittelt, insbesondere Erkenntnisse über das Erleben und die psychischen Folgen von Notfällen.
- **Zweiter Tag:** Anhand konkreter Szenarien werden die besonderen Aspekte einzelner Notfälle erarbeitet. In Rollenspielen werden Methoden für Einzel- und Gruppengespräche vorgestellt, erprobt und trainiert.
- **Dritter Tag:** Anhand eines umfangreicheren Notfallbeispiels mit mehreren unterschiedlich stark betroffenen Schülern und Lehrkräften wird reflektiert, welche Hilfe für welche Personen notwendig ist und wer diese Hilfe leisten könnte. Es wird besprochen, wie Nachsorgemaßnahmen effektiv geplant werden könnten und was bei der Zusammenarbeit mit Dritten, insbesondere im Umgang mit Medienvertretern, zu beachten ist. Zudem werden Arbeitsmaterialien, zum Beispiel Checklisten, Regelwerke und Notfallplanmuster, und ausgewählte Fachbücher, mit denen vertiefend und selbstständig weitergearbeitet werden kann, vorgestellt. Kontaktadressen und fachliche Ansprechpartner für verschiedene Notfälle werden bekannt gegeben. Nach einer abschließenden Klärung offener Fragen

und einer Veranstaltungsevaluation werden die Teilnehmer verabschiedet.

Die Teilnehmerzahl sollte bei einer solchen Fortbildung 15 Personen nicht überschreiten. Die Veranstaltung ist sowohl schulübergreifend, d. h. für Lehrkräfte mehrerer Schulen, als auch schulintern für ein einzelnes Kollegium denkbar. Wenn eine mehrtägige Lehrerfortbildung aus organisatorischen Gründen nicht möglich sein sollte, könnte zumindest ein einzelner pädagogischer Tag zum Thema »Notfall in der Schule« veranstaltet werden.

Brandschutz: Neben der medizinischen und psychologisch ausgerichteten Erste-Hilfe-Ausbildung sollten alle Mitglieder der Schulgemeinde Informationen zum vorbeugenden und abwehrenden Brandschutz erhalten. In Grundschulen kann die richtige Handhabung von Streichhölzern und Feuerzeugen vermittelt werden. Älteren Kindern (und den Lehrkräften) kann gezeigt werden, wie man mit einem Feuerlöscher umgeht usw. In allen Altersstufen sollte angesprochen werden, wie man sich bei einem Feuer in der Schule selbst in Sicherheit bringen kann. Auch für die Brandschutzerziehung wurden in den vergangenen Jahren viele Unterrichtsmaterialien erarbeitet.

Notfallübungen: Nicht nur durch Ausbildungsveranstaltungen, auch durch Simulationen kann die Schulgemeinde auf Notfälle vorbereitet werden. So sieht ein Runderlass des Innenministeriums und des Ministeriums für Schule und Weiterbildung in Nordrhein-Westfalen aus dem Jahr 2000 vor, dass zweimal jährlich Alarmübungen durchzuführen sind: »*Die erste Alarmprobe sollte innerhalb von acht Wochen nach Beginn des Schuljahres und nach einem Unterricht über das Verhalten bei Feueralarm mit vorheriger Ankündigung durchgeführt werden; die zweite Alarmprobe soll ohne vorherige Ankündigung stattfinden.*« Mindestens einmal im Jahr soll die Feuerwehr zu einer Alarmprobe eingeladen werden. Dabei sollen Notfallübungen durchaus realitätsnah ablaufen.

Zur Auswertung einer einzelnen Brandschutzübung schreibt die LANDESFEUERWEHRSCHULE BADEN-WÜRTTEMBERG (2009): »*Der angenommene Brandfall wurde durch Rauchgeneratoren simuliert. Die Lehrer brachten die Schüler aus dem Gebäude. Dabei liefen 50 Prozent der Schüler durch den Übungsnebel. Im Ernstfall wäre dies aber hoch giftiger Brandrauch gewesen und das falsche Verhalten hätte verheerende Folgen gehabt. Wie kam es zu dieser gefährlichen Situation? Bei genauerem Hinsehen ließ sich erkennen, dass nie etwas anderes geübt wurde als: Bei Ertönen des Alarmsignals gehen wir raus. Genau so wurde das dann auch im Rahmen dieser Übung praktiziert.*«

Demnach muss es nicht nur darum gehen, bestimmte Verhaltensweisen als Automatismus zu verinnerlichen, sondern auch die Begründung für dieses Verhalten zu vermitteln. Schüler (und Lehrer) müssen nicht nur wissen, dass sie die Schule bei einem Feuer rasch verlassen müssen. Sie müssen insbesondere verstanden haben, dass es darum geht, dem Brandrauch zu entgehen. Wenn ein Fluchtweg verraucht ist, müssen sie zum Beispiel auf einen anderen ausweichen oder an einem Fenster im Gebäude auf Rettung durch die Feuerwehr warten (s. KAP. 7.5).

In den USA werden in Schulen auch Notfallübungen durchgeführt, die weit über die in Deutschland üblichen Brandschutz- bzw. Räumungsübungen hinausgehen (LIPPAY 2005, MAAß 2002). Unter anderem wird trainiert, wie Kinder sich bei einem Amoklauf in der Schule verhalten sollen. Die Schüler lernen dabei spielerisch, sich hinter Wänden und Möbelstücken zu verschanzen, um sich etwa vor einem hungrigen Löwen zu verstecken, der sie auf keinen Fall entdecken darf. Solche Übungen sind allerdings umstritten (VOLLAND und GERSTNER 2007). Durch gespielte Notfallszenarien könnte auch das Gegenteil des beabsichtigten Zieles erreicht werden, nämlich eine Zunahme von Ängsten sowie eine unangemessen gesteigerte Erwartung solcher Ereignisse.

Risiko- bzw. Gefahrenanalyse: In Schulen sollte – möglichst gemeinsam mit externen Fachleuten – systematisch darüber nachgedacht werden, welche Risiken und Gefahren tatsächlich drohen. Dabei ist zunächst einmal relevant

- welche Notfälle überhaupt möglich sind,
- welche Notfälle wie wahrscheinlich sind und
- welcher Notfall welchen Schaden verursachen würde.

Anhand der Beantwortung dieser Fragen lässt sich klären, mit welchen Ereignissen sich die Schule präventiv beschäftigen sollte. Wohlgemerkt kann aber auch die Thematisierung von sehr seltenen bzw. sehr unwahrscheinlichen Notfällen, etwa einem School Shooting, angebracht sein, zumal Notfälle dieser Art immer mit erheblichen Auswirkungen verbunden sind.

Ferner sollten vorhandene Gefahrenquellen bzw. potentielle Notfallursachen analysiert werden. Das können technische Defekte im Schulgebäude sein, aber auch schlecht zu überwachende Bereiche, bestehende Konflikte unter Schülern und Lehrkräften, persönliche Krisen usw. Folgende Fragen sollten beantwortet werden:

- Gibt es Schüler, die an Erkrankungen leiden, welche entweder zu einem Notfall führen oder in einem Notfall besondere Maßnahmen erfordern könnten wie zum Beispiel Epilepsie oder Störungen der Blutgerinnung (FLEISCHHACKL et al. 2006)?
- Gibt es Schüler, die psychische Auffälligkeiten oder Störungen aufweisen?
- Gibt es Schüler, die sich aus schulischen, familiären, gesundheitlichen oder anderen Gründen eventuell in einer Krisensituation befinden?
- Gibt es Schüler, die gemobbt werden?
- Gibt es Schüler, die anhaltende, immer wieder auftretende oder besonders heftige Streitigkeiten mit anderen Schüler oder Lehrkräften haben?
- Gibt es Schüler, die sozial isoliert sind bzw. denen von Lehrkräften und Mitschülern nicht genug Aufmerksamkeit geschenkt wird?

Natürlich reicht es nicht aus, solche Schüler lediglich zu erkennen. Für diejenigen, die als gefährdet eingeschätzt werden oder bei denen der Eindruck entsteht, dass von ihnen eine Gefahr ausgehen könnte, sollte selbstverständlich etwas getan werden. In einer Konferenz könnten Lehrkräfte zum Beispiel an einer Tafel hinter die Namen derjenigen Schüler Punkte aufkleben oder Kreuze machen, zu denen sie besonders guten Kontakt oder eine sehr intensive Beziehung haben. Dann wird vereinbart, dass man sich im Anschluss an die Konferenz verstärkt um die Kinder kümmert, die keine oder nur wenige Markierungen erhalten haben (LANDSCHEIDT 2006).

Vor Ausflügen sollte ebenfalls eine sorgfältige Risiko- bzw. Gefahrenanalyse durchgeführt werden. Spezielle Gefahren können von einzelnen mitreisenden Schülern oder durch die Nutzung von Verkehrsmitteln ausgehen, aber auch von der Art der angestrebten Aktivitäten, etwa bei einer Klassenfahrt zum Skifahren oder dem Ausflug in einen Hochseilgarten. Zu bedenken sind auch Gefährdungen durch besondere Witterungsverhältnisse wie Hitze, Kälte und Sturm. Sofern Übernachtungen an einem anderen Ort geplant sind, sollte außerdem die jeweilige Unterkunft im Vorfeld unter Sicherheitsaspekten überprüft werden (Flucht- und Rettungswege, Schutz vor unbefugtem Zutritt durch fremde Personen, Ausstattung mit Erste-Hilfe-Materialien usw.).

Gefahrenradar: Im Hinblick auf ungewöhnliche, besorgniserregende Vorgänge in der Schule oder in ihrem Umfeld sollten Lehrkräfte generell aufmerksam sein (Kultur des Hinschauens und Aufeinanderachtens). Wenn sich Schüler in ihrem Verhalten verändern, stellt sich die Frage nach dem Grund dafür. Wenn sich fremde Personen im Schulgebäude aufhalten, sollten diese nach ihrem Anliegen gefragt werden. Werden unmittelbar verdächtige Beobachtungen gemacht, sollte gegebenenfalls die Polizei hinzugezogen werden usw. Natürlich darf nicht übertrieben werden. Ein Vater, der zur Sprechstunde eines Klassenlehrers kommt, ist kein Amokläufer, und eine Mutter, die ihrer Tochter die vergessenen Turnsachen bringt, plant kein Bombenattentat. Auf der anderen Seite kann es nicht schaden, freundlich, aber bestimmt lieber einmal zuviel als zu wenig nachzufragen und einfach vorsichtig zu sein. Es kann durchaus dazu geraten werden, das eigene Bauchgefühl als »Early Warning Sense«, d.h. als ein internes Frühwarnsystem zu beachten. Wer den Eindruck hat, dass etwas nicht stimmt, sollte überprüfen, woran das liegt.

4.2 Organisatorische Prävention

Notfallteam: In jeder Schule sollte ein Notfallteam zusammengestellt werden, das – fachlich entsprechend weitergebildet – schon vor einem Notfall die jeweils notwendige Hilfeleistungen erarbeiten und möglichst konkrete Handlungsanweisungen formulieren sollte. In einigen Bundesländern ist die Gründung solcher Teams sogar verbindlich vorgeschrieben, etwa in der »gemeinsamen Verwaltungsvorschrift des Kultusministeriums, des Innenministeriums und des Umweltministeriums in Baden-Württemberg über das Verhalten an Schulen bei Gewaltvorfällen und Schadensereignissen« vom 27. Juni 2006. Dort wird die Schulleitung ausdrücklich dazu verpflichtet, zu Beginn eines neuen Schuljahres ein Notfallteam einzuberufen.

Die Aufgaben von Notfallteams sind in Tabelle 7 dargestellt: Unter anderem sollte eine Liste mit psychosozialen Fachkräften, zum Beispiel örtlich zuständigen Notfallseelsorgern, Kriseninterventionsteams, Beratungsstellen sowie Psychologen und Psychotherapeuten, die bei Bedarf als Ansprechpartner zur Verfügung stehen, geführt werden. Auch sollte das Notfallteam verschiedene Musterbriefe verfassen, um die Schulgemeinde nach einem Notfall schnell über diesen informieren zu können (s. Kap. 9.1).

Eine weitere Aufgabe des Notfallteams besteht darin, die Schulgemeinde für Notfälle zu sensibilisieren (Barkowski 2006a). Mitunter sind auch juristische Fragen zu klären, etwa Weisungsbefugnisse in Notfällen, Versicherungs- und Haftungsfragen sowie Zuständigkeiten und Befugnisse handelnder Personen. Es sollte eine möglichst weitgehende rechtliche Absicherung erreicht werden: *Während* eines Notfalls ist dafür keine Zeit vorhanden! Da die Schulgesetzgebung jedoch Ländersache ist und bei einer bundesweit ausgerichteten Betrachtung des Themas insgesamt 16 ver-

TAB. 7 ▶ Aufgaben des Notfallteams einer Schule

Prävention	Sensibilisierung der Schulgemeinde für Notfälle als ein Thema, das jedes Mitglied der Schulgemeinde betrifft
	Organisation und Durchführung von Präventionsmaßnahmen in der Schule, insbesondere von Notfallübungen und notfallbezogenen Unterrichtsprojekten (z. B. zur Gewaltprävention)
	Erstellen von Notfallplänen, aus denen Aufgaben und Zuständigkeiten hervorgehen
	Erstellen und regelmäßiges Aktualisieren einer Liste mit Ansprechpartnern für den Notfall
	Erstellen eines Notfallordners mit wichtigen Unterlagen (z. B. Lageplänen) für Einsatzkräfte
	Verfassen von Musterbriefen bzw. Textbausteinen zur Information von Schülern und Eltern in verschiedenen Notfällen
	Klärung rechtlicher Fragen im Hinblick auf Notfälle
	Informieren der Schulgemeinde über die jeweiligen Notfallplanungen, z. B. mit regelmäßig aktualisierten Aushängen am »Schwarzen Brett« im Lehrerzimmer
Intervention	Sammeln von Informationen über das Notfallgeschehen und zeitnahes Erstellen eines Lageberichts
	Organisation, Koordination, Dokumentation und Evaluation der Hilfeleistung
	Zusammenarbeit mit Einsatzkräften der Polizei, der Feuerwehr und des Rettungsdienstes
	Informieren der Schulgemeinde über die jeweilige Hilfeleistung
	Informieren von Medienvertretern
Nachsorge	Organisation, Koordination, Dokumentation und Evaluation von Nachsorgemaßnahmen
	Zusammenarbeit mit den für die Nachsorge zuständigen, ggf. externen Fachkräften

schiedene Schulgesetze sowie unzählige, teilweise deutlich voneinander abweichende Erlasse beachtet werden müssten, können die Ausführungen zu juristischen Aspekten der Notfallnachsorge in Schulen an dieser Stelle nicht weiter präzisiert werden.

Wenn sich ein Notfall ereignet hat, organisiert, koordiniert, dokumentiert und evaluiert das Notfallteam alle schulinternen Hilfsangebote. Es ist Ansprechpartner für Medienvertreter sowie Einsatzkräfte der Feuerwehr, der Polizei und des Rettungsdienstes. Bei einem Notfall sollte das Notfallteam so rasch wie möglich zusammenkommen, um das weitere Vorgehen zu beraten. Als Treffpunkt kann in den meisten Situationen das Lehrerzimmer, das Sekretariat oder ein Besprechungsraum dienen. Für bestimmte Fälle wie zum Beispiel ein Feuer in der Schule oder einen Amoklauf sollte allerdings auch ein alternativer, eventuell sogar vor der Schulgemeinde geheim gehaltener Ort außerhalb des Schulgeländes festgelegt werden. Er sollte im Idealfall unter allen Umständen sicher erreicht werden können und zudem möglichst geschützt liegen. Vielleicht lässt sich eine Absprache mit einer im Schulumfeld ansässigen Firma treffen, sodass bei Bedarf ein Büroraum dieser Firma vom Notfallteam genutzt werden kann. Wo sich das Notfallteam trifft, sollte insbesondere der Polizei im Vorfeld mitgeteilt werden.

Auch in Notfällen, die sich zwar außerhalb der Schulzeiten ereignen, aber die Schule betreffen, sollte mindestens ein Mitglied des Notfallteams für Lehrer, Schüler, Polizeibeamte oder psychosoziale Fachkräfte jederzeit erreichbar sein. Das kann zum Beispiel über eine Rufbereitschaft sichergestellt werden. Im wöchentlichen Wechsel könnte ein Notfallhandy weitergegeben werden oder Ähnliches.

Potentielle Mitglieder des Notfallteams sind die Schulleitung, Vertreter des Schulträgers, Vertrauenslehrer, Schulpflegschaftsvorsitzende, Schulpsychologen und -seelsorger, Sicherheitsbeauftragte der Schule sowie Hausmeister. Wenn eine Schule viele ausländische Schüler hat, sollten insbesondere Lehrkräfte, die die jeweiligen Kulturen gut kennen bzw. selbst ausländischer Herkunft sind, im Notfallteam mitarbeiten. An weiterführenden Schulen könnten zumindest zeitweise auch Schüler- und Jahrgangsstufensprecher in die Arbeit des Notfallteams eingebunden werden. Das Team sollte, um effektiv arbeiten zu können, allerdings nicht zu groß sein (Viele Köche verderben den Brei!). Der »Rahmenkrisenplan [...] über das Verhalten an Schulen bei Gewaltvorfällen und Schadensereignissen« des Innenministeriums sowie des Ministeriums für Kultus, Jugend und Sport in Baden-Württemberg (2006) empfiehlt daher, das ein Notfallteam lediglich aus »*ca. fünf Personen*« bestehen sollte.

Im Vorfeld muss festgelegt werden, wer innerhalb des Notfallteams welche Aufgaben bzw. Funktionen übernimmt. Benötigt werden eine gesamtverantwortliche Leitung (Schulleitung und deren Stellvertretung), ein Pressesprecher, ein Ansprechpartner für die Einsatzkräfte, ein Ansprechpartner für die Eltern sowie jemand, der alle Maßnahmen des Notfallteams dokumentiert. Ein Mitglied des Notfallteams sollte für logistische Aufgaben zuständig sein, d.h. für die Beschaffung von Arbeitsmaterialien. Ein weiteres Mitglied sollte ausschließlich auf die Psychohygiene des Teams achten und zum Beispiel zu Ruhepausen anhalten, Getränke und Essen organisieren. Einige weitere Mitglieder des Notfallteams sollten »zur besonderen Verwendung« zunächst ohne vorher festgelegte Aufgabe bleiben. Bei der Aufgabenverteilung ist ferner zu beachten, dass die Schulleitung durch die Arbeit des Notfallteams auf keinen Fall entmündigt, sondern unterstützt und gestärkt werden soll.

Nach Möglichkeit sollte das Notfallteam alle Funktionen doppelt besetzen. Dadurch bleibt es zum Beispiel auch bei einem krankheitsbedingten Ausfall eines Kollegen uneingeschränkt handlungsfähig. Ebenfalls sollte nicht ausgeschlossen werden, dass die Mitglieder des Notfallteams selbst von einem Notfall betroffen sein und aus diesem Grund nicht mitarbeiten könnten.

Nur wer ausreichend belastbar ist und sich selbst dazu in der Lage sieht, sollte im Notfallteam einer Schule mitarbeiten. Bei starken Vorbelastungen, etwa durch eigene Notfallerfahrungen oder eine persönliche Krisensituation (z.B.

Ehescheidung, schwere Krankheit), sollte von der Mitarbeit eher Abstand genommen werden.

Denkbar ist es, das Notfallteam durch externe Fachleute oder Kollegen anderer Schulen zu ergänzen, beispielsweise durch psychosoziale Fachkräfte (Notfallseelsorger, KIT-Mitarbeiter), Ärzte (Kinderarzt, Psychiater), Juristen sowie Vertreter der Polizei, des Jugendamtes, der Feuerwehr und des Rettungsdienstes.

Vorbereitungen für die Zusammenarbeit mit Einsatzkräften bzw. außerschulischen Hilfsinstanzen: Eine vertrauensvolle und reibungslose Zusammenarbeit setzt in der Regel voraus, dass die beteiligten Personen einander zumindest kennen. Ein erstes Treffen sollte deshalb nicht während eines Notfalls stattfinden, sondern vorher. Bei einem solchen Treffen hätten die verschiedenen Parteien die Möglichkeit, sich einander vorzustellen und sich in Ruhe über die eigenen Handlungsmöglichkeiten, -ziele und -methoden auszutauschen. So kann ein Polizeibeamter in die Schule eingeladen werden, um das Notfallteam oder auch das gesamte Lehrerkollegium über die Vorgehensweise der Polizei bei einem Amoklauf zu informieren. In Nordrhein-Westfalen hat inzwischen sogar jede Schule einen persönlichen Kontaktbeamten bei der Polizei (Engels 2007). Auf diese Weise erfahren die Lehrkräfte aus erster Hand, welche Anforderungen die bei einem Notfall eintreffenden Polizeibeamten an die Schule stellen. Ein Vertreter des Rettungsdienstes könnte die Einsatztaktik bei einem Großschadensereignis, etwa einem Feuer oder einer Explosion, beschreiben. Umgekehrt könnte den Einsatzkräften die Schule gezeigt werden, damit diese die Räumlichkeiten kennen lernen.

Dabei ist die Zusammenarbeit mit außerschulischen Hilfsinstanzen nicht nur in der unmittelbaren Notfallsituation, sondern oftmals auch in der Zeit danach notwendig. Die Unfallkasse Thüringen schreibt in einem Erfahrungsbericht über die Maßnahmen nach dem Massaker in Erfurt, wie schwierig die Koordination der an der Nachsorge beteiligten Stellen gewesen sei, weil es keine geeigneten Absprachen oder Festlegungen von Zuständigkeiten gegeben habe.

An der Erarbeitung des Nachsorgekonzepts waren neben der Schule bzw. dem Schulträger, der Polizei und der Unfallkasse Thüringen als dem gesetzlichen Unfallversicherungsträger drei Landesministerien beteiligt – das Innenministerium, das Sozialministerium und das Kultusministerium. Hieraus ergab sich ein enormer Abstimmungsbedarf. Klärungen im Vorfeld hätten die Nachsorge erheblich erleichtern können.

Notfallpläne: Notfallpläne sollten regeln, wer in einem Notfall welche Aufgabe hat, welche Prioritäten zu setzen sind, worauf zu achten und woran zu denken ist. In Notfallplänen sollte unter anderem auch festgelegt werden, welche Räume von der Schulgemeinde genutzt werden können, wenn das eigene Schulgebäude – etwa durch ein Feuer oder nach einem School Shooting – vorübergehend nicht zur Verfügung steht. Gegebenenfalls sind entsprechende Vereinbarungen mit anderen Schulen in der Nähe zu treffen.

Notfallpläne können als ein Leitfaden verstanden werden, der klare Handlungsanweisungen für die gesamte Schulgemeinde enthält (Koll et al. 2005). Zweckmäßigerweise werden sie in Form von Checklisten oder Algorithmen angelegt. Mit ihnen sollen organisatorische Absprachen und Handlungsanweisungen für Notfälle aber nicht nur festgehalten, sondern transparent und innerhalb des Kollegiums bekannt gemacht werden. Ein noch so gründlich vorbereiteter Notfallplan ist wertlos, wenn ihn niemand kennt und sich die Betroffenen während des Notfalls erst mit ihm vertraut machen müssen. In Nordrhein-Westfalen wurden 2007 – wie in vielen anderen Bundesländern auch – an alle Schulen sorgfältig ausgearbeitete Ordner mit Notfallplänen des Kultusministeriums verteilt. Nach dem Massaker in Winnenden äußerte ein Schulleiter, der zur Vorbereitung von Schulen auf Notfälle befragt wurde, in einem Radiointerview jedoch selbstkritisch: »*Klar haben wir so einen Ordner bekommen. Aber meinen Sie, da hätte einer 'reingeschaut?*« Ein weiteres Beispiel: An einer Grundschule wurde die Rektorin vom Autor dieses Buches nach dem Notfallordner gefragt. Antwort: »*Ja, den haben wir – aber wo?*«

Auch nach längerem Suchen konnte der Ordner nicht ausfindig gemacht werden!

Solange Notfallpläne lediglich eine Alibifunktion erfüllen (»*Wir haben den Ordner, also sind wir jetzt auch gut vorbereitet.*«), helfen sie nicht nur nicht. Sie können indirekt sogar schaden, indem sie ein völlig unberechtigtes Sicherheitsgefühl vermitteln und eine intensivere, persönliche Auseinandersetzung mit dem Thema vielleicht sogar verhindern. Die Notfallpläne einer Schule sollten daher in Konferenzen vorgestellt werden und ab diesem Zeitpunkt in einem farblich gekennzeichneten Aktenordner permanent im Lehrerzimmer ausliegen. Außerdem ist darauf zu achten, dass neue Lehrkräfte eingehend über die Notfallpläne informiert werden. Nicht zuletzt müssen Notfallpläne regelmäßig überprüft und bei personellen, baulichen oder organisatorischen Veränderungen in der Schule aktualisiert werden.

Schulsanitätsdienst: Seit einigen Jahren werden vielerorts Schulsanitätsdienste aufgebaut. In Nordrhein-Westfalen besteht zum Beispiel bereits an jeder fünften weiterführenden Schule eine solche Einrichtung (POSSE 2006). Dabei werden Kinder und Jugendliche an ihren Schulen zu Sanitätern ausgebildet, um verletzten oder akut erkrankten Mitgliedern der Schulgemeinde Hilfe zu leisten (IMMENROTH 2000, HÖRNER 2004). Auch dies ist eine Präventionsmaßnahme.

Schulsanitätsdienste tragen dazu bei, dass Verletzte oder akut Erkrankte weniger stark an körperlichen Spätfolgen leiden. Schon vor dem Eintreffen des Rettungsdienstes beginnen sie mit einer umfassenden Hilfeleistung. Die Schüler, die sich in einer solchen Gruppe engagieren, lernen außerdem, Verantwortung zu tragen und mit anderen in einem Team zusammenzuarbeiten. Durch die Mitarbeit im Schulsanitätsdienst steigern sie außerdem ihre soziale Kompetenz. Mitunter wird in Schulsanitätsdiensten auch ein Beitrag zur Werteerziehung, zu »berufspropädeutischem Lernen« sowie zur Gewaltprävention gesehen. Es wird vermutet: »*Hände, die helfen, schlagen nicht*« (GLASOW 2000, VON WICK 2000, MÜLLER 2000). In einer Evaluation von 180 Schulsanitätsdiensten, bei der insgesamt 2 195 Personen befragt worden sind, vertraten Schulleitungen, betreuende Lehrer und Eltern von Schulsanitätern darüber hinaus die Auffassung, dass Schulsanitätsdienste das Schulklima insgesamt positiv beeinflussen (Posse 2006).

Prinzipiell ist die Einrichtung solcher Schulsanitätsdienste schon in Grundschulen möglich. Natürlich müssen die Ausbildungsinhalte und Aufgaben der Schulsanitäter dem Alter der Schüler angepasst werden. Der Unterricht wird üblicherweise von einer Hilfsorganisation durchgeführt. Für die weitere organisatorische und pädagogische Begleitung eines Schulsanitätsdienstes sind unterschiedliche Modelle denkbar. Teilweise werden Schulsanitätsdienste als Arbeitsgemeinschaft einer Schule geführt oder als Jugendgruppe in eine Hilfsorganisation eingebunden. Teilweise werden auch Kooperationsvereinbarungen zwischen einer Hilfsorganisation und einer Schule bzw. einem Schulträger geschlossen (Glatz 2003). Zu empfehlen ist, dass sowohl innerhalb der Schule als auch vonseiten der Hilfsorganisation ein Ansprechpartner für die Schulsanitäter zuständig ist.

Entscheidend ist, dass das Lehrerkollegium den Schulsanitätsdienst akzeptiert. Wenn Lehrer nicht hinter dieser Einrichtung stehen, werden Schulsanitäter von ihnen nicht alarmiert und in der Folge auch von Mitschülern nicht ernst genommen. Akzeptanz seitens des Lehrerkollegiums (und der Schüler) kann wiederum nur dann erreicht werden, wenn die Schulsanitäter fachkompetent sind und aufgrund ihrer Kompetenz offiziell mit der medizinischen Hilfeleistung in Notfällen beauftragt werden. Für Schulsanitäter ist es extrem frustrierend – und es steht auch den Zielen des Schulsanitätsdienstes entgegen –, wenn sie trotz ihrer umfangreichen Ausbildung und ihres Engagements lediglich die Verbandkästen in der schuleigenen Sporthalle auffüllen dürfen und in Notfallsituationen letztlich doch nicht in die Hilfeleistung einbezogen werden.

Zusätzliche »Einsatzdienste«: Über die Einrichtung eines Schulsanitätsdienstes hinaus beschreibt Ferenschild

(2004) die Integration weiterer Einsatzdienste in den Alltag einer Schule. Basierend auf der erlebnispädagogischen Konzeption von Kurt Hahn sollen das humanitäre Verantwortungsbewusstsein und das Engagement für die Gesellschaft auch durch die Mitarbeit in einer schulinternen Jugendfeuerwehr oder in einem nautischen Dienst, d. h. im Bereich der Wasserrettung gefördert werden. Dabei wird betont, dass es sich bei solchen Einsatzdiensten nicht um »von Pädagogen ausgedachte Sandkastenspiele« (FERENSCHILD 2004) handelt, sondern um den tatsächlichen Einsatz im Ernstfall. Alarmierungen der Einsatzdienste müssen daher Vorrang vor allen anderen Unterrichtsveranstaltungen haben.

Spezielle Präventionsprogramme: Speziell zur Gewaltprävention wurden in den vergangenen Jahren unzählige Konzepte erarbeitet. Das Angebot ist inzwischen allerdings so vielfältig, dass man es kaum noch überschauen kann. Auch unterscheiden sich die theoretischen Begründungen, inhaltlichen Schwerpunkte, methodischen Vorgehensweisen und die Dauer der Maßnahmen deutlich voneinander. So gibt es Programme, die vorrangig auf die Förderung gewaltpräventiver Kompetenzen von Lehrkräften abzielen, etwa das »Konstanzer Trainingsmodell« (TENNSTÄDT et al. 1994) oder die »Schulinterne Lehrerfortbildung zur Gewaltprävention« (MILLER 1995).

Andere Konzepte, wie das »School-Based Violence Prevention Curriculum« (FARREL und MEYER 1997) oder das »Think First Curriculum« (LARSON 1992), richten sich vorrangig an Schüler. Einige dieser Präventionsprogramme werden von Schulen gemeinsam mit außerschulischen Partnern, wie den Jugend-, Sport- und Sozialämtern, der Polizei sowie der Jugendgerichtshilfe, umgesetzt. Mitunter werden auch die Eltern einbezogen. Speziell zur Gewaltprävention in Grundschulen wurde das Programm »Faustlos« entwickelt (CIERPKA 2004, BOWI, OTT und TRESS 2008). Für die Sekundarstufe 1 liegt seit längerem das Konzept »Erwachsen werden« vor (HOINKES und WILLMS 2005).

Zudem gibt es Mehr-Ebenen-Konzepte, die nicht nur bei den betroffenen Personen(-gruppen) ansetzen, sondern auch zu organisatorischen bzw. strukturellen Veränderungen in der Schule anregen (Olweus 2002). Schließlich ist auf die Ausbildung von Mediatoren und Streitschlichtern sowie die Durchführung von Selbstbehauptungs- oder Selbstsicherheitskursen hinzuweisen. Eine ausführliche Übersicht über die unterschiedlichen Ansätze zur Gewaltprävention enthält eine Veröffentlichung von Schick und Ott (2002).

Um sexueller Gewalt vorzubeugen werden ebenfalls spezielle Präventionsmaßnahmen durchgeführt. Die einzelnen Maßnahmen sind jedoch auch in diesem Bereich höchst unterschiedlich gestaltet – und teilweise sogar kontraproduktiv (May 2008). Es muss darauf hingewiesen werden, dass die Wirksamkeit vieler Präventionsprogramme längst nicht erwiesen ist: »*Es wird vieles getan, was gut gemeint, aber nicht gut ist*« (Poelchau 2007). Bei Landscheidt (2006) heißt es dazu: »*Vorschläge, wie Schulen Gewalt begegnen können, gibt es in kaum zu überblickender Zahl. Im krassen Widerspruch dazu steht die absolute Wirkungslosigkeit der meisten Vorschläge.*«

Besonders kritisiert werden einmalige Aktionen, wie zum Beispiel der Besuch eines bestimmten Theaterstücks oder die Durchführung eines einzelnen Projekttages, die nicht in ein längerfristig angelegtes Programm integriert sind. Auch für das Konzept der Schülermediation konnte eine gewaltpräventive Wirkung bisher »*nicht überzeugend*« nachgewiesen werden (Schmitt 2006).

Aufsicht: In der gesamten Unterrichtszeit, vor allem aber in den Pausen müssen Lehrkräfte die Schüler beaufsichtigen. Zudem sollten sanitäre Anlagen, Keller und andere weniger stark frequentierte Räume und Flure sowie Gebüsche im Umfeld eines Schulgebäudes regelmäßig inspiziert werden. Astor, Meyer und Behre (1999) konnten nachweisen, dass gewalttätige Auseinandersetzungen speziell in solchen »unowned places« auftraten, d. h. in Bereichen, in denen Erwachsene üblicherweise nicht anwesend sind und für die sich aufsichtführende Lehrkräfte häufig nicht verantwortlich fühlen.

Die sorgfältige Wahrnehmung der Aufsichtspflicht sollte jedoch nicht als Überwachung missverstanden werden. Dadurch könnte unter Umständen sogar ein Klima des Misstrauens begünstigt werden, das wiederum bestimmte Notfälle wahrscheinlicher macht. Vielmehr sollte es darum gehen, als verantwortliche Lehrkraft Präsenz, Nähe und Interesse an den Pausenaktivitäten der Schüler zu zeigen.

Regelungen und Absprachen: Zur Prävention von Notfällen können bestimmte Absprachen hilfreich sein. So könnte zum Beispiel verabredet werden, dass ein Schüler, der zur Toilette gehen möchte, von einem weiteren Schüler begleitet wird. Auch könnte ein bestimmtes Zeitfenster festgelegt werden, in dem die Kinder zurück sein müssen. Vereinbarungen dieser Art sind nicht nur für den regulären Unterricht, sondern vor allem auf Schulausflügen und Klassenfahrten sinnvoll. Im Vorfeld von Exkursionen sollte auch besprochen werden, wie sich Schüler verhalten sollen, wenn sie den Anschluss an ihre Gruppe verloren haben usw.

Beratung: Professionelle Beratung in Schulen kann ebenfalls dazu beitragen, Notfälle zu verhindern. So stehen vielerorts Schulsozialarbeiter und Schulpsychologen zur Verfügung, die bei Lernstörungen, Ängsten und in Konfliktsituationen helfen. Auch Lehrer können von der Beratung profitieren. Ihnen wird von Schulpsychologen Supervision, Coaching und Fortbildung angeboten, etwa im Hinblick auf den Umgang mit besonders heterogenen Schülergruppen, verhaltensauffälligen Kindern und Motivationsschwierigkeiten. Schulpsychologen unterliegen der Schweigepflicht. Ihre Inanspruchnahme erfolgt stets freiwillig und ist für die Klienten kostenlos.

Die Anstellung von Schulpsychologen ist aber nicht in allen Schulgesetzen der deutschen Bundesländer verankert. Vielfach wird bemängelt, dass es zu wenig Stellen für Schulpsychologen in Deutschland gibt. Der Berufsverband Deutscher Psychologinnen und Psychologen (BDP) fordert eine Versorgung bis 2010 mit einem Schulpsychologen für 5 000 Schüler und bis 2015 mit einem Schulpsychologen für 1 000

Schüler. Derzeit variiert die Versorgung in den Bundesländern erheblich, von einem Schulpsychologen für 5 491 Schüler in Hamburg bis zu einem Schulpsychologen für 26 224 Schüler in Niedersachsen (Berufsverband Deutscher Psychologinnen und Psychologen 2008).

Neben den Beratungsangeboten durch professionelle Fachkräfte wie Schulpsychologen und Sozialarbeiter gibt es auch die Möglichkeit der Beratung durch besonders geschulte Gleichaltrige bzw. Peers (Weinhardt et al. 2005). So betreibt der Arbeitskreis Leben (AKL) in Freiburg eine Internetseite (s. Kap. 9.3), auf der 25 Peerberater im Alter von 16 bis 23 Jahren ehrenamtlich tätig sind. Hauptamtliche Mitarbeiter begleiten sie dabei. Neben dem Online-Beratungsangebot werden auf der Homepage auch Suizidalitäts- und Depressionstests für Kinder und Jugendliche angeboten. In einem Trauerforum als »virtuelle Selbsthilfegruppe« können sich junge Hinterbliebene nach Suiziden in ihrem Umfeld austauschen. In einer Infothek werden zusätzliche Informationen zu Essstörungen, selbstverletzendem Verhalten und Aggressionen bereitgestellt.

Die Rückmeldungen zu der Beratung durch Gleichaltrige sind überwiegend positiv. Auf die Frage »*Hattest Du den Eindruck, dass Dein Berater Dir zuhört und verstanden hat, um was es Dir geht?*« antworteten 72% der Befragten mit »*ja*« und »*eher ja*«. 83% der Befragten würden das Beratungsangebot durch Peers weiterempfehlen (Stich 2008).

Sonstige Prävention: Im weiteren Kontext können auch die Medien-, Verkehrs-, Sexual- und Gesundheitserziehung als notfallbezogene Präventionen betrachtet werden. Zudem gibt es etliche Bestrebungen, für eine insgesamt humanere Schule zu sorgen. Dazu gehören (nach Spanhel und Hübner 1995, Lorenz 2007) im Wesentlichen folgende Aspekte:

Schaffung eines einheitlichen Grundwerte- und Normensystems: Regeln für das Miteinander in der Schule sollen nicht nur angeordnet, sondern als Klassen- bzw. Schulkodex von Lehrern, Schülern und Eltern gemeinsam erarbeitet werden. Konsequenzen von Regelverstößen müssen nachvollziehbar begründet und von allen Lehrkräften in gleicher Weise eingehalten werden. Im Lehrerkollegium sollte es zudem einen berufsethisch-pädagogischen Konsens geben.

Verbesserung der Beziehungen von Lehrkräften und Schülern: Angestrebt werden sollte ein vertrauensvolle Atmosphäre, in der gegenseitige Evaluation bzw. ein gegenseitiges Feedback möglich und ein Zusammengehörigkeitsgefühl vorhanden ist. Auftretende Probleme sollten jederzeit offen angesprochen werden können, und auf Kritik sollten stets konstruktive Reaktionen erfolgen. Die Kommunikationskultur ließe sich des Weiteren dadurch fördern, dass man miteinander statt übereinander spricht. Namentliches Grüßen wirkt der Anonymität in der Schule entgegen.

Lehrkräfte sollten für die Bedürfnisse ihrer Schüler Zeit haben und sich um deren soziale, emotionale und schulische Probleme kümmern. Nach Möglichkeit sollte es eine individuelle Lernförderung geben. Darüber hinaus sollte jeder Schüler in der Schule mindestens eine erwachsene Bezugsperson haben. Geschätzt werden Lehrer von ihren Schülern vor allem dann, wenn sie fachlich kompetent, im Umgang mit ihnen humorvoll und fair sind und wenn sie Interesse an ihnen zeigen, ohne eine angemessene Distanz zu unterschreiten (Landscheidt 2006).

Ermöglichung von sozialem Lernen: Die Unterrichtsmethodik sollte ebenso Schüler zentriert wie Schüler aktivierend sein. Auch sollte sie positive Gemeinschaftserlebnisse ermöglichen, etwa durch Teamaufgaben, Rollenspiele und Diskussionsrunden. Bestehende Freiräume sollten Möglichkeiten zum Spiel und zur Entspannung bieten. Nach Robertz (2007a) ist sogar ein Schulfach »soziales Lernen« zu diskutieren.

Ferner sollte es an Schulen eine »Entlassungskultur« geben. Schüler, die die Schule befristet oder dauerhaft verlassen, sollten würdig verabschiedet werden. Ihre Eltern sind routinemäßig zu informieren. Wenn erkennbar ist, dass die Entlassung von der Schule (etwa nach einem Schulverweis) mit besonderen Problemen verbunden ist bzw. eine Krisensituation auslösen oder verstärken könnte, sollten auf jeden Fall Fachkräfte hinzugezogen werden.

4.3 Technische Prävention

Genereller Gebäudezustand: »*Schulgebäude oder Teile davon, die in einem schlechten Zustand sind, ziehen Schwierigkeiten geradezu an*« (LANDSCHEIDT 2006). Ergonomisch ungünstige Sitzgelegenheiten fördern aggressives Verhalten. Aus diesen Gründen sollte besonders auf die fachgerechte Instandhaltung des Schulgebäudes und die Ausstattung mit funktionsfähigem, schülergerechtem Mobiliar geachtet werden (BLAUMEISER 2003). Sehr detaillierte Checklisten, mit denen die technische Sicherheit einer Schule bzw. eines Schulgebäudes überprüft werden kann, wurden 2005 von der Unfallkasse Sachsen entwickelt.

Ausstattung: In Schulen müssen verschiedene Geräte und Materialien vorhanden sein, die für die Hilfeleistung in einem Notfall benötigt werden. Dazu gehören insbesondere Feuerlöscher und andere Löschgeräte entsprechend der DIN 14096 (Brandschutzordnung) sowie eine medizinische Erste-Hilfe-Ausstattung nach DIN 13157 (kleiner Betriebsverbandkasten, s. KAP. 9.2.5). Die GESETZLICHE UNFALLVERSICHERUNG (2008b) schreibt zudem vor, dass es in jeder Schule mindestens einen Sanitätsraum geben muss. Dieser Raum sollte ebenerdig und für den Rettungsdienst gut erreichbar sein. Er sollte mit einer Liege bzw. Krankentrage und einem Waschbecken mit fließend kaltem und warmem Wasser ausgestattet sein. FLEISCHHACKL et al. (2006) fordern darüber hinaus, dass jede Schule über einen Automatisierten Externen Defibrillator (AED) verfügt.

Im Lehrerzimmer oder Sekretariat sollte ferner ein »psychologischer« Notfallkoffer bereitstehen, in dem Kerzen und Teelichter, ein Feuerzeug, ein Kreuz, geeignete Musik-CDs (s. KAP. 9.4), Taschentücher, einige Kuscheltiere (für Grundschulkinder) und eine Sammlung von geeigneten Arbeitsmaterialien, wie zum Beispiel Liedtexte und Gedichte, enthalten sind (RÜTTINGER 2006b). Für Todesfälle könnte auch ein Kondolenzbuch und ein schwarzer Bilderrahmen vorgehalten werden. Die gesamte Ausstattung für Notfälle muss natürlich jederzeit auf ihre Vollständigkeit und Funktionsfähigkeit hin geprüft und gegebenenfalls gewartet werden.

Auch auf Klassenfahrten und Schulausflügen gehört eine spezifische Ausstattung für Notfälle in das Gepäck, etwa ein Verbandkasten oder eine Erste-Hilfe-Tasche. Einige Kinder benötigen regelmäßig Medikamente, die in ausreichender Menge mitzuführen sind. Eine verantwortliche Person sollte jederzeit ein Handy dabei haben und die vor Ort geltenden Notrufnummern kennen, um bei Bedarf sofort professionelle Hilfe alarmieren zu können.

Alarmsignale, Kennzeichnungen: In jeder Schule sollten technische Möglichkeiten zur Alarmierung, zur Warnung und zur Information der Schulgemeinde vorhanden sein. Hierzu gehören beispielsweise eine Brandmeldeanlage bzw. Rauchmelder auf den Fluren, in den Klassenräumen und den Toiletten, eine Alarmsirene und eine Mikrofon- bzw. Rundspruchanlage. Die Alarmierungssignale müssen sich von Pausensignalen unterscheiden und allen Mitgliedern der Schulgemeinde bekannt sein. Zu empfehlen ist, dass im Kollegium einer Schule bestimme Codewörter vereinbart werden, nach deren Durchsage festgelegte Maßnahmen zu ergreifen sind. Lehrkräfte in Winnenden wurden zum Beispiel mit dem Hinweis darauf, dass »Frau Koma kommt.« (»Koma« steht für die umgekehrte Buchstabenfolge des Wortes »Amok«), gewarnt, und konnten daraufhin die Türen zu den Klassenzimmern verschließen.

Bei einem Stromausfall ist entweder eine Notstromversorgung oder eine handbetriebene Alarmierung (etwa mit einer so genannten Kurbelsirene oder einer Glocke) sicherzustellen. Von Bedeutung ist auch die sorgfältige Kennzeichnung von Flucht- und Rettungswegen mit eindeutigen Symbolen und Hinweisschildern. Entsprechende Gestaltungsvorgaben enthält die DIN 4844.

Darüber hinaus kann auch die Kennzeichnung der Schulräume *von innen* hilfreich sein. Ein Schild mit der jeweiligen Raumnummer sollte nicht nur auf dem Flur, sondern ebenso *im* Raum angebracht werden. Sollte eine Schulklasse, etwa durch ein Feuer oder die Gefährdung bei einem Amoklauf, in einem Unterrichtsraum eingeschlossen sein, ist den betreffenden Schülern und Lehrern die Raumnummer möglicherweise nicht oder, bedingt durch die große Aufregung, nicht mehr präsent. Bei dem Massaker in Erfurt bereitete es den Betroffenen beispielsweise sogar Schwierigkeiten, die Schüler in einem Klassenraum durchzuzählen (Pockel 2005). Dies zeigt, wie hilfreich die Kennzeichnung des Klassenraums sein kann. Schüler und Lehrer könnten sich räumlich orientieren und Rettungskräfte, etwa per Mobiltelefon, über ihren Aufenthaltsort informieren.

Flucht- und Rettungswege: Flucht- und Rettungswege dürfen niemals eingeengt oder versperrt werden, Türen an Flucht- und Rettungswegen müssen immer nach außen öffnen und dürfen nicht abgeschlossen sein. Zu beachten ist außerdem, dass die umfangreiche Dekoration der Flure einer Schule mit Bildern oder Bastelarbeiten aus Papier zwar schön anzusehen ist, gleichzeitig jedoch eine erhebliche Brandlast darstellen kann. Gleiches gilt für Garderoben auf den Fluren. Die dort aufgehängten Kleidungsstücke könnten in Brand geraten, sodass der Weg aus dem Schulgebäude versperrt wäre.

Bei der Festlegung von Fluchtwegen und Sammelpunkten sollten mit Hinblick auf den Gebrauch von Schusswaffen mögliche Schussfelder bedacht werden. Bei einem Amoklauf in der Schule könnten andere Sammelpunkte sinnvoll sein als bei einem Feuer, weil sie geschützter zu erreichen sind und, womöglich hinter Mauern und Ähnlichem, auch eine bessere Deckung bieten.

Schülerbriefkasten: Um Schülern zu ermöglichen, verdächtige Beobachtungen und persönliche Besorgnis auch anonym zu melden, könnte ein Schülerbriefkasten oder ein Kontaktformular auf der Internetseite einer Schule eingerichtet werden (Landscheidt 2006). Auf diese Weise bräuchte kein Schüler Angst zu haben, als »Petze« bezeichnet zu werden. Zudem dürfte dieser Meldeweg für Hinweise auf einen sich anbahnenden Notfall für viele Schüler mit einer niedrigeren Hemmschwelle verbunden sein als das persönliche Gespräch mit einem Lehrer.

Sonstige technische Sicherheitsmaßnahmen: Weitere technische Vorrichtungen könnten für zusätzliche Sicherheit sorgen. Wenngleich in den USA viele solcher Vorrichtungen längst üblich sind, ist deren Einsatz in Deutschland umstritten (Hehne 2007). Durch die Montage von Überwachungskameras, Rundspiegeln an schlecht einsehbaren Stellen, Türen mit speziellen Sicherheitsschlössern, elektronischen Türöffnern, Waffendetektoren im Eingangsbereich usw. könnte – genau wie durch die bereits dargestellten Notfallübungen – auch ein gegenteiliger Effekt erreicht werden. Statt das Sicherheitsgefühl zu stärken, wird womöglich für Beunruhigung bzw. eine Zunahme von Bedrohungsgefühlen gesorgt (»*Wenn hier überall Kameras montiert werden, machen die das sicher nicht ohne Grund.*«). Zudem ist die Zweckmäßigkeit vieler technischer Sicherheitseinrichtungen im Schulalltag insgesamt fraglich. Ob es tatsächlich möglich ist, jeglichen unbefugten Zutritt ins Schulgebäude zum Beispiel durch Schließanlagen zu verhindern, sei dahingestellt.

Uneingeschränkt sinnvoll ist es dagegen, überall im Schulgebäude auf eine ausreichende Beleuchtung zu achten. Vor allem in dunklen Bereichen wie Zuwegen und Fahrradständern sollten Lampen durch Bewegungsmelder automatisch eingeschaltet werden. Zudem sollten Büsche und Sträucher im Umfeld der Schule bzw. auf dem Schulhof soweit zurück geschnitten werden, dass das Schulgelände permanent gut zu überblicken ist (Hessisches Kultusministerium 2007).

4.4 Kritische Aspekte von Prävention

Abschließend soll nicht verschwiegen werden, dass einige Schulleitungen und Lehrkräfte notfallbezogener Prävention generell kritisch gegenüber stehen. Möglicherweise spielen dabei Verdrängungsmechanismen eine Rolle, etwa nach dem Motto: »*Ich brauche das nicht, an meiner Schule passieren solche Notfälle nicht!*« (Robertz 2007a). Mitunter wird Prävention mit dem Argument kritisiert, dass durch Vorsorgemaßnahmen erst Ängste geschürt werden. Oder es wird befürchtet, dass die eigene Schule ganz allgemein durch Präventionsmaßnahmen mit Gewalt in Verbindung gebracht wird.

Einige Lehrer sehen Prävention nicht als ihre Aufgabe an und verstehen sich eher als Vermittler von Wissen. Dies scheint insbesondere an mittleren und höheren Schulformen der Fall zu sein (HOFFMANN 2007b). Ferner vertreten einige Lehrkräfte die Ansicht, dass Notfälle sich ohnehin nicht verhindern lassen. Daraus wird dann gefolgert, dass Prävention insgesamt unsinnig ist. Zu diskutieren ist außerdem, ob bestimmte Präventionsmaßnahmen nicht auch zu einer »Gewöhnung an die Allgegenwart der Möglichkeit von Gewalt« führen können. SEIDLER (2009) wirft beispielsweise die Frage auf, ob die Schwelle zur Anwendung von Gewalt auf diese Weise nicht eventuell abgesenkt wird.

Die kritischen Anmerkungen stellen den Sinn und Nutzen von Prävention nicht grundsätzlich in Frage. In der Tat sind jedoch Bedenken angebracht, wenn Prävention unangemessen durchgeführt bzw. übertrieben wird. Insofern ist auch bei der Planung und Durchführung von Präventionsmaßnahmen ein vernünftiges Augenmaß zu beachten.

5 Intervention

Wenn ein Notfall eingetreten ist, muss aufbauend auf der durchgeführten Prävention rasch gehandelt werden. Die im folgenden Abschnitt beschriebenen Maßnahmen beziehen sich daher auf die Hilfeleistung *in* oder *unmittelbar nach* einem Notfallgeschehen, d.h. auf die ersten Stunden nach dem jeweiligen Ereignis. Die Textgliederung erfolgt schematisch-chronologisch, d.h. die einzelnen Hinweise sind so angeordnet, wie sie prinzipiell auch in der Praxis zu beachten sind. Es handelt sich jedoch um Vorschläge und Anregungen. Entscheidungen über die Durchführung der Interventionen im Einzelfall müssen natürlich von der verantwortlichen Lehrkraft, der Schulleitung oder dem Notfallteam der Schule getroffen werden. Je nach konkreter Situation vor Ort kann auch eine abweichende Reihenfolge zweckmäßig sein.

5.1 Ruhe bewahren

Vom Eintritt eines Notfallgeschehens an orientieren sich Kinder und Jugendliche an den anwesenden Erwachsenen. Wenn Lehrkräfte hektisch werden, überträgt sich das auf die Schüler. Gelingt es ihnen, Ruhe zu bewahren, werden ihre Schüler allein schon dadurch beruhigt (s. KAP. 3.1.2). Merkt ein Lehrer, dass er sehr aufgeregt ist oder starke Angst empfindet, sollte er Methoden der psychologischen Selbsthilfe anwenden:

Bewertung von Stress: Das Empfinden starker Erregung muss nicht zwangsläufig darauf hinweisen, dass man nur noch eingeschränkt handeln kann oder gar handlungsunfähig ist. Erregung trägt zunächst dazu bei, dass die Leistungsfähigkeit steigt. Die Ausschüttung von Stresshormonen sorgt dafür, dass die Muskulatur besser durchblutet wird, dass man aufmerksamer wahrnimmt und rascher reagieren kann. Anspannung ist also nicht von vornherein negativ zu bewerten. Sie ist etwas durchaus Positives. Erst bei extremer Erregung sinkt die Leistungsfähigkeit. Nach dem Yerkes-Dodson-Gesetz ist ein mittlerer Erregungsgrad ideal.

Positive Selbstinstruktion: Man kann sich selbst sagen, wie man reagieren soll. Diese Anweisungen kann man leise vor sich hin flüstern oder auch nur im Geiste formulieren, sodass sie niemand mitbekommt. Beispiel: »*Okay, ich werde die stabile Seitenlage schon hinbekommen!*« oder »*Hey, ruhig. Das schaffst Du schon!*« Wichtig ist, dass diese Selbstinstruktionen positiv formuliert werden, also nicht: »*Oh je, ist das ekelhaft. So viel Blut. Ich werde mich aber nicht übergeben!*« Negativformulierungen erhöhen die Wahrscheinlichkeit, dass gerade das unerwünschte Verhalten gezeigt wird.

Positive Vorerfahrungen: Es kann auch hilfreich sein, sich für einen kurzen Augenblick an frühere Notfallsituationen zu erinnern, die man gut bewältigt hat (»*Bei dem Unfall vor fünf Jahren bin ich ganz ruhig geblieben. Das schaffe ich jetzt auch wieder!*«).

Regeln: Wenn man sehr aufgeregt ist und nicht weiß, mit welcher Maßnahme man anfangen soll, kann man sich einfache Regeln wie die hier beschriebenen Hinweise zur Intervention noch einmal vergegenwärtigen. Es gilt: Immer eines nach dem anderen! Also »Ruhe bewahren«, »Überblick verschaffen«, »Einsatzkräfte alarmieren« usw.

Atmung und Entspannung: Bei starker Anspannung helfen auch einfache Atemübungen sehr effektiv. Man konzentriert sich darauf, drei oder vier tiefe Atemzüge auszuführen, oder man wendet eine Entspannungstechnik an wie die progressive Muskelentspannung. Solche Verfahren setzen allerdings eine entsprechende Schulung und ein regelmäßiges Training voraus.

Rationalisieren: Die Belastung von Lehrern hängt häufig auch davon ab, wie sich die notfallbetroffenen Schüler verhalten. Die Konfrontation mit verletzten Kindern, die sehr laut schreien und weinen, kann zum Beispiel als sehr belastend erlebt werden. Vielleicht ist in diesem Zusammenhang der Hinweis hilfreich, dass solche starken Reaktionen aus medizinischer Sicht – nüchtern betrachtet – zumindest als Zeichen einer ausreichenden Sauerstoffversorgung zu bewerten sind. Wer so laut schreien kann, atmet auf jeden Fall noch ausreichend. Diese Erkenntnis könnte Helfer ein wenig beruhigen.

Distanzieren: Wenn man merkt, dass die eigene Handlungsfähigkeit durch eine starke Belastung beeinträchtigt wird, kann die Anwendung von Distanzierungstechniken sinnvoll sein. Das gedankliche Durchgehen des kleinen Einmaleins, das leise Aufsagen von Zungenbrechern (Fischers Fritz fischt frische Fische, frische Fische fischt Fischers Fritz), das bewusste Benennen von Gegenständen in der Umgebung, das Rückwärtszählen (bei 1000 angefangen) oder auch das leise Summen oder Singen eines vertrauten Liedes kann dabei helfen, handlungsfähig zu bleiben.

5.2 Überblick verschaffen

Zu Beginn der Hilfeleistung sollte man sich einen Überblick über die Situation verschaffen. Dies gilt für Lehrer, die direkt am Ort des Geschehens sind, aber auch für die Mitglieder des Notfallteams und die Schulleitung. Rasch muss geklärt werden:

- Was ist passiert?
- Wer ist betroffen?

Dabei muss auch auf Kinder geachtet werden, die sich eventuell schon vom Notfallort entfernt haben, d.h. weggelaufen sind. Gegebenenfalls können die anwesenden Kinder darüber Auskunft geben, wer das Ereignis noch miterlebt hat. Zudem muss rasch geklärt werden:

- Welche Gefahren drohen?

So besteht etwa bei einem School Shooting auch für die herbeieilenden Helfer eine erhebliche Eigengefährdung. Sie könnten durch Schüsse verletzt oder sogar getötet werden. Bei einem Feuer besteht die Gefahr der Brandausbreitung. Von einem schwer erkrankten Schüler geht eventuell eine akute Ansteckungsgefahr aus. In einigen Fällen könnte auch eine Panikreaktion auftreten. Nach der Beantwortung dieser Fragen sind Prioritäten festzulegen, um zu entscheiden, welche Maßnahmen in welcher Reihenfolge durchzuführen sind.

5.3 Einsatzkräfte alarmieren

Je nachdem, welcher Notfall eingetreten ist, müssen die entsprechenden Einsatzkräfte alarmiert werden, d.h. der Rettungsdienst, die Feuerwehr und/oder die Polizei. Dabei ist zu beachten, dass lediglich zwei Notrufnummern bundesweit einheitlich sind:

> Notruf 110: Polizei
> Notruf 112: Notruf/Feuerwehr

Für den Rettungsdienst gilt mancherorts auch noch die Ziffernfolge 19222. In einigen Orten gibt es zusätzliche Rufnummern, bei denen sogar die Ortsnetzkennzahl (Vorwahl) mit gewählt werden muss. Bei Notrufversuchen mit einem Handy ist ferner zu beachten, dass man nicht unbedingt in der geografisch, sondern unter Umständen auch in der funktechnisch nächstgelegenen Leitstelle landet. Im Gespräch mit dem Dienst habenden Leitstellendisponenten sollte man daher stets angeben, von welchem Ort aus man gerade anruft (Karutz und von Buttlar 2008).

Da Schulgebäude und Schulgelände häufig recht groß und unübersichtlich sind, sollten die anrückenden Einsatzkräfte möglichst schon an einer Zufahrt oder an der Straße vor der Schule in Empfang genommen und von einer ortskundigen Person direkt zum Ort des Geschehens geführt werden.

5.4 Hilfe leisten, Schüler in die Hilfeleistung einbeziehen

In vielen Notfällen kann schon vor dem Eintreffen der Rettungskräfte mit einer Hilfeleistung begonnen werden. Sofern das ohne Gefährdung möglich ist, sollten auch Schüler in die Durchführung der jeweiligen Maßnahmen einbezogen werden. Indem man ihnen konkrete Aufgaben erteilt, können Gefühle von Ohnmacht und Hilflosigkeit vermindert werden. Die Selbstkontrolle wird gestärkt, »*Helfen hilft den Helfern*« (ENGLBRECHT und STORATH 2002). Schüler können Materialien herbeiholen, die für die Hilfeleistung benötigt werden. Bei einem medizinischen Notfall können sie unter anderem Türen aufhalten, damit ein Notfallpatient rasch zum Rettungswagen getragen werden kann. Möglicherweise könnten ältere Kinder bzw. Jugendliche den Auftrag bekommen, auf jüngere Kinder zu achten und darauf aufzupassen, dass kein Kind wegläuft usw.

Zu beachten ist, dass man einzelne Schüler gezielt anspricht und konkrete Aufgaben erteilt, etwa: »*Hanna, Du läufst jetzt bitte ins Sekretariat und sagst Bescheid, dass der Rettungsdienst alarmiert wird!*« oder »*Max, Du holst jetzt rasch den Verbandkasten aus dem Büro des Hausmeisters!*« Wenn man nur etwas pauschal in eine Schülergruppe ruft, fühlt sich meist niemand verantwortlich, den Auftrag zu übernehmen (Verantwortungsdiffusion).

Wenn Schüler sich in einer Notfallsituation hilfreich verhalten haben, sollten sie anschließend gelobt werden (»*Du hast ganz toll mitgeholfen. Das hast Du wirklich gut gemacht.*«). Dafür gibt es mehrere Gründe: Einerseits soll Schülern bewusst gemacht werden, dass sie selbst etwas zur Bewältigung der Situation beigetragen haben. Andererseits trägt ein Lob dazu bei, dass Schüler sich auch weiterhin in der erwünschten Weise verhalten. Das Lob wirkt somit als positive Verstärkung.

5.5 Mit Augenzeugen und Zuschauern umgehen

Bei jedem Notfall in einer Schule finden sich Zuschauer ein. Wenn Schüler erfahren, dass sich ein Notfall ereignet hat, eilen viele gleich zum Ort des Geschehens. Zudem gibt es häufig Schüler, die den Notfall als Augenzeuge miterlebt haben. Auch auf ihre Anwesenheit sollte man angemessen reagieren. Ob man sie zuschauen lässt oder vom Notfallort entfernt, kann jedoch nicht pauschal entschieden werden. Für das Entfernen spricht, dass es Notfallopfern unangenehm ist, wenn sie den Blicken von Zuschauern ausgesetzt sind. Außerdem können Rettungsarbeiten durch diese behindert werden. Ein weiteres Argument sind die Belastungen, denen auch Zuschauer bei einem Notfall ausgesetzt sind. So werden sie zum Beispiel mit dem Anblick von Verletzungen konfrontiert. Wenn zuschauende Schüler sich die Augen zuhalten, apathisch oder offensichtlich sehr geschockt und verängstigt sind, sollten sie vom Notfallort entfernt werden.

Allerdings kann es für einige Zuschauer auch unangenehm sein, wenn sie das Notfallgeschehen *nicht mehr* beobachten können. Das Abschirmen verhindert möglicherweise den entlastenden Anblick einer fachkundigen Hilfeleistung. In diesem Zusammenhang könnte auch der Zeitpunkt des Abschirmens von Bedeutung sein. Wenn Schüler den Notfall zum Beispiel schon als Augenzeugen miterlebt haben und sie erst dann entfernt werden, könnte dies zum bereits erwähnten Effekt einer »unterbrochenen Handlung« führen (s. KAP. 3.1.2). Schüler können sich außerdem Fantasien über den Fortgang des Notfallgeschehens machen, die eventuell noch schlimmer sind als die Realität. In bestimmten Einzelfällen kann man also durchaus begründen, Schüler bei einem Notfall zunächst weiterhin zuschauen zu lassen (KARUTZ 2004a).

Entscheidet man sich dafür, das Zuschauen in einem Notfall zu unterbinden, sollte das nachvollziehbar begründet werden. Zuschauende Schüler sollten also nicht einfach nur weggeschickt werden. Günstiger ist es, ihnen eine kurze Erklärung zu geben, verbunden mit einem konkreten Auftrag und einem Ausblick auf das weitere Vorgehen, etwa wie folgt: »*Hier wird jetzt viel Platz gebraucht, damit der Rettungsdienst arbeiten kann. Geht bitte in Euren Klassenraum und wartet dort auf Herrn Meier. Was hier geschieht, berichte ich Euch in der nächsten Stunde. Ihr könnt mich dann auch alles fragen, was ihr wissen wollt.*« Mit diesem Hinweis gelangt man zum nächsten Aspekt der Hilfe:

5.6 Informationen vermitteln

Fast immer verursachen Notfälle ein starkes Informationsbedürfnis. In der Regel sind alle Mitglieder der Schulgemeinde sehr daran interessiert zu erfahren, was sich im Einzelnen zugetragen hat, wer verletzt worden ist, welche Verletzungen verursacht wurden usw. Die Vermittlung von Informationen ist deshalb von besonderer Bedeutung. Sie trägt nicht nur dazu bei, Fakten zu klären und Gewissheit zu geben. Sie wirkt auch der Entstehung von Gerüchten entgegen (WOLF 2000). Thematisiert werden sollte insbesondere, *dass* geholfen wird und *wie* es geschieht. Vorrangig sollte dabei »*das Vertrauen in die Fähigkeiten der Einsatzkräfte [...] betont werden*« (LARSEN und LARSEN 2001). Mitgeteilt werden könnte zum Beispiel: »*Dem Robin wird jetzt geholfen. Der Rettungsdienst tut alles, was möglich ist. Auch ein Notarzt ist schon bei ihm. Robin ist in guten Händen!*«

Wenn Helfer Maßnahmen durchführen müssen, die zunächst zusätzliche Schmerzen verursachen, sollte auch das erläutert werden. (Beispiele: »*Jetzt bekommt Felix eine Spritze. Das tut zwar auch noch einmal weh, aber in einigen Minuten lassen die Schmerzen dann nach. In der Spritze ist ein Medikament gegen die Schmerzen.*« oder »*Wenn das Bein jetzt in die Schiene gelegt wird, sieht das zwar unangenehm aus. Es hilft aber, das Bein ganz ruhig zu halten, damit es gleich nicht mehr so sehr wehtut.*«)

Gegebenenfalls müssen solche Informationen mehrfach wiederholt werden, weil sie bedingt durch die starke psychische Erregung in einem Notfall nicht immer sofort verstanden werden (UTPATEL 2003). Der verwendete Sprachstil sollte dem Alter der Schüler angepasst, aber stets »ausreichend ernsthaft und keineswegs primitiv« sein (STADTLER-MACH 1998).

Zudem sollte man auf alle Fragen offen und ehrlich antworten. Problematisch könnte es sein, wenn bestimmte Fragen noch nicht endgültig beantwortet werden können, weil zum Beispiel noch nicht alle Spuren ausgewertet worden sind oder bestimmte Untersuchungsergebnisse noch nicht vorliegen. In diesen Fällen sollte man wahrheitsgemäß antworten, wie der aktuelle Wissensstand ist. Bezogen auf ein School Shooting etwa: »*Es gibt einzelne Hinweise auf einen zweiten Täter, denen die Polizei intensiv nachgeht. Mehr kann ich dazu leider auch nicht sagen.*« Sachverhalte dürfen weder beschönigt noch verschwiegen werden, auch wenn man meint, die Betroffenen damit zu schützen. Schüler spüren sehr schnell, wenn jemand ihnen gegenüber nicht ehrlich ist. Sie verlieren dadurch das Vertrauen zu den Personen, die ihnen eigentlich helfen wollen.

Zu empfehlen ist ferner, dass nur gesicherte Informationen weitergegeben werden und dass diese Aufgabe ausschließlich Personen übernehmen, die dazu offiziell autorisiert sind wie zum Beispiel die Mitglieder des Notfallteams der Schule. Diese sollten zur Kennzeichnung ihrer Funktion beispielsweise eine farbige Warnweste tragen. Auf diese Weise sind sie auf dem Schulgelände als Ansprechpartner erkennbar, der aus erster Hand informiert ist und daher auch verlässliche Auskünfte erteilen kann.

Die Vermittlung von Informationen sollte aber nicht nur im direkten Umfeld des Notfallgeschehens oder aufgrund spontaner Anfragen Einzelner, sondern organisiert und strukturiert erfolgen. Nach einer zeitnah einzuberufenden Dienstbesprechung, in der zunächst das Kollegium der Schule über das jeweilige Ereignis informiert wird, sollten mehrere Mitglieder des Notfallteams alle betroffenen Klassen oder Kurse persönlich aufsuchen. Gegebenenfalls ist auch eine Jahrgangsstufenversammlung oder sogar eine Versammlung der gesamten Schulgemeinde in Erwägung zu ziehen.

5.7 Schüler nicht allein lassen, Bezugspersonen einbeziehen

In und unmittelbar nach einem Notfall sollten Schüler nicht allein gelassen werden. Deshalb ist es auch unangebracht, Schüler aufgrund eines Notfalls einfach nach Hause zu schicken. LANGER (2006) bezeichnet ein solches Vorgehen als »*pädagogisch und psychologisch unverantwortlich*«. Möglicherweise treffen die Kinder zu Hause niemanden an. Sie wären dann mit ihren Sorgen und Ängsten allein.

Grundschulkinder werden häufig von sich aus die Nähe zu ihren Lehrern suchen, weil sie zu ihnen Vertrauen haben und sich bei ihnen geborgen fühlen. Ältere Kinder bzw. Jugendliche möchten vielleicht lieber unter sich bleiben. Erwachsenen gegenüber können sie eher skeptisch eingestellt sein (DASCHNER 2001). Bei Notfällen in weiterführenden Schulen kann man zum Beispiel beobachten, dass sich Jugendliche rasch in Gruppen auf dem Schulhof zusammenfinden und sich gegenseitig trösten. Diese Gruppen sollten möglichst nicht voneinander getrennt bzw. aufgelöst werden.

Gegebenenfalls muss organisiert werden, dass Schüler von ihren Eltern oder anderen erwachsenen Bezugspersonen abgeholt werden. Zu diesem Zweck sollten die Kinder selbst gefragt werden, wer informiert werden soll, etwa der Vater *oder* die Mutter – vorausgesetzt, beide Elternteile sind überhaupt dazu in der Lage, unverzüglich zur Schule zu kommen. Wenn keine Wahlmöglichkeit besteht, ist die Frage natürlich hinfällig.

Für solche Situationen sollte schulintern bereits im Vorfeld bekannt gegeben werden, wohin Erwachsene, die ihre Kinder abholen, kommen sollen. Üblicherweise ist das Sekretariat einer Schule die geeignete Anlaufstelle. Bei einigen besonderen Situationen wie einem Feuer oder einem Amoklauf kann aber auch die Abholung der Kinder an einem etwas entfernt liegenden Ort (z.B. an einer benachbarten Turnhalle, einem Sportplatz usw.) vereinbart werden.

Jüngeren Schülern geben vorübergehend auch Kuscheltiere Halt. Sie können die Nähe von Bezugspersonen jedoch nicht dauerhaft ersetzen.

Vor der Zusammenführung von Kindern mit ihren Bezugspersonen bzw. Eltern sollte eine besondere Information oder auch Instruktion der Erwachsenen erfolgen (Nader und Pynoos 1993). Die Eltern sollten zunächst erfahren, was passiert ist. Sie sollten aber auch darüber informiert werden, wie sie sich ihren Kindern gegenüber verhalten sollen. Der Anblick ihrer extrem verängstigten Eltern (so verständlich diese Reaktion der Eltern in vielen Notfällen auch sein mag) trägt beispielsweise dazu bei, Ängste und Verunsicherung der betroffenen Schüler nochmals zu steigern.

Auch nach dem regulären Unterrichtsschluss sollten einige Lehrer in der Schule bleiben. Einige Schüler möchten vielleicht nicht nach Hause gehen oder können nicht gleich von ihren Eltern abgeholt werden. Dann ist es hilfreich, wenn weiterhin Kontaktpersonen in der Schule sind.

5.8 Hinweise zur Nutzung von Mobiltelefonen

Viele Kinder besitzen schon im Grundschulalter ein eigenes Mobiltelefon. In Notfällen ist die Nutzung von Handys jedoch problematisch. Mitunter werden Freunde oder Eltern schon angerufen, bevor die ersten Rettungskräfte am Einsatzort eingetroffen sind. Dadurch verbreiten sich ungesicherte, übertriebene oder sachlich falsche Darstellungen, die bei den angerufenen Personen für zusätzliche Beunruhigung sorgen. Der Kreis betroffener und teilweise fehlinformierter Personen wird dadurch innerhalb kürzester Zeit erheblich vergrößert. Auch ist zu befürchten, dass angerufene Eltern, wenn sie sofort zur Schule eilen, sämtliche Zufahrtswege für Feuerwehr, Rettungsdienst und Polizei verstellen (Landesfeuerwehrschule 2009). Darüber hinaus lässt sich der Informationsfluss über Mobiltelefone kaum kontrollieren (Utpatel 2003, Wilp und Albers 2007).

Dennoch hat die Nutzung von Mobiltelefonen in einem Notfall auch positive Aspekte. Mit keinem anderen Kommunikationsmittel kann zum Beispiel derart rasch für die Alarmierung professioneller Helfer gesorgt werden (Hehne 2007). Zwölf Schüler, die sich während des Massakers in Emsdetten noch im Schulgebäude aufgehalten haben, konnten über ihre Mobiltelefone psychologisch betreut werden (Engels 2007). Unmittelbar nach dem Amoklauf in Erfurt erhielten Schüler per Handy Anweisungen von Notärzten, um den Verletzten Erste Hilfe zu leisten. Zudem hat die Polizei in Erfurt gerade über Mobiltelefone wertvolle Informationen erhalten (Pieper 2007a).

Ferner ist zu bedenken, dass es Kindern in Notfällen auch bei einem lediglich telefonischen Kontakt helfen kann, wenn sie mit ihren Bezugspersonen sprechen. Vielen Schülern tut es einfach gut, eine vertraute Stimme zu hören und zu berichten, was ihnen widerfahren ist. Im günstigsten Fall können sie von den angerufenen Personen sogar ein wenig beruhigt werden.

Zudem kann die Nutzung von Mobiltelefonen auch den Eltern notfallbetroffener Schüler helfen. Wenn sie zum Beispiel über die Medien von einem Notfall in der Schule erfahren haben und ihr Kind daraufhin anrufen, können sie sich vergewissern, dass es ihm gut geht. Würden Eltern ihr Kind bei einem Notfall in der Schule telefonisch nicht erreichen, könnte deren Besorgnis noch ausgeprägter sein und womöglich zu Nachfragen in den Polizei- und Rettungsleitstellen führen, die in solchen Situationen ohnehin überlastet sind.

Wie in Notfällen auf die Nutzung von Mobiltelefonen reagiert werden soll, kann daher nicht pauschal entschieden werden. Anrufe (oder das Schreiben von Kurzmitteilungen) strikt zu verbieten, wie es häufig empfohlen wird, erscheint nicht angebracht und in der Praxis auch völlig aussichtslos (Kommentar einer Lehrerin, als diese Thematik in einer Fortbildung diskutiert wurde: »*Es ist doch schon unmöglich, Handyverbote im regulären Unterricht durchzusetzen. Wie soll das in einem Notfall funktionieren, wo alle aufgeregt sind, schreien, weinen und wild durcheinander lau-*

fen?«). Schülern ihre Mobiltelefone vorübergehend abzunehmen, kann ebenfalls nicht empfohlen werden. Wenn sie nach einem Notfall nun einmal unbedingt eine Bezugsperson anrufen möchten, wäre eine solche Vorgehensweise sicherlich kontraproduktiv. Nicht zuletzt beinhaltet ein grundsätzliches Telefonverbot immer auch ein erhebliches Konfliktpotential.

Allenfalls könnte man auf die problematischen Aspekte der Telefonate hinweisen und mit der entsprechenden Begründung darum bitten, dass die Handys – zumindest für einige Minuten – abgeschaltet werden (*»Wir wollen niemandem unnötig Angst machen. Bis wir wissen, was bei dem Unfall vor der Schule wirklich passiert ist, schalten wir unsere Handys aus. Sobald uns der Schulleiter konkrete und sichere Informationen gibt, können wir auch wieder telefonieren!«*).

Eventuell könnten Anrufe aber auch ausdrücklich erlaubt werden, wenn sie im Beisein eines Lehrers oder eines psychosozialen Notfallhelfers erfolgen. Dieser könnte gegebenenfalls beruhigend in das Gespräch eingreifen. Eine solche Regelung ist allerdings sehr personalintensiv und wird sich, wenn mehrere Schüler gleichzeitig telefonieren möchten, wahrscheinlich kaum umsetzen lassen. Vielleicht muss man die Existenz der Mobiltelefone einfach akzeptieren und die potentiell negativen Auswirkungen der Handynutzung von vornherein in die Notfallplanungen einbeziehen.

6 Nachsorge

6.1 Nachsorge für Schüler

Welche Nachsorgemaßnahmen an Schulen Tage, Wochen oder sogar Jahre nach einem Notfall notwendig sein können, wird in den folgenden Ausführungen dargestellt. Die hier beschriebenen Maßnahmen müssen nicht immer alle durchgeführt werden. Vielmehr hängt es vom jeweiligen Notfall, der Betroffenheit der Beteiligten und ihren Bedürfnissen ab, welche Maßnahmen tatsächlich angeboten werden sollten. Zu beachten sind dabei folgende Grundsätze:

Ausrichtung: Für den Umgang mit Notfällen in Schulen sind prinzipiell zwei Strategien denkbar. Die erste Strategie zielt darauf ab, den gewohnten Schulalltag so rasch wie möglich wiederherzustellen. Im Vordergrund steht dabei, die Funktionsfähigkeit der Betroffenen und des betroffenen Systems aufrechtzuerhalten. Im Wesentlichen geht es also weiter wie bisher, denn »*Normalität ist am besten dadurch wieder zu erlangen, indem man sich auf die Arbeit konzentriert, die man immer geleistet hat*« (Pieper 2007a). Diese Strategie ist konservativ, auf die Bewahrung des Bestehenden ausgerichtet. Notfallnachsorge wird eher als »Reparaturmaßnahme« betrachtet.

Der zweiten Strategie liegt die Überzeugung zugrunde, dass man nach so einem außergewöhnlichen Ereignis wie einem Notfall nicht ohne Weiteres zur Tagesordnung übergehen kann. Neben der Wiederherstellung der Funktionsfähigkeit der Betroffenen wird daher auch thematisiert, wie es zu dem Notfall kommen konnte und welche Konsequenzen systemisch daraus zu ziehen sind. Angesprochen werden nicht nur individualpsychologische, sondern auch gesellschaftspolitische bzw. gesellschafts- und systemkritische Aspekte. Diese Strategie zielt somit eher auf eine Veränderung des Bestehenden ab.

In welcher Weise vorgegangen wird, hängt sicherlich von Persönlichkeitsmerkmalen der jeweils Verantwortlichen ab, gegebenenfalls auch vom Ausmaß der persönlichen Betroffenheit und davon, wie stark die Verantwortlichen in ein bestehendes System eingebunden sind, das einen Notfall möglicherweise strukturell mit verursacht hat (Pieper 2007a). Nicht nur aus psychologischen, sondern insbesondere aus präventiven Gesichtspunkten sollte die zweite Strategie stets bevorzugt werden.

Authentizität: Nicht nur im Hinblick auf die Reaktion unmittelbar *in* einem Notfallgeschehen (s. Kap. 3.1.2), sondern auch hinsichtlich der Bewältigung des Erlebten orientieren sich viele Schüler an ihren Lehr-kräften. Mitunter wird zwar befürchtet, dass diese ihre Autorität verlieren, wenn sie Gefühle zeigen. Unabhängig davon, ob diese Sorge überhaupt berechtigt ist, wäre es jedoch wenig sinnvoll, Schüler zu einer Offenheit anzuregen, die ihre Lehrer zu zeigen nicht bereit sind. Aus diesem Grund sollten Lehrkräfte nach Notfällen auch über ihre eigene Befindlichkeit sprechen. Das Eingeständnis persönlicher Betroffenheit signalisiert Echtheit und Ehrlichkeit. Authentizität schafft Vertrauen. Das ist wiederum eine wichtige Voraussetzung für die Durchführung von Nachsorgemaßnahmen.

Angemessenheit: Nachsorgemaßnahmen sind eine Gratwanderung. Häufig wird zu wenig getan, manchmal aber auch zu viel. Durch übermäßige, übertriebene Hilfe kann zum Beispiel der Eindruck erweckt werden: »*Wenn jetzt so viel für uns getan wird, muss es uns wohl wirklich schlecht gehen.*« Einen vergleichbaren Mechanismus kann man bei erkrankten Kindern beobachten, die übermäßig verwöhnt werden. Bei ihnen wird womöglich der Gedanke begünstigt: »*Wenn meine Eltern mich so sehr beschenken, steht es wohl wirklich schlimm um mich. Ob ich bald sterben muss?*« Notfallnachsorge in Schulen darf, etwas plakativ formuliert, auch nicht als Arbeitsbeschaffungsmaßnahme für vermeintliche »Experten« missbraucht werden. Eine regelrechte Invasion und Belagerung einer Schule durch »Nachsorgeaktivisten« ist unbedingt zu vermeiden. Der Grundsatz für den Umfang von Nachsorgemaßnahmen sollte lauten: So viel wie nötig, so wenig wie möglich!

Resilienz: Wenn sich in einer Schule ein Notfall ereignet hat, sollte man nicht nur die damit verbundenen Belastungen sehen. Viele Kinder verfügen durchaus über eigene, sehr effektiv wirksame Bewältigungsmechanismen. Diese psychische Widerstandskraft (Resilienz) sollte bedacht werden, um die betroffenen Schüler nicht in einer Opferrolle zu fixieren (LACKNER 2004). Man soll »*nicht für die Betroffenen etwas tun, was sie nicht auch selbst tun können*« (VAN WISSEN und KORITTKO 2002). Dementsprechend kann Notfallnachsorge als Hilfe zur Selbsthilfe verstanden werden. LASOGGA und MÜNKER-KRAMER (2009) fordern im gleichen Zusammenhang eine »salutogenetische Orientierung« von Nachsorgemaßnahmen.

Angebote: Schüler, die einen Notfall miterlebt haben, reagieren nicht alle gleich. Notfallnachsorge muss daher Angebote beinhalten, die die unterschiedlichen Bedürfnisse berücksichtigen. Solche Angebote können genutzt oder auch abgelehnt werden. Die betroffenen Schüler sollten nach konkreten Wünschen gefragt werden und stets auswählen können, an welchem Nachsorgeangebot sie teilnehmen möchten. Einige Schüler möchten zum Beispiel möglichst rasch wieder am regulären Unterricht teilnehmen, vielleicht auch, um sich abzulenken. Zur gleichen Zeit wünschen sich andere Schüler aber noch intensive Gespräche über das Erlebte. Beiden Schülergruppen sollten entsprechende Angebote gemacht werden. In einer Untersuchung von KARUTZ (2004a) wurde der Freiraum, nach einem Notfall in der Schule vorübergehend »*tun und lassen zu können was man wollte, ohne zu irgendetwas gezwungen zu werden*«, ausdrücklich als eine positive Erfahrung beschrieben.

Anregungen von Schülern: Grundsätzlich ist es sinnvoll, sich nach den Wünschen und Anregungen zu richten, die Schüler im Hinblick auf die für sie bestimmten Nachsorgeangebote selbst geäußert haben. Ihre Ideen sollten nach

Möglichkeit umgesetzt werden, weil das vermittelt, dass sie sich an der Bewältigung des Geschehens aktiv beteiligen können. Wenn sie mitentscheiden, in welcher Art und Weise Notfallnachsorge betrieben wird, wirkt das bereits Gefühlen von Ohnmacht und Hilflosigkeit entgegen. Zudem drückt die Beteiligung an Planungen zur Notfallnachsorge Wertschätzung aus. Nachsorgemaßnahmen sollen daher nicht nur *für* die Schüler, sondern immer gemeinsam *mit* ihnen vorbereitet werden. Konkret könnten Schüler gefragt werden: »*Was meint Ihr denn, was wir jetzt tun sollten?*« Natürlich darf durch diese Vorgehensweise nicht der Eindruck erweckt werden, Lehrkräfte oder die um Hilfe gebetenen psychosozialen Notfallhelfer wären selbst völlig ratlos. Das könnte zu einer Ablehnung durch die Schüler führen.

Planung: Nachsorgemaßnahmen an Schulen sollten nicht beliebig durchgeführt bzw. vom Zufall bestimmt, sondern systematisch geplant werden. Eine Hilfestellung bei der Planung einzelner Nachsorgemaßnahmen kann das bereits dargestellte Kreismodell (s. KAP. 2.6) beinhalten. Die beteiligten Personen oder Personengruppen, etwa eine Schulklasse, werden dem Ausmaß der Betroffenheit entsprechend eingetragen. Zu beachten sind aber nicht nur offensichtliche Anzeichen psychischer Belastung wie Weinen, Schreien, Weglaufen usw. Besonderer Unterstützung bedürfen in vielen Fällen gerade die nach einem Notfall in sich zurückgezogenen, schweigsamen Schüler. Fragebögen wie die »Impact of Event Scale« und die »Beschwerden-Liste« können bei der systematischen Erfassung von Symptomen starker Belastung hilfreich sein. Ihre Anwendung bleibt jedoch entsprechend geschulten Fachkräften vorbehalten (PIEPER 2007b). Ferner sollte einigen Schülern auch völlig unabhängig von auftretenden Symptomen besondere Aufmerksamkeit gewidmet werden. Dabei handelt es sich um:

- Schüler, die Schuldgefühle zeigen bzw. die sich Vorwürfe machen,
- Schüler, die sich nach dem Notfall aus der Klassengemeinschaft zurückziehen,

- Schüler, die schon vorher psychisch auffällig waren oder eine bekannte Störung aufweisen,
- Schüler, die sozial wenig integriert bzw. die sozial isoliert sind (Einzelgänger),
- Schüler, die bereits vor einem Notfall Schulschwierigkeiten hatten (schlechte Zensuren, Versetzung gefährdet, Konflikte mit Mitschülern oder Lehrern) sowie
- Schüler mit sonstigen belastenden Vorerfahrungen (z. B. vorheriger Umzug, Konflikte mit den Eltern, Scheidung der Eltern, schwere Erkrankung oder Tod eines Angehörigen).

Auf diese Weise gewinnt man zunächst einen Überblick, für welche Personen Nachsorgemaßnahmen notwendig sein können. In einem zweiten Schritt kann eine Tabelle angelegt werden, aus der hervorgeht, für welche Personen welche Hilfeleistungen angeboten oder durchgeführt werden sollen. Auch sollte dann eingetragen werden, wer für die jeweiligen Maßnahmen zuständig und verantwortlich ist (Tab. 8).

Neben diesen grundsätzlichen Hinweisen können zur Notfallnachsorge folgende Anregungen gegeben werden:

Tab. 8 ▶ Planung von Nachsorgemaßnahmen (beispielhaft dargestellt)

Für wen?	Was?	Wer?
Schwester des Unfallopfers in Klasse 3a	• Information über den Gesundheitszustand ihres Bruders • Gesprächsangebot • Begleitung zu den Eltern	Vertrauenslehrer
Schulklasse des Unfallopfers	• Information über den Gesundheitszustand des Unfallopfers • Gesprächsangebot	Klassenlehrer
Parallelklassen	usw.	usw.

6.1.1 Externe Fachkräfte einbeziehen

Bei vielen Notfällen ist es sinnvoll, externe psychosoziale Fachkräfte einzubeziehen, die über eine umfangreichere Ausbildung verfügen und mehr Erfahrung mit der Durchführung von Nachsorgemaßnahmen haben als die Lehrkräfte einer Schule. Insbesondere dann, wenn Lehrer selbst psychisch sehr betroffen sind, das Notfallereignis besonders dramatisch war oder ein besonders großer Personenkreis betroffen ist, sollten Unterstützungsangebote von außen in Anspruch genommen werden. In diesen Fällen ist es völlig verständlich, wenn sich die Lehrkräfte einer Schule mit der Organisation und Durchführung von Nachsorgemaßnahmen überfordert fühlen. Externe Fachkräfte haben sicherlich eine größere innere Distanz zum Notfallgeschehen. Sie können unbefangener agieren als die Lehrer der betroffenen Schule.

Von einigen Lehrern und Schulleitern werden externe Fachkräfte allerdings eher als Bedrohung wahrgenommen. Nach dem Motto »*Da kommt jetzt einer von außen, der meint, alles besser zu wissen als wir.*« wird anscheinend befürchtet, bevormundet zu werden. Vielleicht spielt bei solchen Vorbehalten auch eine Rolle, dass angenommen wird, schulinterne Angelegenheiten könnten von Helfern, die nicht zur Schulgemeinde gehören, weitergetragen werden und in der Öffentlichkeit einen negativen Eindruck machen. Ob solche Befürchtungen berechtigt sind oder nicht, sei dahingestellt. Sie sollten jedoch nicht dazu führen, dass nach einem Notfall nur eine unzureichende Nachsorge stattfindet. Im günstigsten Fall arbeiten Lehrer, insbesondere das Notfallteam einer Schule, und externe Helfer effektiv zusammen, zumal sie einander sinnvoll ergänzen (Tab. 9).

Welche externe Fachkraft bzw. welche Fachkräftegruppe in die Hilfeleistung einbezogen werden sollte, hängt von vielen unterschiedlichen Faktoren ab. Die Regelung entsprechender Zuständigkeiten, aber auch die Qualifikation, die methodische Arbeitsweise und die jeweilige Verfügbarkeit variiert von Ort zu Ort. Bundesweit einheitliche Ausbildungs- bzw. Qualitätsstandards werden derzeit erst entwickelt. Zudem sind verschiedene Bezeichnungen nicht

TAB. 9 ▶ Vergleich von externen Fachkräften und Lehrkräften der Schule

	externe Fachkräfte	Lehrkräfte der Schule
Erfahrung, Routine	hoch	eher gering
notfallpsychologisches Fachwissen	hoch	eher gering
persönliche Betroffenheit	eher gering	hoch
persönlicher Bezug zu den Schülern	gering	hoch
Bekanntheit in der Schule	gering	hoch
Kenntnis schulinterner Strukturen und Abläufe	gering	hoch

geschützt, sodass sich zum Beispiel jeder Laie als »psychosozialer Notfallhelfer«, »Krisenbegleiter« oder »Krisenhelfer« usw. bezeichnen kann. Für die Durchführung von Nachsorgemaßnahmen sollten daher stets nur Anbieter in Anspruch genommen werden, die man bereits kennt und mit denen schon vor Notfällen verbindliche Absprachen für solche Situationen getroffen worden sind (s. KAP. 4.2).

Wenn man erst dann mit der Suche nach fachkundiger Hilfe beginnt, wenn sich bereits ein Notfall ereignet hat, ist meist Eile geboten und man nimmt möglicherweise Hilfsangebote von Personen an, die man bei genauerer Prüfung nicht in Anspruch genommen hätte. Besondere Vorsicht ist immer dann geboten, wenn sich vermeintliche »Experten« unaufgefordert, ohne offizielle Alarmierung, nach einem Notfall in der Schule melden und ihre Dienste anbieten. In Einzelfällen wurden auf diese Weise bereits methodisch höchst fragwürdige Verfahren angewendet. Über die Hilfsangebote nach dem Massaker in Erfurt berichtet PIEPER (2007a): »*Einige [Helfer] schlugen Aromatherapie, Homöopathie und andere Heilverfahren vor, die wenig mit wissenschaftlich fundierten Interventionen nach Traumata zu tun haben«.* Auch wurden vereinzelt horrende Summen in Rechnung gestellt, ohne dass dies vorher so abgesprochen gewesen wäre. GUTZEIT et al. (o. J.) empfehlen daher, »*auf Scharlatane zu achten, die aus der Tragödie Kapital schlagen wollen.*«

Nach einem Flugzeugabsturz versuchten Vertreter der Scientology-Sekte sogar, über Gespräche mit Betroffenen Mitglieder zu gewinnen. In einzelnen Orten werden derzeit vertragliche Regelungen zwischen Schulen und sorgfältig geprüften Fachkräften abgeschlossen. Auf diese Weise soll sichergestellt werden, dass nur seriöse Vertragspartner Nachsorgemaßnahmen durchführen dürfen. Nachfolgend werden verschiedene Fachkräftegruppierungen vorgestellt, die in Notfällen hinzugezogen werden können.

Notfallseelsorger: Bei Notfallseelsorgern handelt es sich in der Regel um Theologen mit einer Zusatzausbildung. Sie sind inzwischen fast bundesweit vertreten und können über die örtlichen Rettungsleitstellen alarmiert werden. In einigen Orten – wie zum Beispiel in der Erzdiözese München – gibt es sogar eine 14-tägige Spezialausbildung für Einsätze in Schulen (Krisenseelsorge im Schulbereich, abgekürzt KIS).

Das Konzept der Notfallseelsorge basiert auf einem kirchlich-religiösen Selbstverständnis, wie es 2007 in den »Hamburger Thesen« dargestellt worden ist. Notfallseelsorger leisten psychosoziale Notfallhilfe, können aber auch religiöse Rituale anbieten, etwa Gebete sprechen oder Verstorbene aussegnen. Darüber hinaus sind Notfallseelsorger hervorragende Ansprechpartner für philosophisch-religiöse Überlegungen wie Sinnfragen und die Theodizee-Problematik (»*Wie kann Gott so etwas zulassen?*«). Die Kirchen- bzw. Religionszugehörigkeit der jeweils Betroffenen ist dabei nach eigenen Angaben nicht von Bedeutung (VON WIETERSHEIM 2001).

Fraglich ist, ob zum Beispiel Eltern muslimischer Kinder das ebenso einschätzen. Sie könnten dem Einsatz von Notfallseelsorgern auch kritisch gegenüberstehen. Im Rahmen von Nachsorgemaßnahmen lehnte eine verunsicherte Schulleiterin die Mitwirkung von Notfallseelsorgern deshalb mit der Begründung ab: »*Ich weiß gar nicht, ob die muslimischen Eltern einverstanden wären, wenn plötzlich ein Pfarrer hier mit ihren Kindern zusammensitzt. Es tut mir leid, aber das kann ich erst einmal nicht erlauben!*« Die Notfallnachsorge wurde daraufhin zunächst nur von Schulpsychologen durchgeführt. Erst nach klärenden Gesprächen konnten Notfallseelsorger doch noch aktiv werden.

Ein anderer problematischer Aspekt ist, dass manche Jugendliche nichts mit der Kirche zu tun haben möchten (17-jähriger Schüler: »*Auf 'nen Pfaffen hab ich nun mal keinen Bock!*«). Ein Notfall könnte die ablehnende Haltung von einigen Schülern gegenüber Kirche, Glaube und Religion sogar noch verstärkt haben (»*Wo war dieser seltsame Gott, als mein Freund überfahren worden ist?*«). Einerseits würde sich gerade in dieser Situation eine seelsorgerliche Begleitung anbieten, andererseits könnte aus diesem Grund allein schon das Erscheinen eines Notfallseelsorgers zusätzliche Aggressionen hervorrufen (KRÜGER 2007).

Kriseninterventionsteams: Diese Fachkräftegruppen gibt es bundesweit in so unterschiedlichen Zusammensetzungen und Organisationsformen, dass man sie kaum miteinander vergleichen kann. Das wird schon an den uneinheitlichen Bezeichnungen wie Kriseninterventionsteam (KIT), Kriseninterventionsdienst (KID), Notfallnachsorgegruppe, Schnelle Einsatzgruppe psychosoziale Notfallversorgung (SEG-PSNV) usw. deutlich.

Vor allem der Ausbildungsstand variiert erheblich. In einigen Kriseninterventionsteams sind Einsatzkräfte der Hilfsorganisationen tätig (z. B. Rettungsassistenten, Polizeibeamte und Feuerwehrleute), die eine umfangreiche Zusatzausbildung absolviert haben. Mitunter arbeiten auch Sozialpädagogen, Psychologen und Notfallseelsorger in Kriseninterventionsteams mit. Daneben bestehen jedoch Teams, in denen – wenn überhaupt – nur eine sehr kurze und inhaltlich eher oberflächliche Schulung erfolgt. Das ist natürlich problematisch.

Besonders positiv hervorzuheben ist eine Spezialeinheit der Johanniter-Unfallhilfe in Hannover-Wasserturm.

Dabei handelt es sich um ein Kriseninterventionsteam, das sich speziell auf Nachsorgemaßnahmen bei Kindern und Jugendlichen vorbereitet hat. Ein solches Team ist derzeit bundesweit einmalig.

Schulpsychologen: Schulpsychologen sind Diplom-Psychologen, die in schulpsychologischen Beratungsstellen tätig und mit den Besonderheiten des Systems Schule sehr vertraut sind. Bereits nach dem School Shooting in Erfurt haben sie sich in vielen Bundesländern intensiv mit notfallpsychologischen Interventionen befasst. Teilweise gibt es innerhalb der Schulpsychologen auch ein nochmals spezialisiertes Fachkräfteteam, das bei Bedarf vom jeweiligen Kultusministerium eingesetzt wird. Zu nennen ist beispielsweise das Kriseninterventions- und Bewältigungsteam der bayerischen Schulpsychologen (KIBBS). Dieses Team bietet, wie vergleichbare Fachkräftegruppierungen in anderen Bundesländern, über eine permanent erreichbare Hotline zunächst telefonische Beratung an. Bei Bedarf fahren Mitglieder des Teams aber auch zur betroffenen Schule und leisten konkrete Unterstützung vor Ort.

Notfallpsychologen: Bei Notfallpsychologen handelt es sich um Diplom-Psychologen, die sich nach einem Curriculum des Berufsverbandes Deutscher Psychologen weitergebildet haben und die als Notfallpsychologen zertifiziert wurden. Das Curriculum der Weiterbildung umfasst rund 150 Stunden Unterricht und schreibt unter anderem eine dreijährige Berufserfahrung vor. Derzeit sind in einem Register der Deutschen Psychologen-Akademie etwa 200 Notfallpsychologen registriert. Somit sind sie, anders als Kriseninterventionsteams und Notfallseelsorgesysteme, bei weitem nicht flächendeckend, sondern lediglich an einzelnen Orten vertreten.

Kritisch anzumerken ist auch, dass die Finanzierung des Einsatzes von Notfallpsychologen derzeit nicht einheitlich geklärt ist. Während Kriseninterventionsteams und Notfallseelsorger in der Regel ehrenamtlich tätig sind und ihr Einsatz auch nicht in Rechnung gestellt wird, erheben Notfallpsychologen üblicherweise einen Vergütungsanspruch. Eine pauschale Regelung, wer welche Kosten trägt, gibt es jedoch nicht.

Betreuungshelfer: Viele Hilfsorganisationen wie der Arbeiter-Samariter-Bund, das Deutsche Rote Kreuz, die Johanniter Unfallhilfe und der Malteser-Hilfsdienst verfügen über einen Betreuungsdienst. Helfer, die in solchen Einheiten tätig sind, richten in Großschadenslagen nicht nur Betreuungsstellen bzw. Notunterkünfte ein. In der Regel verfügen auch sie über eine fundierte Grundausbildung für den psychologisch angemessenen Umgang mit Notfallopfern. Diese Schulung ist allerdings nicht mit der von psychosozialen Notfallhelfern, Schul- oder Notfallpsychologen zu vergleichen.

Wie viele Fachkräfte nach Notfällen in Schulen zum Einsatz kommen sollen, hängt vom jeweiligen Ereignis, von der Anzahl und dem Alter der zu betreuenden Personen sowie dem Ausmaß ihrer Betroffenheit ab. Konkrete Vorgaben gibt es bislang nicht. Zwar liegt eine Berechnungsgrundlage für den Fachkräftebedarf bei einem Massenanfall von Verletzten vor (HELMERICHS 2005). Inwieweit dieses Schema auf Notfälle in Schulen übertragbar ist, kann jedoch nur geschätzt werden. Einerseits ist anzunehmen, dass die Betreuung von Kindern einen besonders hohen Personalansatz erfordert. Je jünger die von einem Notfall betroffenen Schüler sind, umso mehr Fachkräfte dürften erforderlich sein. Andererseits kann davon ausgegangen werden, dass viele Lehrkräfte sich in Nachsorgemaßnahmen einbinden lassen und dadurch weniger externe Helfer als bei anderen Notfällen notwendig sind. Insgesamt könnte die vorliegende Berechnungsgrundlage also durchaus geeignet sein, um den Fachkräftebedarf auch bei Notfällen in Schulen realistisch abzuschätzen (TAB. 10).

Ein fiktives Beispiel soll zur Verdeutlichung dienen: In einem dreizügigen Gymnasium mit rund 500 Schülern und 40 Lehrkräften wird ein School Shooting verübt. Zehn Personen werden dabei schwer verletzt. Wenn man nun annimmt, dass für die gesamte Schulgemeinde Nachsorge-

TAB. 10 ▶ Berechnungsgrundlage für den Fachkräftebedarf

Personengruppe	Anzahl der Betroffenen	Anzahl der Helfer
schwer Verletzte	5	1
leicht Verletzte/ unverletzt Betroffene	10	1[1]
Angehörige	10	1[2]
Anmerkung 1	Bei den zur Betreuung dieser Personengruppe eingesetzten Helfern wird ein Verhältnis von 50% psychosozialen Notfallhelfern zu 50% Betreuungshelfern empfohlen.	
Anmerkung 2	Bei den zur Betreuung dieser Personengruppe eingesetzten Helfern wird ein Verhältnis von 30% psychosozialen Notfallhelfern zu 70% Betreuungshelfern empfohlen.	

maßnahmen erforderlich sind und auf zwei Schüler statistisch ein zu betreuender Angehöriger kommt, ergibt sich ein Bedarf von insgesamt 80 Helfern, wobei es sich um 47 psychosoziale Notfallhelfer und 33 Helfer des Betreuungsdienstes handeln sollte. Unberücksichtigt geblieben sind in dieser Berechnung Führungs- und Logistikkräfte sowie weitere Helfer, die bei Bedarf Nachsorgemaßnahmen für Einsatzkräfte der Feuerwehr, der Polizei und des Rettungsdienstes durchführen.

Ein solcher Bedarf an Helfern wird anscheinend auch aus der Praxis bestätigt. Unmittelbar nach dem Massaker in Erfurt waren zum Beispiel 74 Psychologen vor Ort. Die längerfristige Nachsorge in der Schule wurde von 50 Psychologen aus verschiedenen Bundesländern durchgeführt (GASSER et al. 2004).

Wenn so viele Personen an Nachsorgemaßnahmen beteiligt sind, müssen selbstverständlich auch entsprechende Führungsstrukturen geschaffen werden (ausführlich siehe HELMERICHS 2005). Hierzu gehört es unter anderem, Zuständigkeiten und Verantwortungsbereiche festzulegen. Insbesondere bietet sich die Einrichtung von so genannten Einsatzabschnitten an, wie es auch bei anderen Großschadenslagen üblich ist. Jeder Einsatzabschnitt wird dann von einer eigenen Abschnittsleitung geführt, die wiederum der Gesamteinsatzleitung unterstellt ist.

Einen Vorschlag zur Bildung schulinterner Einsatzabschnitte enthält Abbildung 3. Es werden die Abschnitte »Medienbetreuung«, »Nachsorge für Schüler«, »Nachsorge für Lehrer«, »Nachsorge für Eltern«, »Nachsorge für Helfer« usw. eingerichtet. Bei Bedarf kann eine weitere Differenzierung vorgenommen werden, d.h. es werden noch »Untereinsatzabschnitte« gebildet, etwa einzelne Schulklassen oder Jahrgangsstufen. Entscheidend ist, dass es in jedem dieser Bereiche *eine* Person gibt, die für die Organisation der jeweiligen Nachsorgemaßnahmen verbindlich zuständig ist.

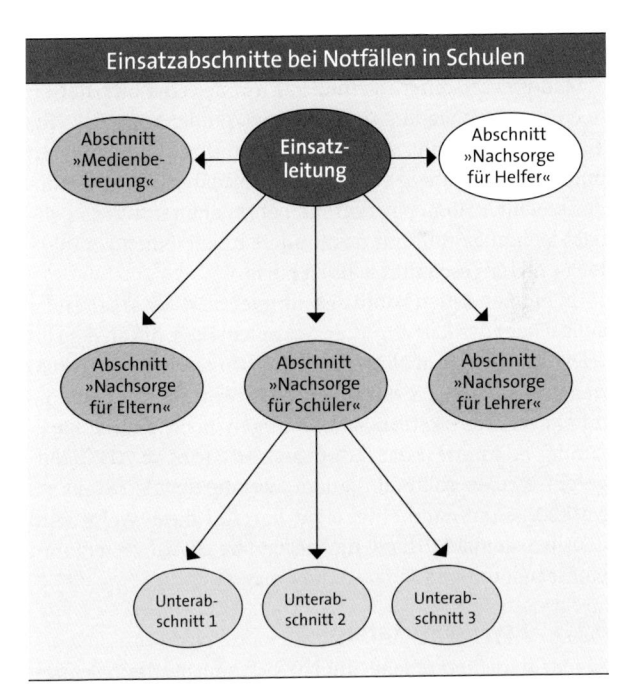

ABB. 3 ▶ Bildung von Einsatzabschnitten zur Festlegung von Zuständigkeiten

6.1.2 Ergänzende Informationen vermitteln

Nach einem Notfall besteht weiterhin ein großes Informationsbedürfnis. Die Schulgemeinde sollte daher fortlaufend mit Informationen versorgt werden, beispielsweise über den Gesundheitszustand eines Notfallopfers, die durchgeführten Hilfsmaßnahmen, polizeiliche Ermittlungsergebnisse usw. (Schrader et al. 2000). Das hilft dabei, einzelne, zunächst noch unverbundene Informationen (Puzzleteile) in einen Gesamtzusammenhang zu bringen und das Geschehene besser zu verstehen.

Für die Vermittlung von Informationen an Lehrer eignen sich regelmäßig aktualisierte Aushänge am Schwarzen Brett im Lehrerzimmer (Koll, Rudolph und Thimme 2005). Gegebenenfalls sind Dienstbesprechungen oder Konferenzen einzuberufen. Die weitere Information der Schüler sollten die Klassen- bzw. Leistungskurslehrer und Jahrgangsstufenbeauftragten stets persönlich vornehmen.

Zudem kann eine Telefon-Hotline oder eine Internetseite eingerichtet werden. Zu bedenken ist allerdings, dass vor allem letzteres sehr arbeitsintensiv und zeitaufwendig ist und daher langfristig vorbereitet sein sollte. So könnte zum Beispiel eine Homepage offline bereitgehalten werden, die nach einem Notfall nur noch mit Textbausteinen komplettiert und freigeschaltet werden muss.

In einigen Fällen könnte es hilfreich sein, Mitarbeiter der Polizei oder des Rettungsdienstes einzuladen, die an der Hilfeleistung in einem Notfall beteiligt gewesen sind. Sie können Fragen zum Einsatzablauf beantworten und auch die durchgeführten Rettungsmaßnahmen noch einmal sachkundig erläutern (Koll, Rudolph und Thimme 2005). Mitgeteilt werden sollte außerdem, was die Schule bereits an Nachsorgemaßnahmen geplant hat. Auf diese Weise wird deutlich gemacht, dass die besondere Situation erkannt worden ist und die Schule darauf reagiert.

6.1.3 Psychoedukation

Kinder und Jugendliche, die bei sich selbst oder bei ihren Mitschülern nach einem Notfall bestimmte Reaktionen (s. Kap. 3.1.3) bemerken, sind häufig irritiert. Einige fürchten vielleicht sogar, »verrückt« zu werden. Für Notfallfolgen braucht sich jedoch niemand zu schämen (HERBERT 1999). Sie treten bei vielen Betroffenen auf und sind nicht ungewöhnlich. Es handelt sich um verständliche Reaktionen auf ein außergewöhnliches Erlebnis. In den meisten Fällen klingen sie nach einiger Zeit wieder ab.

Entsprechende Informationen sollten alle Lehrkräfte, die Eltern der betroffenen Kinder und nicht zuletzt diese selbst erhalten (Beispiel: »*Das Ihr nicht so gut geschlafen habt, geht vielen Menschen so, die einen Unfall miterlebt haben. Man ist ganz aufgeregt, und dann ist man auch im Schlaf ganz unruhig.*«). Sinnvollerweise wird auch darauf hingewiesen, dass es nach Notfällen keine richtigen oder falschen Reaktionen gibt und dass die Notfallfolgen sehr unterschiedlich ausfallen können. Bewertungen bestimmter Reaktionsweisen sind unangebracht und können von den Betroffenen sogar als zusätzliche Belastung erfahren werden (Negativbeispiel: »*So wie der Max geheult hat, war das schon ziemlich peinlich!*«). Günstiger ist es, wenn individuelle Reaktionsweisen ausdrücklich legitimiert und wertgeschätzt werden.

Bei einem Schüler, der augenscheinlich mit den Tränen kämpft, aber das Weinen zu unterdrücken versucht, ist ein Signal angebracht, dass er diese Gefühlsäußerung keineswegs unterdrücken muss (»*Du kannst ruhig weinen. Das ist völlig in Ordnung!*«). Solche Hinweise könnten bei Jungen wichtiger sein als bei Mädchen, weil sie möglicherweise eher so erzogen wurden, dass sie sich derartige Gefühlsäußerungen nicht erlauben (»*Ein Indianer kennt keinen Schmerz!*«).

Psychoedukation nach einem Notfall beinhaltet außerdem, persönliche und soziale Ressourcen zu aktivieren sowie geeignete Bewältigungsstrategien zu vermitteln. Schüler sollten danach gefragt werden, wer, d.h. welche Person(en), oder was, d.h. welches Verhalten, ihnen sonst hilft, wenn es ihnen einmal nicht gut geht. Wenn Kinder oder Jugendliche bereits über günstige Bewältigungsstrategien verfügen, sollten sie dazu ermutigt werden, diese auch nach einem Notfall zu nutzen.

Schülern könnten auch spezielle Techniken vermittelt werden, die den Umgang mit Symptomen von Notfallfolgen erleichtern. Dazu gehören das Vorstellen von hilfreichen inneren Bildern (Imagination), die positive Selbstinstruktion, etwa beim Erlernen eines Gedankenstopps sowie das Training von Entspannungsübungen (Eckardt 2005). Gut geeignet, um Angst und Stress speziell bei jüngeren Kindern entgegenzuwirken, sind auch die Kapitän-Nemo-Geschichten von Petermann (2001). Wann welche Verfahren angewendet werden, sollte allerdings von einem psychosozialen Notfallhelfer entschieden werden. In einigen Situationen können Imagination und Entspannung kontraindiziert sein, weil bestimmte Ängste durch sie verstärkt werden könnten.

In vielen Fällen ist Aktivität hilfreich. Sie kann von dem Erlebten ablenken, Erregung abbauen und dadurch beruhigen (Lackner 2004). Unabhängig von verbalsprachlichen Äußerungen wird die eigene Befindlichkeit zum Ausdruck gebracht. Wenn Schüler einer Betätigung nachgehen, die sie schon vor einem Notfall gern ausgeübt haben, wird Kontinuität vermittelt. Es wird deutlich: Durch das Ereignis hat sich nicht alles verändert. Darüber hinaus signalisiert Aktivität, die mit neuen, positiven Erfahrungen verbunden ist, dass »*es auch nach einem Notfall weitergeht*« (Seidler 2009).

Darüber hinaus kann der Eindruck, in einem Notfall hilflos gewesen zu sein, durch aktives Handeln auch nachträglich vermindert werden. Einige Aktivitäten tragen in besonderer Weise zur Bewältigung von Notfällen oder Notfallfolgen bei. Im Einzelnen können folgende hilfreiche Aktivitäten vorgeschlagen werden:

- Spielen, Malen, Lesen, Musik hören, Singen, Tanzen,
- sich mit Freunden treffen,
- sich mit einem Haustier beschäftigen,
- einer anderen Lieblingsbeschäftigung bzw. einem Hobby nachgehen,
- sich sportlich betätigen, zum Beispiel Joggen, Wettrennen, Fußball spielen, Fahrrad fahren (»Angst wegstrampeln«),

- ein Tagebuch schreiben,
- Gedichte und Briefe schreiben, etwa an das Notfallopfer, dessen Eltern oder auch an den Verursacher eines Notfalls,
- etwas Basteln wie zum Beispiel eine »Sorgenschachtel«, in der Briefe, Zeitungsartikel über einen Notfall oder Erinnerungsstücke sorgfältig verschlossen aufbewahrt werden können,
- eine notfallbezogene Veranstaltung (Gedenkfeier, Gottesdienst, Themenabend usw.) mitgestalten, etwa durch das Anfertigen von Dekorationsmaterialien oder die Übernahme einzelner Programmpunkte (z. B. Fürbitten vortragen, eine Kerze anzünden, einzelne Passagen moderieren),
- eine »Genesungszeitung« oder ein »Abschiedsbüchlein« gestalten: Jeder Schüler entwirft ein Blatt, das später mit den Seiten der Klassenkameraden zusammen gebunden und einem Notfallopfer (bzw. in einem Todesfall den Hinterbliebenen) übergeben wird,
- eine Internetpräsentation (Gedenkseite, Themenseite) mitgestalten, die sich mit dem Notfall oder der Prävention vergleichbarer Ereignisse befasst,
- Spenden für einen guten Zweck sammeln, etwa für die Opfer des Notfalls oder andere Notfallopfer, die schon früher etwas Ähnliches erlebt haben,
- in konkreten Hilfsprojekten mitarbeiten (Entwicklungshilfe, Flüchtlingshilfe, Hilfe für Opfer von Naturkatastrophen, Hilfe für Gewaltopfer, Engagement in Stiftungen).

Aktivitäten in der Gemeinschaft mit anderen sind besonders zu empfehlen. Bei jüngeren Kindern kann auch ein Schulausflug in den Zoo angebracht sein, bei älteren Kindern bzw. Jugendlichen bieten sich möglicherweise eher Spiele in Mannschaftssportarten an usw.

Wenn ein Schüler vorübergehend lieber für sich sein möchte und sich nicht an einer Gemeinschaftsaktivität beteiligen möchte, sollte man das akzeptieren und nicht verurteilen. Vielleicht möchte dieses Kind sich eben lieber allein beschäftigen. Sofern ein Kind aber nicht nur hin und wieder allein sein möchte und die Teilnahme an einzelnen Gemeinschaftsaktivitäten ablehnt, sondern sich insgesamt von sozialen Kontakten (auch zu Freunden) zurückzieht, sollte fachlicher Rat in Anspruch genommen werden.

Abzuraten ist von der Anwendung dysfunktionaler, d.h. schädlicher Bewältigungsstrategien wie zum Beispiel Alkohol- und Drogenkonsum. Sie helfen nicht bei der Verarbeitung des Erlebten, sondern decken bestehende Probleme allenfalls zu und rufen stattdessen zusätzliche Schwierigkeiten hervor. Vor allem Jugendliche sollten dementsprechend beraten werden.

Beispiele für Informationsbriefe an Kinder und Jugendliche, in denen die hier dargestellten Hinweise zum eigenen Verhalten nach einem Notfall noch einmal schriftlich zusammengefasst sind, enthält Kapitel 9.1.

6.1.4 Gespräche

Gespräche ermöglichen es, Emotionen abzubauen, die sich durch das Miterleben des Notfalls angestaut haben. Sie helfen dabei, das Erlebte neu zu strukturieren und dadurch anders als vorher zu bewerten. Durch Gespräche mit anderen Menschen können Notfälle zudem in das eigene Weltbild eingeordnet werden. Auch das ist für die Bewältigung des Erlebten von Bedeutung. Schließlich signalisieren Gespräche den betroffenen Schülern, dass sich jemand Zeit für sie nimmt. Durch Gespräche erfahren Schüler also auch Zuwendung (STADLER-MACH 1998).

Lehrer sollten daher Gespräche anbieten und ausdrücklich darauf hinweisen, dass diese Gespräche auf Wunsch vertraulich bleiben. Bei einigen Schülern wird es sogar so sein, dass sie allein das Angebot ihrer Lehrer als so hilfreich erleben, dass sie das eigentliche Gespräch gar nicht mehr suchen. Es empfiehlt sich allerdings, eine spezielle Notfallsprechstunde einzurichten, bei der ein Lehrer ausreichend Zeit hat und ganz in Ruhe für die Anliegen der Schüler zur Verfügung steht. Eine solche Notfallsprechstunde sollte über längere Zeit regelmäßig, zu festen Terminen und in einem ruhigen, von außen, d.h. vom Schulhof aus nicht einsehbaren Raum stattfinden. Ein Gespräch in einer kurzen Pause zwischen zwei Unterrichtsstunden oder ein kurzer Wortwechsel im Treppenhaus kann zwar ebenfalls hilfreich sein, das Gesprächsangebot sollte sich aber nicht auf solche eher beiläufigen Situationen beschränken.

Wenn das Verhältnis zwischen Lehrern und Schülern an einer Schule vor einem Notfall belastet gewesen sein sollte, sollte zudem die Möglichkeit bestehen, sich in der Schule an eine Ansprechperson zu wenden, die selbst nicht der Schulgemeinde angehört wie zum Beispiel ein psychosozialer Notfallhelfer. Eine solche, außen stehende Person wird von manchen Schülern als neutralere, vielleicht vertrauenswürdigere Instanz angesehen.

Nachsorgegespräche sind in vielen Varianten möglich. Unterschieden werden können informelle Einzelgespräche von Schülern untereinander, Einzelgespräche von Schülern mit Lehrern oder psychosozialen Notfallhelfern sowie informelle oder moderierte Nachsorgegespräche in Gruppen, etwa in einer Schulklasse. Bei Gesprächen zwischen Erwachsenen und notfallbetroffenen Schülern sind folgende Regeln zu beachten (ausführlicher siehe DELFOS 2004):

6.1.4.1 Setting

Gesprächsatmosphäre: Die Gesprächsatmosphäre soll möglichst angenehm sein und Sicherheit vermitteln. Daher ist auf eine ausreichende Raumbeleuchtung, eine angenehme Temperatur und eine möglichst wohnliche Raumgestaltung zu achten. In dem Raum, in dem das Gespräch stattfindet, sollte genügend Platz für körperliche Bewegung vorhanden sein. Auch sollten einige Spielsachen zur Verfügung stehen. Kinder könnten während des Gesprächs ein Kuscheltier bei sich haben, oder ein Nachsorgegespräch wird im Beisein vertrauter Bezugspersonen geführt. Kinder im Grundschulalter möchten vielleicht, dass ihre Eltern mitkommen können. Jugendliche bringen eventuell eher einen gleichaltrigen Freund oder eine Freundin mit.

Freiwilligkeit: Zu einem Nachsorgegespräch darf niemand gezwungen werden. Ein solches Gespräch kann immer nur freiwillig stattfinden. Einem Kind sollte ausdrücklich mitgeteilt werden, dass es nichts sagen muss und auch schweigen darf – so, wie es das möchte. Die Intimsphäre der Schüler muss stets gewahrt bleiben (Pentz 2001). Wenn ein Kind ablehnende Signale (wegschauen, sich taub stellen, Augen und Ohren zuhalten, nur sehr knapp antworten usw.) zeigt, ist das zu respektieren. Empfohlen wird die Einführung einer Stoppregel: Wenn ein Kind im Gesprächsverlauf nicht mehr weiter reden möchte, kann es jederzeit »Stopp« sagen und das Thema damit sofort beenden (Krüger 2007). Zudem sollte zugesichert werden, dass ein Kind ohnehin ganz offen und ehrlich mitteilen darf, wenn ihm das Gespräch nicht gefällt.

Natürlichkeit: Nachsorgegespräche könnten von einer kognitiven Ebene, etwa der Klärung von Sachfragen, zu emotionalen Aspekten des Erlebten und wieder zurückgeführt werden – oder von dem, was war, über das, was ist, zu einem Ausblick auf die Zukunft. Der natürliche Gesprächsverlauf ist jedoch grundsätzlich wichtiger als die strikte Einhaltung derart formeller Gesprächsphasen.

Nähe, Körperkontakt: Man sollte nah beieinander sitzen, das Kind, mit dem man spricht, aber nicht bedrängen. Der Abstand der Gesprächsteilnehmer zueinander sollte vom Kind bestimmt werden. Während eines Nachsorgegesprächs mit jüngeren Kindern kann leichter Körperkontakt, etwa eine Berührung an der Hand, am Arm oder der Schulter, hilfreich sein, um Nähe und Geborgenheit zu signalisieren. Manche Kinder (aber nicht alle!) mögen es auch, wenn ihnen sanft über den Kopf gestrichelt wird. Bei Jugendlichen und Mädchen muss Körperkontakt behutsam dosiert werden. Bei ablehnenden Reaktionen (zurückziehen des berührten Körperteils, mit dem Stuhl wegrücken usw.) ist der Kontakt sofort abzuschwächen oder aufzugeben.

Begleitende Aktivität: Vor allem bei jüngeren Kindern können Nachsorgegespräche mit einer Aktivität verbunden werden, zum Beispiel einem Spiel, oder man gibt Gelegenheit, etwas zu zeichnen. Bei einer eher beiläufigen Unterhaltung können schwierige Themen manchmal etwas leichter angesprochen werden.

Dauer: Das Gespräch sollte insbesondere bei jüngeren Kindern nicht zu lange dauern. Wenn Kinder sich abwenden oder nicht mehr aktiv teilnehmen, ist das nicht unbedingt als Ausdruck von Desinteresse zu verstehen. Es kann auch an der schwindenden Konzentrationsfähigkeit liegen.

6.1.4.2 Gesprächsbeginn

Vorstellung: Ein Erwachsener sollte sich zunächst auf die körperliche Ebene des Kindes herunterbeugen und die Augenhöhe des Kindes einnehmen. Sofern das Kind den Erwachsenen nicht kennt, sollte er sich mit seinem Namen und seiner Funktion vorstellen. Anschließend sollte das Kind nach seinem Namen und Alter gefragt werden.

Gesprächsziel benennen: Kindern sollte gesagt werden, wozu ein Nachsorgegespräch dient: »*Ich möchte mit Dir über den Unfall letzte Woche sprechen, damit Du nicht mehr so große Angst haben musst, wenn Du daran denkst!*«

Gesprächssituation benennen: In Nachsorgegesprächen werden persönliche Gefühle und Gedanken thematisiert. Dafür die geeigneten Worte zu finden, fällt Kindern häufig schwer. Vielleicht könnte helfen, das ganz offen anzusprechen und dabei auch die eigene Befindlichkeit zum Ausdruck zu bringen: »*Das ist irgendwie komisch, so persönliche Sachen zu sagen, oder? Mir geht das ganz genauso!*«

Vertraulichkeit zusichern: Wenn ein Kind nicht möchte, dass eine dritte Person von Gesprächsinhalten erfährt, sollte das respektiert und die gewünschte Vertraulichkeit zugesichert werden. Umgekehrt darf aber nicht verlangt werden, dass ein Kind die Gesprächsinhalte ebenfalls vertraulich behandelt. Eine solche Schweigeverpflichtung könnte unter Druck setzen und zumindest für Grundschüler eine weitere

Belastung darstellen. Generell sollten Schüler dazu ermutigt werden, auch mit anderen über das Erlebte zu sprechen.

Einstieg: Zum behutsamen Einstieg in ein Nachsorgegespräch könnte man Karten mit verschiedenen Motiven oder mehrere Gegenstände (z. B. eine Kordel, Blumen, Stoffe, Stifte, Sand, Erde, Steine, Blätter, ein Taschentuch, eine Vase, Werkzeuge, Heftpflaster usw.) auf den Boden oder auf einen Tisch legen. Der Schüler könnte dann eine Karte oder einen Gegenstand auswählen und seine Wahl begründen. Ein solcher Gesprächseinstieg ist allerdings nicht zwingend notwendig. Er kann gegebenenfalls auch direkter gestaltet werden.

6.1.4.3 Verhalten während des Gesprächs
Stimmführung, Sprechgeschwindigkeit: Grundsätzlich sollte man mit einer ruhigen, tieferen Stimme und möglichst langsam sprechen. Allerdings darf dabei nicht übertrieben werden. Insbesondere Jugendliche können auf unangemessenes Pathos rasch gereizt und ablehnend reagieren (17-jähriger Schüler über das Nachsorgegespräch mit einem psychosozialen Notfallhelfer: »*Boah, der hat uns so zugeschwallert und zugesäuselt, ich wäre am liebsten rausgegangen.*«).

Fragen: In der Regel sind offene Fragen günstiger als geschlossene. Also nicht: »*Hattest Du bei dem Unfall Angst?*«, sondern eher: »*Wie hast Du den Unfall erlebt?*«. Allerdings können auch auf offene Fragen relativ knappe Antworten erfolgen. Anstelle konkreter Fragen könnte daher die Aufforderung zu erzählen hilfreicher sein. Außerdem sollten Kinder dazu ermutigt werden, ihrerseits Fragen zu stellen. Wichtig ist dabei, dass alle Fragen ehrlich beantwortet werden. Dazu gehört auch zuzugeben, wenn man etwas nicht weiß bzw. auf bestimmte Fragen keine befriedigende Antwort geben kann.

Aktives Zuhören: Während eines Nachsorgegesprächs sollte Schülern aktiv zugehört werden. Äußerungen wie »ja« und

»ah« verdeutlichen Interesse und Aufmerksamkeit, gleiches gilt für bewusst eingesetzte Gestik (z. B. Kopfnicken) und Mimik (z. B. Blickkontakt, ein konzentrierter Gesichtsausdruck usw.).

Fachbegriffe: Kinder können viele Fachbegriffe nicht verstehen, weil sie die Bedeutung dieser Begriffe noch nicht kennen gelernt haben. Deshalb sollte man auf die Verwendung von Fachbegriffen grundsätzlich verzichten. Allerdings ist es nicht notwendig, mit Kindern in einer Babysprache zu sprechen. Einfache Formulierungen sind ausreichend. Bei Jugendlichen kann die Verwendung von Fachbegriffen sogar angebracht sein, weil das signalisiert, dass man die Jugendlichen ernst nimmt. Wenn Fachbegriffe unbekannt sind (z. B. Posttraumatische Belastungsreaktion oder Intrusion), müssen sie allerdings erklärt werden.

Konkret formulieren: Je jünger Kinder sind, umso konkreter sollte ihnen gegenüber formuliert werden. Günstig ist die Verdeutlichung von Aussagen anhand von Beispielen oder Vergleichen. Metaphorische oder mehrdeutige Äußerungen können Kinder häufig noch nicht verstehen.

Ermutigen, Gefühle zu äußern: Einige Kinder trauen sich nicht, über ihre Befindlichkeit zu sprechen, weil sie befürchten, dass die Gesamtsituation dadurch noch weiter verschlimmert werden könnte. Um andere Menschen nicht mit ihrer Traurigkeit, Ängstlichkeit usw. zu belasten, verschweigen sie ihre Gefühle lieber (siehe die Ausführungen zum Belastungsfaktor Sprachlosigkeit in Kap. 3.1.1). Deshalb sollten sie aufgefordert werden, offen und ehrlich zu sagen, wie sie sich fühlen (»*Ich habe den Eindruck, Du bist ganz traurig. Stimmt das? Du kannst ganz ehrlich sagen, wie Du Dich fühlst und was Du gerade denkst. Ich bin ja dafür da, dass Du mir das sagen kannst!*«).

Formulierungshilfen: Weil es vielen Kindern schwer fällt, eigene Empfindungen mit Worten zu beschreiben, kann es mitunter sinnvoll sein, ein Bild malen zu lassen. Oder es werden behutsam Formulierungshilfen gegeben. Hier ist allerdings zu beachten, dass es bei Formulierungshilfen bleibt und nicht etwa Gefühle unterstellt bzw. eingeredet werden. In Zweifelsfällen sollte nachgefragt werden, ob man die Aussagen eines Kindes richtig interpretiert hat (»*So, wie Du das beschreibst, warst Du ganz aufgeregt und auch ein wenig ängstlich. Stimmt das? Oder würdest Du eher sagen, dass Du Dich geärgert hast?*«).

Thematisieren positiver Aspekte bzw. Lernerfahrungen: Die Aufmerksamkeit der teilnehmenden Schüler sollte in Nachsorgegesprächen auch auf hilfreiche und positive Erfahrungen, die sie in einem Notfall sammeln konnten, gelenkt werden. Als Ausblick auf die Zukunft könnte behutsam nach Lernerfahrungen gefragt werden bzw. nach Dingen, die aus Sicht der Schüler von nun an verändert werden sollten. Moralisierungen mit dem erhobenen Zeigefinger sind hierbei unbedingt zu vermeiden.

Keine Floskeln: Formulierungen wie »*Das wird schon wieder.*«, »*Die Zeit heilt alle Wunden.*« usw. sind unangebracht. Sie vermitteln ein ganz und gar oberflächliches Verständnis der Situation und bagatellisieren das Erlebte nur.

6.1.4.4 Abschluss
Loben: Für ihre Offenheit in einem Nachsorgegespräch sollten Schüler ausdrücklich gelobt werden (»*Ich finde ganz toll, wie offen Du mir das alles erzählt hast!*«).

Klären offener Fragen und des Weiteren Vorgehens: Zum Abschluss eines Nachsorgegesprächs sollten Fragen geklärt werden, die bis dahin nicht beantwortet wurden. Auch könnte danach gefragt werden, ob der Schüler noch etwas mitteilen möchte und ob zum Beispiel Interesse an einem weiteren Gespräch besteht (»*Sollen wir uns übermorgen noch einmal treffen?*«).

Ritual: Als abschließendes Ritual könnte gemeinsam gebetet oder ein beruhigendes Lied gesungen werden. Denkbar ist auch, dass Kinder für ihre Offenheit im Nachsorgegespräch mit einem kleinen (symbolischen) Geschenk belohnt werden, etwa einem kleinen Teddybären.

Bewegung: Nach einem längeren Nachsorgegespräch sollte Kindern die Gelegenheit zu körperlicher Aktivität gegeben werden, zum Beispiel durch einen Wettlauf über den Schulhof oder ein Ballspiel.

6.1.4.5 Ergänzende Hinweise für Gruppengespräche
Zwei Moderatoren: Gespräche mit Gruppen von Schülern sollten grundsätzlich immer von zwei dafür speziell geschulten Personen moderiert werden, im günstigsten Fall von einer Lehrkraft gemeinsam mit einem psychosozialen Notfallhelfer bzw. Schulpsychologen. Sollte ein Schüler die Gruppe bzw. den Klassenraum während des Gesprächs verlassen wollen, kann einer der beiden Moderatoren ihn dann begleiten.

Gruppengröße: Die Gruppe, mit der ein Nachsorgegespräch geführt wird, sollte – von reinen Informationsveranstaltungen einmal abgesehen – nicht größer sein als eine Schulklasse. Sind besonders viele Schüler anwesend, wird sicherlich keine vertrauensvolle, persönliche Gesprächsatmosphäre möglich sein. Negativbeispiel: In einer Schule wurde nach dem Suizid eines Schülers die gesamte Schulgemeinde in der Aula versammelt. Vor rund 250 Kindern und Jugendlichen hielt der Rektor der Schule eine kurze Ansprache. Das Angebot, sich noch in der Aula dazu zu äußern oder Fragen zu stellen, wurde von niemandem genutzt. Welches Kind könnte sich in dieser Situation auch dazu trauen?! Dennoch wurde geschlussfolgert: »*Die Schüler wollten ja selbst nicht weiter drüber reden.*« Weitere Gesprächsangebote gab es daher nicht.

Gesprächsregeln: Vor dem Beginn eines Gruppengesprächs könnten zunächst einige Gesprächsregeln festgelegt werden. Vielen Schülern ist ein vergleichbares Prozedere häufig schon aus anderen Unterrichtssituationen bekannt. Die Gesprächsregeln könnten lauten:

- Wenn jemand spricht, hören die anderen aufmerksam zu.
- Wer etwas sagen möchte, meldet sich.
- Man lässt andere ausreden und unterbricht sie nicht.
- Man darf ganz ehrlich sagen, was man denkt.
- Jeder sagt nur das, was er möchte.
- Wer nichts sagen möchte, braucht auch nichts zu sagen.
- Wenn jemand traurig ist und weint, dann trösten wir ihn.
- Niemand wird ausgelacht.

Auch könnte man zumindest jüngeren Kindern einen »Erzählstein« in die Hand geben. Wenn sie etwas erzählen, können sie sich an diesem Stein festhalten. Zugleich ließe sich dann die Regel aufstellen: Es redet immer nur der, der den Stein in seinen Händen hält. Solche und ähnliche Gesprächsregeln sollten auf einem Plakat festgehalten und an einer Wand gut sichtbar aufgehängt werden.

Alle Kinder einbeziehen: Auch Kinder, die im Gruppengespräch besonders schweigsam sind, sollten behutsam einbezogen werden, etwa indem an geeigneter Stelle um Handzeichen gebeten wird: »*Wem geht es ähnlich?*«, »*Wer hat das auch gesehen?*«, »*Wer hat das gleiche Gefühl?*« usw.

Paralleles Elterngespräch: Parallel zu einem Gruppengespräch sollte immer auch eine Informationsveranstaltung für Eltern bzw. andere Bezugspersonen durchgeführt werden. So wird sichergestellt, dass diese ebenfalls über das Notfallereignis, eventuell auftretende Reaktionen ihrer Kinder und hilfreiche Verhaltensweisen informiert sind. Umgekehrt können Eltern bei einem solchen Treffen die Lehrkräfte bzw. psychosozialen Notfallhelfer auf Symptome hinweisen, die sie bei ihren Kindern in der Freizeit festgestellt haben.

Nachfolgend werden verschiedene Varianten von Nachsorgegesprächen mit Schülergruppen dargestellt.

6.1.4.6 Kurze Nachbesprechung

Zunächst kann für Schulklassen, die von einem Notfall betroffen sind, eine relativ kurze Nachbesprechung angeboten werden. Sie sollte innerhalb von 24 Stunden nach dem Ereignis, beispielsweise einen Tag nach dem Unfall in der Schule durchgeführt werden und nicht länger als eine Stunde dauern. Bei dieser Nachbesprechung sollten die Vermittlung von Informationen und die Beantwortung von Fragen im Vordergrund stehen. Zudem kann auf weitere Nachsorgeangebote hingewiesen werden. Im Einzelnen sollten folgende Aspekte angesprochen werden:

- Was ist passiert? (Klären der Fakten)
- Was wurde getan? (Erläuterung der durchgeführten Hilfeleistung)
- Was geschieht jetzt? (Erläuterung der momentanen Situation)
- Was kann jetzt hilfreich sein? (Hinweise für den Umgang mit Belastungen)

Schulklassen könnten in einer solchen Nachbesprechung zum Beispiel auch aufgefordert werden, in der kommenden Zeit besonders aufeinander zu achten, über das Erlebte zu sprechen, sich zuzuhören und sich gegenseitig zu unterstützen.

6.1.4.7 Längere Nachbesprechung

In einem größeren zeitlichen Abstand zu einem Notfall kann auch eine längere Nachbesprechung angeboten werden, die oft auch Debriefing genannt wird. Ein solches Debriefing sollte innerhalb der ersten Woche nach dem Notfall stattfinden und kann zwei, bei Jugendlichen maximal drei Unterrichtsstunden dauern. Die Schüler sitzen in einem Stuhlkreis, und es geht nicht nur um die Vermittlung von Informationen (wie bei der kurzen Nachbesprechung), sondern um viele weitere Aspekte. Mit den teilnehmenden Kindern oder Jugendlichen könnte über folgende Fragen gesprochen werden (in Anlehnung an STEIN 1996):

- Was wisst Ihr von dem Notfall?
- Wie habt Ihr von dem Notfall erfahren?
- Wo wart Ihr, als es geschah?
- Wie habt Ihr den Notfall erlebt?
- Was habt Ihr gesehen, was habt Ihr gehört?
- Was habt Ihr getan?
- Was haben andere getan?
- Was war Euer erster Gedanke?
- Wie geht es Euch jetzt?
- Woran denkt Ihr jetzt?
- Was könnte Euch jetzt gut tun?
- Was hilft Euch sonst, wenn Ihr traurig seid?
- Mit wem möchtet Ihr jetzt gern zusammen sein?
- Was könntet Ihr im Augenblick für andere tun?
- Was möchtet Ihr noch gern wissen?
- An wen könnt Ihr Euch wenden, wenn Ihr Fragen habt?

Dabei könnte die Beantwortung der letzten Fragestellung methodisch zum Beispiel auch so umgesetzt werden, dass jeder Schüler ein Blatt mit einer aufgemalten Hand erhält. In die Finger kann jedes Kind dann fünf Personen eintragen, denen es vertraut und die ihm zur Seite stehen können (GUTZEIT et al. o. J.).

6.1.4.8 Critical Incident Stress Debriefing (CISD)

Diese Variante eines Nachsorgegesprächs für Gruppen ist ein Element des Critical Incident Stress Management (CISM), in Deutschland auch bekannt als Stressbearbeitung nach belastenden Ereignissen (SbE). Dieses Konzept wurde in den 80er Jahren des zwanzigsten Jahrhunderts ursprünglich für die Einsatznachsorge bei Rettungskräften entwickelt (ausführlich siehe MITCHELL und EVERLY 2005). Inzwischen wurde die Methode weiterentwickelt. Demnach kann sie – allerdings nur in erheblich modifizierter Form – nicht nur bei Einsatzkräften, sondern auch bei direkten und indirekten Notfallopfern wie zum Beispiel Schülern angewendet werden (DYREGROV 1991, LANDOLT 2004, KARUTZ 2002a sowie KARUTZ 2004a).

Ein Critical Incident Stress Debriefing soll frühestens am Tag nach dem Notfall stattfinden. Es kann, ebenso wie die oben beschriebene längere Nachbesprechung, zwei oder drei Unterrichtsstunden dauern. Das CISD verläuft jedoch stärker strukturiert und formalisiert. Es beinhaltet sieben Phasen: Nach einer kurzen Einführung sollen die teilnehmenden Schüler das Notfallgeschehen aus ihrer Sicht schildern. Danach wird über ihre Gedanken, ihre Reaktion sowie die Auswirkungen des Erlebten gesprochen. Abschließend erhalten die Schüler Informationen über den Umgang mit Belastungen, und offene Fragen werden beantwortet.

6.1.4.9 Gespräche in Neigungsgruppen

Um den unterschiedlichen Bedürfnissen und Interessen der von einem Notfall betroffenen Schüler gerecht zu werden, können einige Zeit nach dem jeweiligen Ereignis Neigungsgruppen eingerichtet werden. In diesen Gruppen werden unterschiedliche Themenschwerpunkte gesetzt, sodass jeder einzelne Schüler frei wählen kann, an welchem Gruppengespräch er sich beteiligen bzw. mit welcher Problematik er sich intensiver beschäftigen möchte. Nach der Ermordung einer Lehrerin in Meißen wurden Neigungsgruppen eingerichtet (nach PIEPER 2007b)

- zum Umgang mit Ängsten,
- zum Umgang mit Schlafstörungen,
- zum Erlernen von Entspannungsmethoden,
- zum Umgang mit dem Prozess gegen den Täter und der Notwendigkeit, dort als Zeuge befragt zu werden,
- zur Vorbereitung des Jahrestags der Tat,
- zu möglichen Hilfen für die Eltern der ermordeten Lehrerin.

Nachsorgegespräche in Gruppen sind allerdings nicht unumstritten. Für ihre Durchführung spricht, dass das Verständnis von Schülern untereinander gefördert werden kann. Im günstigsten Fall bewirken solche Gespräche eine positive Gruppendynamik. Es entsteht womöglich ein engerer Zusammenhalt.

In einigen Studien wurde jedoch nachgewiesen, dass solche Gruppeninterventionen nicht immer hilfreich sind, sondern mitunter überhaupt nichts bewirken und manchmal sogar schaden. Ursachen für negative Auswirkungen von Debriefings könnten in folgenden Punkten liegen (Lasogga und Karutz 2008, ausführlicher siehe Karutz 2008c):

- Durch das Erzählen können Schüler sich selbst oder gegenseitig hochschaukeln.
- Einige Schüler können das Erlebte bis zur Durchführung eines Debriefing einigermaßen verarbeitet haben. Durch die Berichte anderer Teilnehmer werden sie dann zurückgeworfen.
- Durch die Erzählungen werden die Geschehnisse (in sensu) wieder erlebt. Es kommt zu einer Reaktivierung des Erlebten.
- Eine gewisse Distanzierung zum Erlebten ist förderlich und notwendig. Durch das Debriefing könnte diese Distanzierung verhindert werden.
- Wenn eine stärkere Belastungsreaktion vorliegt, kann beim Debriefing eventuell zu schnell in die Tiefe gegangen werden.
- In der Gruppe können einzelne Schüler gehemmt sein, über ihre persönlichen Gedanken und Empfindungen zu sprechen, obwohl sie das in einem Einzelgespräch gerne tun würden.
- In der Gruppe kann der Druck entstehen, etwas zu erzählen und über erlebte Belastungen und die Folgen zu sprechen, sodass man dann selbst an negative Folgen glaubt.

Ein weiterer problematischer Aspekt von Debriefings besteht darin, dass die Gefährdung einzelner Kinder, eine Störung zu entwickeln, in Gruppengesprächen schlechter abgeschätzt werden kann als in einem Einzelgespräch. Außerdem setzen Debriefings ein vertrauensvolles und weitgehend harmonisches Gruppenklima voraus. Das ist jedoch nicht in allen Schulklassen vorhanden. Auch aus diesem

Grund könnte die Durchführung eines Debriefing problematisch sein.

Als Fazit ist festzuhalten, dass Nachsorgegespräche in Schülergruppen durchaus angeboten werden können. Ihre Durchführung ist jedoch nicht unproblematisch und setzt besondere Fachkenntnisse voraus. Außerdem sollten Nachsorgegespräche in Gruppen niemals das einzige Nachsorgeangebot sein. Parallel sollte es, etwa in Form der oben bereits beschriebenen Notfallsprechstunde, immer auch die Möglichkeit zu vertraulichen Einzelgesprächen geben.

6.1.5 Rituale entwickeln

Rituale sind symbolische Handlungen, die Schülern nach einem Notfall Halt und Sicherheit vermitteln können. Zudem sind sie Ausdruck von starken Emotionen, sowohl von Betroffenheit als auch von Hoffnung. Wenn sie gemeinsam durchgeführt werden, stärken sie das Zusammengehörigkeitsgefühl, etwa einer Schulklasse oder einer Jahrgangsstufe. Außerdem können sie signalisieren, dass ein Notfall vorbei ist. Und schließlich geben sie Anlass, dem oder der Notfallopfer zu gedenken.

Auch bei der Gestaltung von Ritualen sollten die Anregungen von Schülern unbedingt aufgegriffen werden (GYGER-STAUBER 2005). Jedes Ritual muss der individuellen Situation und den Bedürfnissen der Betroffenen angepasst und gemeinsam mit ihnen entwickelt werden, sonst wird es unter Umständen als nicht stimmig empfunden. Das gilt insbesondere für die Art und Weise, in der Monats- und Jahrestage eines Notfalls begangen werden. Als Rituale denkbar sind im Einzelnen (erweitert nach ECKARDT 2005):

- Anzünden von Kerzen,
- Niederlegen von Blumen oder Kränzen,
- Bemalen und Niederlegen von Steinen,
- gemeinsames Singen,
- gemeinsames Beten,
- Bilden eines Kreises oder einer Menschenkette,
- Veranstaltung einer Fackelwanderung (mit symbolischem Ziel oder Weg),

- Abhalten einer Schweigeminute,
- Abhalten einer stillen Unterrichtsstunde,
- Gestaltung eines Gottesdienstes,
- Gestaltung einer Gedenkfeier (15 – 20 Minuten für Grundschüler, 30 – 40 Minuten für ältere Kinder bzw. Jugendliche sollten in der Programmplanung nicht überschritten werden),
- Aussäen von Samen,
- symbolisches Pflanzen eines Bäumchens, gegebenenfalls können Schüler daran selbst beschriftete Wunsch- oder Gedankenkarten aufhängen,
- Aufsteigen lassen von Luftballons, eventuell ebenfalls mit angehängten Karten (s. o.),
- Wegschwimmen lassen eines mit Kerzen oder Karten (s. o.) beladenen Papierschiffchens an einem Fluss oder See,
- Aufhängen einer Wandzeitung aus einer Tapetenrolle auf der jeder, der das möchte, aufschreiben kann, was ihn beschäftigt und was er anderen im Hinblick auf den Notfall mitteilen möchte,
- Aufbau einer »Klagemauer« aus geschlitzten Schuhkartons. Auf Zettel notierte Gedanken und Wünsche können dort hineingesteckt werden,
- Einführen eines Gedenktages sowie
- Einrichten einer Gedenkstätte.

Schulen, an denen sich ein Notfall ereignet hat, sollen jedoch nicht dauerhaft überschattet werden und sozusagen auf ewig mit diesem Ereignis verbunden bleiben. »*Würde die Schule einem jeden Toten [dauerhaft] eine Gedenkstätte errichten, würde sie bald einem Friedhof gleichen*« (Gutzeit, Hemmert und Meißner o. J.). Aus diesem Grund sollten Gedenkstätten in der Regel nur vorübergehend, eher dezent und nicht im Eingangsbereich der Schule, sondern nach Möglichkeit in einem eigenen Raum eingerichtet werden. Zu bedenken ist insbesondere, dass es Schüler, die von dem Notfall betroffen waren, täglich neu belasten kann, wenn sie beim Betreten der Schule durch die Gedenkstätte immer wieder an das Erlebte erinnert werden. Gedenkstätten in einem eigenen Raum sind in dieser Hinsicht günstiger. Schüler können sie aufsuchen, wenn sie es möchten.

6.1.6 Auf Schuldgefühle reagieren

Beim Umgang mit Schuldgefühlen ist zunächst zu unterscheiden, ob sie sachlich begründet sind oder nicht. In beiden Fällen dürfen Schuldgefühle nicht bagatellisiert werden. Die weiteren Reaktionen unterscheiden sich jedoch. Zu beachten ist, aus welchem Grund Schuldgefühle entstanden sind (s. KAP. 3.1.3).

Bei Schuldgefühlen, die aus Eigenarten des kindlichen Denkens, fehlendem Wissen oder Verständnis bzw. aus kindlichen Fantasien resultieren, sollten die tatsächlichen Ursachen und Verantwortlichkeiten für einen Notfall kindgerecht erklärt werden. Das kann dazu beitragen, unbegründete Schuldannahmen abzulösen. Auch sollte in diesen Fällen ausdrücklich darauf hingewiesen werden, dass es keinen Grund dafür gibt, sich schuldig zu fühlen. Ein solches »ent-schuldigen« von Kindern kann eine uniformierte Person, also ein Polizeibeamter oder ein Feuerwehrmann, vielleicht am besten. Vor allem jüngere sind Kinder für diese Amtsautorität noch recht empfänglich (»*Na, wenn der Polizist das gesagt hat.*«).

Wird Schuld angenommen, um einen besonders intensiv erlebten Kontrollverlust, Ohnmachtsgefühle und Hilflosigkeit zu kompensieren, sollte nach Möglichkeiten für aktives Bewältigungshandeln gesucht werden. Wenn Kinder sich helfend betätigen können, vermittelt ihnen das den Eindruck, die Kontrolle zurückzugewinnen. Zugleich könnten Schüler über die Entstehungsmechanismen ihrer Schuldgefühle aufgeklärt werden, sodass sie selbst erkennen, woraus ihre Schuldgefühle resultieren.

Sofern ein Schüler tatsächlich für einen Notfall (mit-)verantwortlich ist und sich aus diesem Grund schuldig fühlt, steht die ausdrückliche Wertschätzung des Kindes im Vordergrund. Trotz seiner Schuld darf ein Kind niemals ausgegrenzt werden. Zumal es fraglich ist, inwiefern zumindest jüngere Kinder in juristischer, aber auch entwicklungspsychologisch-philosophischer Hinsicht überhaupt schuldfähig sein können. Auch ein Kind, das durch sein Verhalten einen Notfall verursacht hat, soll daher weiterhin angenommen und in der Klassengemeinschaft integriert bleiben.

Ein Handlungsansatz wäre es, einem betroffenen Schüler mitzuteilen, dass er *diese* Folgen seines Verhaltens sicherlich nicht absehen konnte und in dieser Form auch nicht beabsichtigt hat (etwa im Hinblick auf einen Jugendlichen, der in einem Streit einen Klassenkameraden schubst, worauf dieser die Treppe herunterstürzt und ein schweres Schädel-Hirn-Trauma erleidet). Damit ist aber ausdrücklich nicht gemeint, dass man durchaus vorhandene Schuld bzw. Verantwortung eines Kindes verleugnet oder schön redet. Bagatellisierungen sind im Umgang mit Schuldgefühlen unangebracht und helfen nicht.

Ein weiterer Handlungsansatz besteht darin, das in Schuld enthaltene Lernpotential zu thematisieren. Vielleicht kann das sogar zu der Einsicht führen, dass der angerichtete Schaden letztlich etwas Gutes bewirkt. Ein Kind, das durch sein Verhalten einen Notfall verursacht hat, könnte zum Beispiel einen Brief an andere Kinder schreiben, in dem es davor warnt, den gleichen Fehler zu begehen. Die Problematik von Schuld und Verantwortung für einen Notfall sollte generell auch im Klassenverband bzw. in Gruppen von Schülern thematisiert werden – allein schon, um sich verselbstständigenden Bestrafungsmechanismen innerhalb der Klassengemeinschaft entgegenzuwirken (»*Weil Jan der Maria so wehgetan hat, reden wir nicht mehr mit ihm. Wir lassen ihn auch nicht mehr mitspielen. Eigentlich will keiner mehr etwas mit ihm zu tun haben!*«).

Hilfreich kann es auch sein, wenn ein Kind den- oder diejenigen, die durch sein Verhalten geschädigt wurden, ernsthaft um Entschuldigung bittet oder eine andere (eher symbolische) Wiedergutmachung leistet. Im Gespräch mit einem Seelsorger ist nicht zuletzt die Abnahme der Beichte denkbar (WATERSTRAAT 2009).

6.1.7 Mit Medienvertretern umgehen

Grundsätzlich gilt, dass die Öffentlichkeit ein Recht darauf hat, von Notfallsituationen an einer Schule zu erfahren. Wenn Medienvertreter nicht angemessen informiert werden, fördert das zudem die Entstehung von Gerüchten. Dann kann der Eindruck entstehen, es würde etwas verheimlicht oder vertuscht, und es entsteht öffentliches Misstrauen. Aus diesen Gründen sollte mit Medienvertretern kooperiert werden. Allerdings ist darauf zu achten, dass Persönlichkeitsrechte von Betroffenen nicht verletzt werden.

Auskünfte an Medienvertreter sollten immer nur autorisierte Personen erteilen, etwa die Schulleitung, die Mitglieder des Notfallteams oder ein Pressesprecher des Schulträgers. Letzterer könnte im Umgang mit schwierigen Gesprächssituationen möglicherweise etwas geübter sein. Hinweise zur Vorbereitung auf Pressegespräche und einige Formulierungshilfen enthält Tabelle 11 (ausführlicher siehe HUBER 2005).

Die übrigen Mitglieder der Schulgemeinde sollten ausdrücklich darauf hingewiesen werden, dass niemand mit Medienvertretern sprechen *muss*. Man sollte sich nicht bedrängen lassen. Speziell den Kindern und Jugendlichen sollte geraten werden, sich gegebenenfalls mit deutlichen Worten gegen Befragungen oder Aufnahmen zu wehren (»*Bitte lassen Sie mich in Ruhe, ich möchte nicht mit Ihnen sprechen!*«). Wenn Betroffene sich später in einer Mediendarstellung wiederfinden, kann das zusätzlich belasten, erst recht natürlich, wenn Aussagen verzerrt, verkürzt oder aus dem Zusammenhang gerissen wurden. Wenn sich jemand Medien gegenüber allerdings bewusst äußern möchte, ist das zu respektieren.

Die Medienvertreter sollten darum gebeten werden, die psychische Situation der Betroffenen zu berücksichtigen. Aufnahmen von weinenden oder schreienden Kindern und Jugendlichen sollte man zu deren Schutz verhindern. Minderjährige dürfen in der Schule ohne Zustimmung der Erziehungsberechtigten nicht fotografiert werden. Auch dürfen sich Medienvertreter nicht ohne Erlaubnis innerhalb des Schulgebäudes aufhalten. Gegebenenfalls kann die Schulleitung von ihrem Hausrecht Gebrauch machen und die Personen des Gebäudes verweisen. Bei Beerdigungen von Mitgliedern der Schulgemeinde kann das Hausrecht auf Friedhöfen von Polizeibeamten in Anspruch genommen werden (WATERSTRAAT 2009). In einigen Fällen wird es sich möglicherweise nicht vermeiden lassen, die Polizei um Schutz vor besonders aufdringlichen Medienvertretern zu bitten – auch wenn diese Maßnahme ihrerseits von den Mitgliedern der Schulgemeinde als eine Belastung erlebt werden kann.

TAB. 11 ▶ Hinweise zur Vorbereitung auf Pressegespräche

ggf. die Identität bzw. Seriosität des anfragenden Journalisten überprüfen (in der Redaktion zurückrufen)
überlegen, ob man sich der Aufgabe aktuell gewachsen fühlt
überlegen, was man sagen möchte und was nicht
vor dem Gespräch einige Stichworte als Gedankenstütze notieren (z. B.: Wie viele Verletzte gibt es nach dem derzeitigen Stand? Wie alt sind die betroffenen Schüler?)
immer nur gesicherte Informationen bzw. die Wahrheit weitergeben
die jeweiligen Aussagen vorher ggf. mit dem Schulträger, dem Kultusministerium, der Einsatzleitung der Polizei, der Feuerwehr oder des Rettungsdienstes absprechen (Das darf jedoch nicht zu lange dauern!)
keine voreiligen Schuldzuweisungen, Mutmaßungen bzw. Spekulationen oder Verdächtigungen äußern
keine Weitergabe persönlicher Daten, Fotos, Anschriften usw.
nicht bagatellisieren, nicht beschönigen, aber auch nicht dramatisieren – stets sachlich bleiben!
Wenn das Gespräch gefilmt, evtl. sogar live ausgestrahlt werden soll: Es ist völlig legitim, die einzelnen Fragen vorher abzusprechen.
sich niemals zu bestimmten Aussagen drängen lassen: Es gibt keine Verpflichtung, auf alle Fragen zu antworten.
stets in der gewohnten Stimmlage sprechen und das Vokabular der Alltagssprache verwenden, d. h. nicht versuchen, sich besonders gewählt auszudrücken: Das wirkt rasch steif, gestelzt und unecht.
Ungünstig ist die Aussage »Kein Kommentar.« Besser: »Bitte haben Sie Verständnis dafür, dass ich dazu im Augenblick nichts sagen kann.« oder »Dazu liegen mir im Augenblick noch keine Informationen vor.«
in kurzen Sätzen antworten, nicht ausschweifen und plaudern, sondern bei den Fakten bleiben
Man darf auch eigene Betroffenheit zeigen und braucht sich dafür nicht zu schämen!
immer freundlich bleiben

An dieser Stelle soll aber nicht unerwähnt bleiben, dass pauschale Kritik am Verhalten von Medienvertretern unangebracht ist. Wenn über Medienvertreter sehr heftig generalisiert geschimpft wird, könnte das auch mit Übertragungsmechanismen zusammenhängen. Verärgerung über das Erlebte oder aus Hilflosigkeit in einem Notfall entstandene Aggressionen werden womöglich auf Medienvertreter abgelenkt.

Viele Journalisten respektieren die Situation Betroffener durchaus, und sie wissen sich ihnen gegenüber sehr wohl angemessen zu verhalten. Mit Vertretern seriöser Medien können in der Regel auch verlässliche Absprachen getroffen werden. Eine solche Vereinbarung könnte beispielsweise darauf abzielen, dass von Interviews mit betroffenen Schülern abgesehen wird, dafür aber ausführliche Informationen in regelmäßigen Pressekonferenzen mitgeteilt werden.

Werden Pressekonferenzen veranstaltet, sollte nach Möglichkeit eine schriftliche Erklärung vorbereitet und zu Beginn an die Medienvertreter ausgeteilt werden. Wenn mehrere potentielle Ansprechpartner an der Pressekonferenz teilnehmen, ist im Vorfeld festzulegen, wer welche Fragen beantworten wird (Fragen zur medizinischen Versorgung von Verletzten beantwortet zum Beispiel ein Leitender Notarzt, Fragen zur Einsatztaktik beantworten Einsatzleiter der Feuerwehr oder der Polizei, Fragen zum schulinternen Notfallmanagement beantwortet die Schulleitung usw.). Nachdem die mitwirkenden Personen sich den Medienvertretern vorgestellt haben, sollten zunächst die vorliegenden Fakten mitgeteilt werden. Anschließend sollten von den Medienvertretern einzelne Nachfragen gestellt werden können.

6.1.8 Notfallspuren beseitigen

Der Anblick von Notfallspuren ist vielen Schülern unangenehm, weil sie dadurch an den jeweiligen Notfall erinnert werden. Das gilt auch für Schüler, die den eigentlichen Notfall überhaupt nicht miterlebt haben und nur im Nachhinein Spuren des Ereignisses zu sehen bekommen (s. KAP. 3.1.1). Bremsspuren, die bei einem Verkehrsunfall vor der Schule verursacht wurden, Bluttropfen auf dem Boden und herumliegende Verpackungsmaterialien vom Einsatz des Rettungsdienstes sowie andere Notfallspuren sollten daher – natürlich nur nach Absprache mit der Polizei – zeitnah beseitigt werden (Karutz 2004a).

6.1.9 Dank

In einigen Fällen kann es hilfreich sein, wenn Opfer eines Notfalls sich explizit bei den Personen bedanken, die ihnen in der Notfallsituation geholfen haben, so zum Beispiel bei Feuerwehrleuten, Rettungsdienstmitarbeitern und Polizeibeamten (Gutzeit, Hemmert und Meißner o. J.). Ihnen könnte ein Brief geschrieben oder für die geleistete Arbeit ein symbolisches Geschenk überreicht werden. Auf diese Weise könnte sich gegebenenfalls noch einmal verdeutlichen lassen, *dass* Hilfe geleistet wurde, d. h. dass die Notfallopfer nicht ausschließlich Belastungen ausgesetzt waren, sondern durchaus auch etwas Positives erfahren haben.

Den Einsatzkräften, die das Erlebte ihrerseits bewältigen müssen, könnte es ebenfalls helfen, wenn sie Dankbarkeit erfahren. Sich bei Helfern zu bedanken, darf den betroffenen Schülern jedoch nicht aufgedrängt werden. Man kann dazu allenfalls behutsam anregen. Sicherlich ist es auch nur dann angebracht, wenn Notfallopfer die erfolgte Hilfeleistung insgesamt positiv bewerten. Dankbarkeit für eine Hilfeleistung zu zeigen, die aus Sicht der Betroffenen zum Beispiel völlig chaotisch abgelaufen ist und als zusätzliche Belastung erlebt wurde, wäre geradezu zynisch.

6.1.10 Schulalltag organisieren

Wann nach einem Notfall in der Schule wieder Alltag einkehren kann, ist im Vorfeld nicht absehbar. Man kann keinen bestimmten Zeitpunkt festlegen, ab dem der Schulbetrieb wieder regulär zu verlaufen hat und keine weiteren Nachsorgemaßnahmen mehr notwendig sind. Solange Schüler Symptome von Belastungsreaktionen zeigen, werden Lernprozesse immer nur eingeschränkt möglich sein. An dieser Stelle kann auch auf die Maslowsche Bedürfnishierarchie hingewiesen werden. So setzt die Bewältigung anspruchsvoller Lernaufgaben stets voraus, dass Hunger und Durst gestillt und das persönliche Sicherheitsbedürfnis befriedigt sind.

Ein sorgfältig strukturierter Tagesablauf mit festen Zeiten und Terminen sowie das Angebot von Unterricht können Schülern dennoch Halt geben. Es signalisiert außerdem, dass das Leben – trotz allem – weitergehen darf und muss (Krüger 2007). Gleichzeitig sollten dennoch für längere Zeit Nachsorgemaßnahmen angeboten werden, die den Unterricht begleiten und bei Bedarf in Anspruch genommen werden können. Klassenarbeiten bzw. Tests und Prüfungen sowie die Teilnahme an Sportwettkämpfen usw. sollten möglichst nicht unmittelbar nach einem Notfall erfolgen, sondern verschoben werden (Kluwe-Schleberger 2005). Abschlussfeiern, die für einen Termin kurz nach einem Notfall vorgesehen waren, sollten allerdings nicht abgesagt werden. Nach Gutzeit, Hemmert und Meißner (o.J.) sollte man einerseits »*Trauer und Schmerz anerkennen*«, andererseits aber auch »*das Recht von Überlebenden auf Gefühle des Glücks und andere Gefühle jenseits der Krise*«.

Bei besonders dramatischen und folgenreichen Notfällen wie einem Amoklauf kann es angebracht sein, den Schulbetrieb insgesamt vorübergehend einzustellen. Während der unterrichtsfreien Zeit sollten die Mitglieder der Schulgemeinde an einem neutralen Ort zusammenkommen können, um sich auszutauschen und von den für die Organisation der Nachsorgeangebote verantwortlichen Personen aktuelle Informationen zu erhalten.

Mitunter wird empfohlen, Schulgebäude nach Notfallsituationen dauerhaft zu schließen, oder es wird gefordert, das Schulgebäude umzuwidmen. Die weitere Nutzung des Gebäudes als Schule sei den Kindern und Lehrkräften nicht zumutbar. Diese Forderung ist allerdings problematisch und in letzter Konsequenz auch nicht angebracht. Indirekt wird mit einer solchen Forderung der Anschein erweckt, eine konstruktive Auseinandersetzung mit dem Erlebten sowie die Überwindung potentiell traumatischer Notfallerfahrungen seien von vornherein ausgeschlossen. Seid-

LER (2009) äußert sich in einem Interview entsprechend: »*Es gab hier und da die Forderung nach dem Abriss von Schulen. Ich finde diese Äußerung, wenn sie von einem Psychotraumatologen kommt, unprofessionell, darüber hinaus egal von wem sie kommt, realitätsblind. Unprofessionell ist sie, weil sie unzulässigerweise an den vorhandenen Möglichkeiten einer angemessenen Therapie zweifelt, realitätsblind ist sie, weil wir dann viele Orte dieser Welt ‚plattmachen' müssten: Man hätte Hamburg, Dresden und die vielen anderen Städte nach dem Zweiten Weltkrieg nicht wieder aufbauen dürfen, man müsste jede Fabrikhalle, in der es einen schweren Arbeitsunfall gab mit vielen Toten, abreißen, usw.*«

Zweckmäßiger scheint daher, dass alle Mitglieder der Schulgemeinde gemeinsam überlegen, was in der Schule nach einem Notfall verändert werden soll. Das können bauliche Veränderungen bzw. umfangreiche Renovierungsarbeiten sein, aber auch organisatorische Maßnahmen wie die Einrichtung eines Schulsanitätsdienstes. Vielleicht gibt es nach Notfallerfahrungen auch das gemeinsame Bestreben, zukünftig wertschätzender und freundlicher miteinander umzugehen, insgesamt mehr aufeinander zu achten usw. Die Rückkehr der Schulgemeinde in ein vorübergehend geschlossenes Schulgebäude sollte mit einem Ritual begonnen werden, etwa mit einer persönlichen Begrüßung der Anwesenden, einer auf die Zukunft gerichteten Ansprache der Schulleitung und einer kurzen Andacht.

Folgende Anzeichen weisen darauf hin, dass Nachsorgemaßnahmen eingestellt oder zumindest in ihrer Intensität und ihrem Umfang deutlich verringert werden können:

- ▶ Symptome von Belastungsreaktionen klingen ab,
- ▶ Nachsorgeangebote, die freiwillig in Anspruch genommen werden können, werden kaum noch besucht (und das liegt nicht an mangelhafter Organisation bzw. Information, einer methodisch mangelhaften oder inhaltlich problematischen Durchführung und auch nicht an der Person des Durchführenden),

- Gedenkstätten werden kaum noch aufgesucht, gegebenenfalls eingerichtete Internetseiten werden nur noch selten aufgerufen,
- Schüler sprechen untereinander nur noch selten über das Ereignis,
- Schüler wünschen es.

6.1.11 Reaktivierende Ereignisse beachten

Besondere Aufmerksamkeit ist angebracht, wenn sich längere Zeit nach einem Notfall an anderen Orten etwas Ähnliches ereignet. Die Berichterstattung in den Medien kann Hinweisreize auf den selbst erlebten Notfall beinhalten. Bei Notfällen mit einem solchen Verknüpfungspotential sollte deshalb darauf geachtet werden, dass zumindest einige der hier dargestellten Nachsorgemaßnahmen ein weiteres Mal notwendig sein könnten.

27 Jugendliche, die einen tödlichen Unfall vor ihrer Schule miterlebt hatten, waren zum Beispiel auch von einem ähnlichen Ereignis an einer anderen Schule sehr betroffen, das sich sechs Monate später ereignete (13-jähriger Schüler: »*Da war plötzlich alles wieder da, das war echt total schlimm für mich!*«). Die gesamte Schülergruppe äußerte sich insbesondere darüber bestürzt, dass ihre Lehrer diesen Unfall »*mit keinem Wort angesprochen*« hätten. Die Jugendlichen hätten sich jedoch ausdrücklich gewünscht, mit ihren Lehrern noch einmal über das selbst Erlebte und auch über die aktuell aufgetretene Notfallsituation sprechen zu können (KARUTZ 2004a).

6.1.12 Bei Bedarf weitere Hilfe vermitteln

Da sich nach Notfällen verschiedene negative psychische Folgen entwickeln können (s. KAP. 3.1.3), sollten Lehrer ihre Schüler aufmerksam beobachten und darauf achten, ob Veränderungen erkennbar sind. Keinesfalls sollten Symptome bagatellisiert werden (»*Das geht schon wieder vorbei!*«). In einigen Fällen kann es notwendig sein, weitere fachliche Hilfe zu vermitteln. Das ist insbesondere dann der Fall, wenn

- ein Kind grundsätzlich besorgniserregende oder nicht nachvollziehbare Verhaltensweisen oder Reaktionen zeigt,
- ein Kind anhaltend posttraumatisch spielt,
- ein Kind besonders ängstlich wirkt,
- ein Kind sich zunehmend zurückzieht,
- ein Kind häufig ohne Anlass wütend und aggressiv wird,
- ein Kind ein in anderer Weise unangepasstes Sozialverhalten zeigt,
- ein Kind suizidal erscheint (s. KAP. 7.4),
- ein Kind Situationen, Orte und Personen anhaltend meidet, die in irgendeinem Zusammenhang mit dem Notfallereignis stehen,
- ein Kind Gewohnheiten wie schlafen, essen und spielen stark ändert (Wie ein Kind schläft, kann in der Schule natürlich nicht beobachtet werden. Häufige Müdigkeit fällt dort aber als erstes auf!)
- ein Kind stark regressiv reagiert,
- bei einem Kind ein deutlicher Abfall der schulischen Leistungen eintritt,
- bei einem Kind Wahrnehmungsstörungen bzw. dissoziative Symptome auftreten und
- wenn Symptome psychischer Notfallfolgen länger als vier Wochen bestehen bleiben.

Zudem sollten Lehrkräfte in allen Zweifelsfällen, d.h. wenn sie über das weitere Vorgehen selbst unsicher sind, fachlichen Rat einholen. Allerdings sollte man Schüler, die einen Notfall miterlebt haben, auch nicht vorschnell pathologisieren und *jede* Auffälligkeit von vornherein auf einen vorangegangenen Notfall beziehen. Manchmal ist zum Beispiel eine Konzentrationsschwäche auch nur von der Tagesform eines Schülers abhängig und sollte daher nicht überbewertet werden.

Ansprechpartner für fachlichen Rat und weitere Hilfe sind neben den psychosozialen Notfallhelfern und Schulpsychologen insbesondere Erziehungs- und Familienberatungsstellen, Kinder- und Jugendpsychiatrische Kliniken sowie Kinder- und Jugendlichenpsychotherapeuten mit notfallpsychologischer bzw. psychotraumatologischer Erfahrung. In vielen Städten gibt es für Kinder und Jugendliche außerdem spezielle Traumaambulanzen.

6.2 Nachsorge für Eltern

Ein Belastungsfaktor der Eltern besteht darin, dass auch sie häufig nicht wissen, wie sie sich nach einem Notfall in der Schule ihren Kindern gegenüber verhalten sollen. Deshalb sollten ihnen einige Informationen gegeben werden, die sich auf den Umgang mit ihren Kindern beziehen.

Generell sollten Eltern bzw. andere Bezugspersonen den betroffenen Kindern in den ersten Wochen nach einem Notfall viel Nähe und Zuneigung zeigen. Sie sollten geduldig und verständnisvoll sein, auf ausreichend Schlaf sowie eine gesunde Ernährung ihres Kindes achten, zu hilfreichen Aktivitäten ermutigen (s. KAP. 6.1.3) usw. Für die Bewältigung des Erlebten benötigen Kinder einige Zeit, kindliche Eigenarten des Verarbeitungsprozesses sollten dabei akzeptiert werden (ECKARDT 2005, NADER und PYNOOS 1993).

Wenn eine größere Gruppe von Kindern von einem Notfall betroffen ist, könnten solche Informationen nicht nur in Einzelgesprächen, sondern auch im Rahmen einer gemeinsamen Informationsveranstaltung, etwa bei einem Elternabend, vermittelt werden. Gegebenenfalls ist es angebracht, Hinweise auch in einem Brief zusammenzufassen und diesen den Eltern auszuhändigen (s. KAP. 9.3).

6.3 Nachsorge für Lehrer

Notfallnachsorge sollte sich nicht ausschließlich auf Schüler beziehen, sondern auch die Situation der Lehrkräfte beachten. Da Lehrer in Notfällen ebenfalls starken Belastungen ausgesetzt sind, sollten auch sie Unterstützungsangebote erhalten.

Der Umgang mit den eigenen Belastungen erscheint manchmal jedoch etwas unbeholfen. Lehrer Lappe (2003) schildert beispielhaft eine persönliche Erfahrung nach einem Notfall: »*Gegen Ende der Stunde merkte ich, wie mir die Stimme und die Kraft weggingen. Ich ging ins nahe gelegene Schulleiterzimmer, setzte mich dort auf den Stuhl mit Tränen in den Augen und sagte: ›Ich kann nicht mehr!‹ Der Schulleiter war erstmal überrascht und meinte dann: ›Mann, Lappe, was ist denn, wollen sie 'nen Schnaps?‹*« Ein solches Angebot ist wenig zweckmäßig und sicherlich nicht besonders professionell. Andere Unterstützungsangebote dürften hilfreicher sein.

Lehrer sollten nach einem Notfall zunächst auf ihre eigenen Belastungen achten, sich nicht überfordern und auf die Einhaltung regelmäßiger Erholungspausen achten. Persönliche Grenzen, Überforderung und Ratlosigkeit sollten sie sich ehrlich eingestehen. In diesem Zusammenhang kann sicherlich auch ein kollegialer Austausch mit anderen Lehrern hilfreich sein. Das setzt allerdings eine »No-Blame-Culture« voraus, die vermutlich nicht an allen Schulen vorhanden ist.

Wichtig ist der Schutz vor vermeidbaren Zusatzbelastungen. Beispielsweise sollten Medienberichte zwar grundsätzlich aufmerksam verfolgt werden. Reaktionen von Schülern auf diese Medienberichterstattung könnten sonst womöglich nicht nachvollziehbar sein. Auch wird die Medienberichterstattung nach einem Notfall häufig selbst ein Diskussionsthema. Um sachkundig mitdiskutieren zu können, sollten Lehrer darüber informiert sein, was berichtet wurde. Wenn sie die Berichterstattung jedoch als besonders unangenehm erleben, sollten sie sie bewusst ignorieren.

Nach Notfällen sollte ferner ein besonders geschützter Raum eingerichtet werden, in dem sich ausschließlich Lehrkräfte zurückziehen und ausruhen können. Das Lehrerzimmer ist dafür in der Regel ungeeignet, weil es häufig auch als Anlaufstelle von Schülern und Eltern genutzt wird. Seitens der Schulverwaltung könnte in Erwägung gezogen werden, den Stellenplan einer notfallbetroffenen Schule vorübergehend zu erweitern, um die unmittelbar betroffenen Lehrkräfte zu entlasten.

Ansonsten können die meisten der in dieser Veröffentlichung beschriebenen Nachsorgemaßnahmen für Schüler (so z.B. die Nutzung persönlicher Bewältigungsstrategien, Gespräche, die Teilnahme an Ritualen, die Inanspruchnahme fachlicher Hilfe usw.) ebenfalls auf Lehrer bezogen werden. Weitere Nachsorgehinweise für Erwachsene enthält unter anderem eine Veröffentlichung von FISCHER (2004).

6.4 Fehler

Notfälle sind immer komplexe und schwierige Situationen, in denen unzählige Dinge beachtet werden müssen. Die für die Hilfeleistung verantwortlichen Personen müssen Entscheidungen häufig unter großem Zeitdruck treffen. Der Handlungsdruck ist enorm. Zudem stehen die Helfer unter Umständen selbst unter dem Eindruck des Geschehens. Vor diesem Hintergrund ist es nur verständlich, dass es kaum gelingen kann, an alles zu denken und alles richtig zu machen. Bestimmte Verhaltensweisen wirken sich jedoch besonders ungünstig aus und sollten deshalb unbedingt vermieden werden. Diese Fehler werden nachfolgend beschrieben.

6.4.1 Nichts tun

Nach Notfällen reagieren Verantwortliche in Schulen manchmal resignativ oder fatalistisch (EIKENBUSCH 2005). Womöglich resultiert das aus der notfallpsychologisch allerdings nicht haltbaren Überzeugung, dass ohnehin keinerlei wirksame Hilfe möglich ist (Schulleiterin: »*Warum sollen wir eine Gedenkfeier veranstalten? Dadurch wird Max auch nicht wieder lebendig!*«). Vielleicht vertritt der eine oder andere Lehrer auch die Auffassung, dass Nachsorgemaßnahmen nicht in seiner Zuständigkeit liegen (Schulleiter: »*Das ist doch Sache der Seelsorger, da haben wir vom Kollegium eigentlich kaum etwas mit zu tun!*«).

Notfälle bewältigen sich jedoch nicht von allein, und gerade Lehrkräfte können viel zur Bewältigung des Erlebten beitragen. Deshalb ist es falsch, überhaupt nichts zu tun und einen Notfall »tot zu schweigen«. Das fördert bloß die Entstehung von Gerüchten. Darüber hinaus vermindert es die aufgetretenen Belastungen nicht nur nicht. Untätigkeit im Hinblick auf Nachsorgemaßnahmen kann von den Betroffenen vielmehr als Zusatzbelastung erlebt werden (16-jährige Schülerin: »*Dass der Hendrik so schlimm verletzt worden ist, war ja schon schlimm. Aber noch schlimmer war eigentlich, wie sich die Lehrer nach dem Unfall verhalten haben. Die haben mit uns überhaupt nicht darüber geredet!*«). Einen Notfall zu tabuisieren, widerspricht im Übrigen auch dem didaktischen Prinzip »Störungen haben Vorrang!«.

6.4.2 Bagatellisieren, dramatisieren

Unangebracht ist es auch, Notfälle zu bagatellisieren, etwa mit Äußerungen wie »*Das geht auch wieder vorbei.*« oder »*So schlimm ist es doch gar nicht.*« (Eikenbusch 2005). Die aufgetretenen Belastungen werden dadurch verleugnet, die Möglichkeit der Entwicklung negativer psychischer Folgen wird unterschätzt. Zudem fühlen sich Betroffene in ihrer Situation nicht ernst genommen und wertgeschätzt. Umgekehrt sollten Notfälle nicht dramatisiert werden. Eine übertriebene und auch inhaltlich unangemessene Nachsorge kann ihrerseits schaden (Äußerung eines Lehrers zu einer Schülergruppe, die er einige Tage nach einem Verkehrsunfall vor der Schule in sichtlich heiterer, ausgelassener Stimmung antrifft: »*Wie könnt ihr jetzt noch fröhlich sein? Hier gibt es nichts mehr zu lachen. Jetzt zünden wir erst mal wieder unsere Kerze an!*«).

6.4.3 Vorwürfe, Anklagen

Dass Verantwortlichkeiten und Schuldfragen bzw. aufgetretene Schuldgefühle im Rahmen der Notfallnachsorge durchaus thematisiert werden können, vielleicht sogar thematisiert werden *müssen*, ist unstrittig (s. auch 6.1.6). Vorwürfe und Anklagen werden jedoch stets als erhebliche Zusatzbelastung erlebt. Sie nützen niemandem und sind daher zu unterlassen. Ein Negativbeispiel schildert Ennulat (2003): »*In einer fünften Klasse mit sehr schwieriger Zusammensetzung geschah es, dass sich ein Junge unter den Zug legte und getötet wurde. Das Entsetzen über diese Tat war groß. Aber auch das Unvermögen, damit umzugehen. Der Direktor der Schule überbrachte den Kindern nach dem Wochenende in der ersten Stunde die Nachricht und schloss mit den Worten: Das ist auch kein Wunder bei einer Klasse wie dieser, wenn sich einer umbringt.«*

6.4.4 Gegeneinander arbeiten

Viele Lehrkräfte verstehen sich als Einzelkämpfer und arbeiten – schon bedingt durch die Struktur des Bildungswesens in Deutschland – in der Regel allein. Team-Teaching-Konzepte werden nur selten angewendet. Darüber hinaus gibt es in vielen Kollegien Streitigkeiten untereinander, die sich auch in Notfallsituationen fortsetzen und womöglich sogar eskalieren. Verhalten, das dazu beiträgt, ist schlichtweg unprofessionell. Mehr noch als der Unterrichtsalltag erfordern Nachsorgemaßnahmen einen intensiven Zusammenhalt, verlässliche Absprachen und ein konstruktives Miteinander aller Beteiligten.

6.4.5 Anspruch

Ebenfalls ungünstig ist es, wenn Lehrkräfte sich nach Notfällen selbst unter Druck setzen. Dass mitunter improvisiert werden muss, man nicht allen Bedürfnissen und Erwartungen gerecht wird und Notfallnachsorge trotz großen Engagements nicht immer optimal verläuft, mag schwer zu akzeptieren sein. Es lässt sich aber nicht vermeiden. Insofern sollten Lehrkräfte sich vor Überforderungssituationen schützen und sich der Begrenztheit des eigenen Handlungspotentials bewusst sein. Wenn Kollegen und externe Fachkräfte um Unterstützung gebeten werden müssen, ist das kein Zeichen von Schwäche, sondern Ausdruck realistischer Selbsteinschätzung.

6.5 Evaluation

Einige Zeit nach einem Notfall sollten die durchgeführten Interventionen und Nachsorgemaßnahmen noch einmal kritisch betrachtet und ausgewertet werden. Wenn deutlich wird, dass die Hilfeleistung insgesamt oder zumindest in Teilbereichen hätte besser ablaufen können, sollten die beteiligten Personen (Lehrer, psychosoziale Notfallhelfer, Einsatzkräfte usw.) das besprechen und gemeinsam überlegen, was aus den gesammelten Erfahrungen gelernt werden kann. Anlässlich einer Schulkonferenz könnten zum Beispiel folgende Fragen aufgegriffen werden:

- Was wurde wann und von wem getan?
- Was hat gut funktioniert?
- Was hat Probleme bereitet?
- Welche Schwierigkeiten sind aufgetreten?
- Welche persönlichen Konsequenzen können daraus gezogen werden?
- Welche strukturell-organisatorischen Konsequenzen können daraus gezogen werden?
- Welche Änderungen sollten in Zukunft umgesetzt werden?

Um zu erfahren, ob die durchgeführten Maßnahmen überhaupt hilfreich gewesen sind, könnten auch die von einem Notfall direkt oder indirekt betroffenen Personen nach ihrer Einschätzung gefragt werden. Wenn Helfer davon überzeugt sind, dass sie gute Arbeit geleistet haben, müssen die Betroffenen das nicht unbedingt genauso sehen. Vielleicht haben Notfallopfer aber auch Aspekte der Hilfeleistung besonders positiv erlebt, mit denen die Helfer selbst eher unzufrieden sind. So könnten von einem Notfall betroffene Schüler – entweder in vertraulichen Einzelgesprächen oder mit Hilfe anonym zu beantwortender Fragebögen – gefragt werden:

- Wie hast Du die Hilfeleistung erlebt?
- Was hat Dir besonders gut getan?
- Was hat Dir nicht so gut gefallen?
- Was hättest Du Dir stattdessen gewünscht?

In Schulklassen um diese Rückmeldungen zu bitten, ist problematisch. Es könnte sein, dass Kinder oder Jugendliche sich in der Gruppe nicht trauen, bestimmte Gefühle und Gedanken auszusprechen. Sie würden dann unberücksichtigt bleiben.

Angst, mit den oben genannten Fragen eine Reaktivierung des Erlebten zu verursachen, scheint weitgehend unbegründet, sofern die Teilnahme an einer schriftlichen oder mündlichen Befragung ausschließlich freiwillig und mit der gebotenen Sensibilität erfolgt. Evaluationsbestrebungen können von den Betroffenen eines Notfalls sogar besonders positiv aufgefasst werden, zumal sie neben Interesse und Engagement insbesondere die Bereitschaft zur Selbstkritik signalisieren (Karutz 2004a).

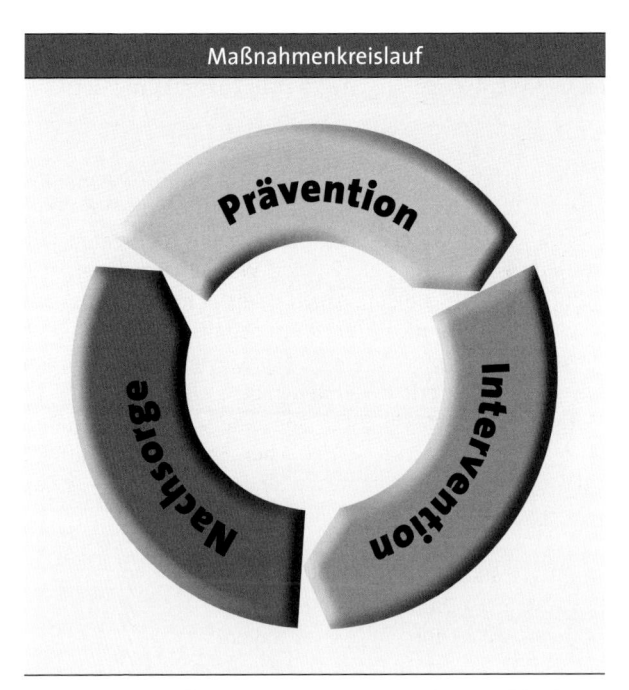

Abb. 4 ▶ Kreislauf von Präventions-, Interventions- und Nachsorgemaßnahmen

Wenn Lehrkräfte, die unter Umständen selbst an der Hilfeleistung beteiligt waren, eine Evaluation durchführen, könnten Kinder und Jugendliche im Sinne der sozialen Erwünschtheit reagieren. Sie würden Antworten geben, von denen sie vermuten, dass ihre Lehrer sie hören möchten. Die geäußerte Meinung würde dann aber nicht ihrer tatsächlichen Meinung entsprechen. Eine Evaluation durch externe Personen wäre in dieser Hinsicht möglicherweise von Vorteil.

Kritische Rückmeldungen von Betroffenen sollten konstruktiv genutzt werden. Sie können wertvolle Anregungen beinhalten, mit denen sich die Vorbereitung auf zukünftige Notfallsituationen weiter verbessern lässt. Die Evaluation der Intervention und Notfallnachsorge leitet somit zur Durchführung von Präventionsmaßnahmen über. Nachsorge führt wieder zur Vorsorge, sodass sich letztlich ein Kreislauf von Maßnahmen vor, während und nach einem Notfall ergibt (Abb. 4).

7 Ergänzende Hinweise für spezielle Situationen

In manchen Notfällen sind über die bereits dargestellten allgemeinen Hinweise hinaus bei der Intervention und Nachsorge einige zusätzliche Aspekte zu beachten. Nachfolgend werden ausgewählte Situationen exemplarisch dargestellt. Natürlich muss darauf hingewiesen werden, dass nicht jeder denkbare Notfall in jeder vorstellbaren Konstellation thematisiert werden kann. Allein für eine systematisch vollständige Darstellung des Themas »Todesfälle in Schulen« müsste beispielsweise unterschieden werden zwischen:

- dem Tod eines Kindes,
- dem Tod einer Lehrkraft sowie
- dem Tod eines Angehörigen,

wobei sich jeder dieser Todesfälle sowohl

- innerhalb als auch
- außerhalb der Schule

ereignen könnte. Bei Todesfällen außerhalb der Schule wäre dann zu differenzieren zwischen Todesfällen

- während einer Schulveranstaltung, etwa bei einer Klassenfahrt, und
- dem Tod eines Mitglieds der Schulgemeinde in dessen Freizeit.

Ferner müsste berücksichtigt werden, ob

- eine oder
- mehrere Personen gestorben sind bzw. getötet wurden.

Dadurch wird indirekt bereits auf ein weiteres Unterscheidungskriterium verwiesen, nämlich die jeweilige Todesursache. Für Nachsorgemaßnahmen nach einem Todesfall ist es keineswegs egal, ob jemand

- an einem plötzlichen Herzversagen,
- nach einer langen, schweren Krankheit,
- als Opfer eines Mordanschlags oder
- bei einem Erdbeben verstorben ist.

In Abhängigkeit von der jeweiligen Todesursache kann vorrangig Trauerarbeit (z. B. Trauer zum Ausdruck bringen, Abschied nehmen, eines Verstorbenen gedenken usw.), die Bewältigung eines Traumas (z. B. Sicherheit vermitteln, das Geschehene begreifen helfen, Übererregung abbauen usw.) oder auch beides gleichzeitig notwendig sein.

Eine umfassende Darstellung müsste also sämtliche dieser Aspekte und noch viele weitere berücksichtigen. Das ist hier jedoch nicht möglich. Vermutlich können die folgenden Ausführungen aber sinngemäß und gegebenenfalls leicht variiert auf andere, vergleichbare Ereignisse übertragen werden.

7.1 Medizinischer Notfall

Wenn ein Mitglied der Schulgemeinde verletzt oder akut erkrankt ist, steht die Alarmierung des Rettungsdienstes und, sofern vorhanden, des Schulsanitätsdienstes im Vordergrund. Schon vor dem Eintreffen der Rettungskräfte sind Maßnahmen der medizinischen Ersten Hilfe durchzuführen (d. h. Bewusstlose in die stabile Seitenlage bringen, bei Herz-Kreislauf-Stillstand den Patienten beatmen und Herzdruckmassage ausführen, bei starken Blutungen einen Druckverband anlegen, Verbrennungen kühlen usw.). FLEISCHHACKL und STERZ (2006) fordern, dass in Schulen spätestens 90 Sekunden nach dem Notfallereignis mit einer solchen Hilfeleistung begonnen werden muss.

Das ist keineswegs nur aus medizinischen oder juristischen, sondern auch aus psychologischen Gründen notwendig. Nicht nur von den Notfallopfern, auch von Augenzeugen und Zuschauern wird es als starke zusätzliche Belastung empfunden, wenn in einem Notfall niemand hilft. In einer Befragung von 96 Schülern gaben 63 von ihnen an, dass sie die Untätigkeit bzw. offensichtliche Hilflosigkeit der (erwachsenen) Personen in Notfallsituationen als besonders unangenehm empfunden haben (11-jährige Schülerin: »*Dass unsere Lehrer auch nur dumm ›rumgestanden‹ haben, das fand ich total schlimm!*«). Umgekehrt wurde der Anblick einer fachkundigen Hilfeleistung stets als etwas sehr Entlastendes beschrieben (Karutz 2004a).

Die einzelnen Erste-Hilfe-Maßnahmen sollten dem Patienten jeweils kurz erläutert werden. Auf diese Weise vermitteln Helfer einen besonders kompetenten Eindruck, der nicht zuletzt auch zur Beruhigung des Betroffenen beiträgt. Offene Wunden sollten möglichst rasch steril bedeckt werden, und zwar nicht nur um eine Infektion zu vermeiden, sondern auch um vor dem bedrohlichen Anblick der Verletzung zu schützen. Grundschüler sollten ein Stofftier wie zum Beispiel einen Teddybären geschenkt bekommen, mit dem sie kuscheln und an dem sie sich in der Notfallsituation festhalten können (Karutz 2008d).

Verletzungen und die erfolgte Hilfe müssen im Hinblick auf eventuelle Haftungsansprüche stets in einem Verbandbuch dokumentiert werden. Diese Aufzeichnungen sind mindestens fünf Jahre lang aufzubewahren.

Wird ein Schüler vom Rettungsdienst transportiert, sollte er von einer Bezugsperson begleitet werden. Bei Grundschulkindern sollte es sich eher um eine erwachsene Person handeln, bei älteren Kindern und Jugendlichen könnte auch ein Freund bzw. Klassenkamerad mit in das Krankenhaus oder in die Arztpraxis fahren. Stellt sich im Nachhinein heraus, dass die Alarmierung des Rettungsdienstes zwar in guter Absicht erfolgt, aus medizinischer Sicht aber nicht notwendig gewesen ist, entstehen dem Anrufer übrigens keine Kosten.

Wenn ein Patient stationär in einem Krankenhaus behandelt werden oder bedingt durch seinen Gesundheitszustand zumindest für einige Zeit zu Hause bleiben muss, könnte abgesprochen werden, ob Besuche erwünscht sind. Ist das der Fall, könnten Schüler einem verletzten oder erkrankten Klassenkameraden zum Beispiel einen Gruß zur Genesung oder auch ein kleines Geschenk überbringen. Vielleicht hat der Patient einen besonderen Herzenswunsch, den seine Mitschüler erfüllen können.

Rituale können Kindern und Jugendlichen Hoffnung vermitteln, dass ein Notfallpatient bald wieder genesen wird (s. KAP. 6.1.5). Bei Verletzungen oder Erkrankungen, die lebensbedrohlich sind, sollte allerdings auch der ungewisse Ausgang thematisiert werden. Schüler sollten durchaus darüber informiert werden, wie ernst eine Situation ist.

Bei längerfristigen Krankenhausaufenthalten eines Schülers sollte überlegt werden, wie er dennoch am Unterrichtsgeschehen teilnehmen und in die Klassengemeinschaft integriert bleiben kann. Eine Möglichkeit ist die Installation einer Webcam im Klassenzimmer, sodass der Unterricht in ein Krankenhaus übertragen werden kann (s. KAP. 9.3.4).

Nach einem längeren Krankenhausaufenthalt sollten sowohl der Rekonvaleszent als auch dessen Klassenkameraden auf die Rückkehr vorbereitet werden. Das ist insbesondere dann von Bedeutung, wenn sich ein Schüler durch eine Verletzung oder Erkrankung anders verhält als früher oder verändert aussieht, etwa bei Verbrennungen oder Amputationsverletzungen. In diesen Fällen sollte offen darüber gesprochen werden, welche Reaktion angebracht ist. Dabei müssen die Wünsche des betroffenen Schülers beachtet werden. Wenn ein Kind zum Beispiel nicht auf seine Verletzung angesprochen werden möchte, sollte das respektiert werden. Vielleicht würde sich ein Schüler aber auch darüber freuen, wenn er auf seine Verletzung angesprochen wird und sich eine Gelegenheit ergibt, mit Gleichaltrigen darüber zu sprechen. Sofern ein Kind dafür psychisch stabil genug ist und es das explizit möchte, könnte bei seiner Rückkehr in die Schulklasse sogar ein Gruppengespräch moderiert werden, bei dem die Mitschüler institutionalisiert Gelegenheit bekommen, Fragen zu stellen. Da die Reaktion auf Verletzungs- und Erkrankungsfolgen individuell sehr unterschiedlich ausfällt, können an dieser Stelle jedoch kaum allgemein gültige Empfehlungen gegeben werden.

7.2 Entführung

Entführungen unterscheiden sich deutlich von anderen Notfällen (ausführlich siehe Krol 2009). So kann es sich unter Umständen um ein sehr lang andauerndes Notfallgeschehen handeln. Auch ist der Ausgang dieses Geschehens in der Regel nicht vorherzusehen. Denkbar ist, dass ein entführtes Kind unverletzt freigelassen oder von der Polizei befreit wird. Es kann aber auch verletzt oder tot aufgefunden werden. Oder es bleibt verschwunden. Zudem ist von Bedeutung, ob der jeweilige Täter bekannt ist (also identifiziert wurde) und ob er festgenommen werden konnte oder nicht.

Vor diesem Hintergrund ergeben sich bei Entführungen spezifische Belastungen, die in dieser Form bei anderen Notfällen nicht auftreten. Mehrere Tage, vielleicht sogar mehrere Wochen oder Monate lang muss zunächst Ungewissheit ertragen werden. Man bangt und hofft um das Leben des entführten Kindes. Aber je länger ein Kind verschwunden bleibt, umso mehr ahnt man möglicherweise, dass dieses Notfallgeschehen ein furchtbares Ende nehmen wird. Je häufiger Suchmaßnahmen vergeblich eingestellt werden, umso stärker kann auch die eigene Verzweifelung und Hilflosigkeit empfunden werden (»*Wir haben doch wirklich überall gesucht! Was können wir denn noch tun?*«).

Solange der Täter nicht gefasst worden ist, können Schüler zudem große Ängste entwickeln, selbst entführt zu werden. Sie wissen schließlich, dass sich der Entführer des anderen Kindes noch immer frei bewegt und daher auch ihnen etwas antun könnte. Solche Ängste werden durch Fantasien darüber, was dem entführten Kind angetan worden sein könnte, zusätzlich verstärkt. Viele Kinder identifizieren sich mit dem Entführungsopfer (»*Das hätte mir auch passieren können!*«), vor allem dann, wenn sie ebenso alt sind oder den gleichen Schulweg gehen, den das entführte Kind gegangen ist. Zu der Ungewissheit über den Ausgang der Entführung kommt schließlich noch eine tiefe Verunsicherung hinzu: Das Gefühl, nicht mehr sicher zu sein, solange der Täter nicht festgenommen wird.

Unmittelbar nach dem Verschwinden eines Kindes könnte es hilfreich sein, wenn Mitschüler sich indirekt an Suchmaßnahmen beteiligen. Sie könnten zum Beispiel überlegen, gegebenenfalls aufschreiben und der Polizei mitteilen, an welchen Orten ihrer Ansicht nach gesucht werden sollte. Dabei geht es nicht nur darum, dass Schüler auf diese Weise tatsächlich bei der Suche mithelfen. Vielmehr kommt es darauf an, Hilflosigkeit und Ohnmachtsgefühlen entgegenzuwirken (Krol 2009).

In den Tagen und Wochen nach dem Verschwinden bzw. nach der Entführung eines Kindes besteht die Schwierigkeit – ähnlich wie bei einem lebensbedrohlichen medizinischen Notfall – darin, einerseits Hoffnung zu vermitteln, andererseits den Ausgang offenzuhalten. Rituale, insbesondere spirituelle Impulse können auch in dieser Situation helfen, Ungewissheit zu ertragen. Sie sollten allerdings nicht unendlich lang fortgeführt werden, sondern – sofern ein Kind verschwunden bleibt – gegebenenfalls mit einer vorläufig abschließenden Ritualhandlung beendet werden. Das signalisiert keineswegs die Aufgabe jeder Hoffnung. Würde ein solcher Eindruck entstehen, könnten Angehörige und Mitschüler des entführten Kindes das als »*pietätlos und empörend*« empfinden (Gutzeit, Hemmert und Meißner o.J.). Das Festhalten an einem permanent wiederholten Ritual könnte jedoch den letztlich notwendigen Übergang zum Schulalltag verhindern oder zumindest erschweren.

Bei der Gestaltung des Schulalltags sollte beachtet werden, dass einige Kinder im Hinblick auf die außergewöhnliche Situation dauerhaft großen Gesprächsbedarf haben, während andere froh darüber sind, wenn regulärer Unterricht sie von dieser Situation ablenkt. Eine sinnvolle Vorgehensweise besteht deshalb darin, einige Tage nach der Entführung eines Schülers zunächst zum gewohnten Stundenplan zurück zu kehren. Zugleich sollten Lehrer jedoch permanente Gesprächsbereitschaft signalisieren. Vor allem dann, wenn Schüler über die Medien neue Informationen zur Entführung ihres Mitschülers oder zu den laufenden Ermittlungen erhalten haben, sollte das auch in der Klassengemeinschaft wieder aufgegriffen werden. Zudem sollte man den Entführungsfall auch unabhängig von neuen Erkenntnissen regelmäßig, aber eben nicht permanent thematisieren. Krol (2009) schlägt beispielsweise vor, einmal pro Woche eine »stille Stunde« zu halten, in der Fragen gestellt, Informationen ausgetauscht und Gefühle ausgedrückt werden können.

Insbesondere bei einer Entführung kann es aber auch notwendig sein, Schülern ausdrücklich zu erlauben, dass sie weiterhin ausgelassen spielen und fröhlich sind. Sie brauchen sich nicht dafür zu schämen und auch kein schlechtes Gewissen zu haben, wenn sie zeitweise nicht an ihren entführten Kameraden denken. Ohnehin kann Humor und Heiterkeit eine durchaus entlastende, Anspannung reduzierende und insofern positive Wirkung haben, die nicht unterbunden werden darf.

Fragen von Schülern sollten, wie sonst auch, ehrlich, aber kindgerecht beantwortet werden (Frage eines 10-jährigen Mädchens an ihre Klassenlehrerin: »*Was heißt das eigentlich, wenn der Jonas vergewaltigt worden ist?*«). Eine Antwortmöglichkeit könnte in solchen Fällen zunächst auch darin bestehen zurückzufragen, was das Kind denn selbst vermutet und die zutreffenden Überlegungen dann zu bestätigen.

7.3 Tod

7.3.1 Tod eines Kindes (außerhalb der Schule)

Spezielle Aspekte der Vorgehensweise nach dem Tod eines Kindes werden nachfolgend anhand einzelner Trauerphasen dargestellt. Diese Phasen werden nicht von allen Menschen einheitlich durchlaufen und können nicht immer eindeutig voneinander abgegrenzt werden. Auch verläuft Trauer nicht linear. Betroffene können zum Beispiel mehrfach von einer Trauerphase in eine andere wechseln und dabei andere Phasen überspringen. Zudem können die einzelnen Phasen bei jedem Trauernden unterschiedlich lang anhalten. Gerade bei Kindern können Trauerreaktionen sogar innerhalb kurzer Zeiträume stark variieren. »*Ein eben noch*

TAB. 12 ▶ Trauerphasen und -aufgaben

Trauerphase (nach KAST 2006)	grundsätzliche Bewältigungsaufgabe (nach WORDEN 2006)
Phase des Nicht-wahrhaben-Wollens	Tod als Realität begreifen
Phase der aufbrechenden Emotionen	Trauerschmerz erfahren und ausdrücken
Phase des Suchens und Sich-Trennens	sich erinnern und Abschied nehmen
Phase des neuen Selbst- und Weltbezugs	sich anpassen an eine Welt, in der der Verstorbene fehlt, neue Kraft schöpfen

heftig weinendes, zutiefst betrübtes Kind singt im nächsten Moment ein lustiges Lied oder beschäftigt sich ausgelassen und fröhlich mit anderen Dingen« (KÖRBLEIN 2003). Insgesamt ist Trauer also ein sehr dynamischer und individuell bestimmter Prozess, der sich nicht in ein starres Stufenschema fassen lässt.

Aus didaktischen Gründen ist die Darstellung von Trauerphasen (TAB. 12) dennoch hilfreich. Die variierenden Bedürfnisse trauernder Schüler und die jeweilige Notwendigkeit ebenso unterschiedlicher Interventionen lassen sich mit ihnen anschaulich verdeutlichen.

7.3.1.1 Phase des Nicht-wahrhaben-Wollens

Zunächst ist die Art und Weise von Bedeutung, in der eine Todesnachricht überbracht wird. Nach Möglichkeit sollten alle betroffenen Schüler gleichzeitig vom Tod ihres Klassenkameraden erfahren. Sofern mehrere Klassen informiert werden müssen (z.B. die Klasse, in die der Verstorbene gegangen ist, und Parallelklassen), sollte deshalb eine verbindliche Absprache erfolgen, wann, d.h. in welcher Unterrichtsstunde die Schüler benachrichtigt werden.

Die Todesnachricht sollte von einer Person mitgeteilt werden, die den Schülern vertraut ist, zum Beispiel vom jeweiligen Klassenlehrer oder Jahrgangsstufenkoordinator. Denkbar ist auch, dass diese Aufgabe von der Schulleitung oder dem schulinternen Notfallteam übernommen wird. Gegebenenfalls können bereits beim Überbringen einer Todesnachricht Schulpsychologen oder psychosoziale Notfallhelfer um ihre Unterstützung gebeten werden. Traut ein Lehrer es sich allein nicht zu, eine Todesnachricht zu überbringen, sollte er zumindest von einem Kollegen bzw. einer Kollegin begleitet werden (Weidemann und Heider 2003).

Wenn die Todesnachricht überbracht wird, wird häufig empfohlen, dass die Mitschüler des Verstorbenen in einem Stuhlkreis sitzen. Die Mitte des Kreises könnte dann mit Tüchern in gedeckten Farben und einer Kerze oder Ähnlichem gestaltet werden. Bei der Information, dass ein Mitschüler gestorben ist, sollten eindeutige Worte wie zum Beispiel »… ist tot.« gewählt werden. Vor allem bei Kindern im Grundschulalter sind möglichst konkrete Beschreibungen hilfreich, um die Endgültigkeit des Todes zu vermitteln, etwa »*Das Herz hat aufgehört zu schlagen.*«, »*Er atmet auch nicht mehr.*« sowie »*Er kommt nie mehr wieder zu uns.*«). Verschleiernde oder beschönigende Formulierungen wie »*… ist von uns gegangen.*«, »*… ist friedlich eingeschlafen.*«, »*… ist auf eine Reise gegangen.*« usw. sind unangebracht, weil sie missverstanden werden oder auch Ängste hervorrufen können (ausführlich siehe Karutz und Lasogga 2008). Wichtig ist außerdem,

- Rückfragen der Schüler ehrlich zu beantworten,
- orientierende Informationen zur Todesursache mitzuteilen,
- spontane Äußerungen von Emotionen zu legitimieren und auszuhalten,
- gegebenenfalls eigene Trauerreaktionen zuzulassen und diese zu erklären (»*Seht ihr, ich bin auch ganz traurig!*«) sowie, vor allem bei jüngeren Kindern,
- in einer angemessenen Weise Körperkontakt herzustellen.

Nachdem alle Mitschüler des Verstorbenen informiert worden sind, könnte ein Kondolenzbuch ausgelegt werden.

Abschließend sollten auch die Eltern der betroffenen Kinder mit einem Brief über den Todesfall informiert werden (s. KAP. 9.1).

7.3.1.2 Phase der aufbrechenden Emotionen

In dieser Phase steht im Vordergrund, der Trauer Raum und Zeit zu geben. Ebenso wichtig ist aber auch die Schaffung »*trauerfreier Zonen*« (KARASCH 2008). In welchem Umfang ein Todesfall thematisiert wird, muss sich nach den Bedürfnissen der Schüler richten.

Eine Möglichkeit, mit Kindern und Jugendlichen über einen verstorbenen Schüler ins Gespräch zu kommen, besteht in der symbolischen Gestaltung eines Trauerwegs. In der Mitte eines Stuhlkreises wird ein Tuch ausgebreitet. An dem einen Ende wird ein Foto des Verstorbenen aufgestellt, am anderen wird eine Kerze angezündet. Jeder Schüler platziert nun auf dem Tuch einen beliebigen Gegenstand, den er mit dem Verstorbenen verbindet und sagt etwas dazu. Zum Abschluss des Gesprächs wird als symbolischer Abschiedsgruß eine Blume vor das Foto gelegt. Mit Schülern könnte außerdem über folgende Fragen gesprochen werden:

- Wann und wo habt Ihr den Verstorbenen zuletzt gesehen?
- Was habt Ihr zuletzt mit ihm getan?
- Was mochtet Ihr an ihm, was nicht?
- Was würdet Ihr ihm gerne noch sagen, wenn es noch ginge?
- Was würdet Ihr gern noch mit ihm erleben, wenn es noch ginge?
- Was werdet Ihr am meisten vermissen?
- Woran erinnert Ihr euch besonders gern, wenn Ihr an den Verstorbenen denkt?

Als Alternative oder Ergänzung zu einem Gespräch könnten Schüler über die angeführten Fragen auch eigene Texte verfassen. Denkbar ist außerdem, dass die Mitschüler eines Verstorbenen ihr Mitempfinden in Briefen an dessen Eltern oder Geschwister zum Ausdruck bringen.

In der Phase aufbrechender Emotionen sollten Schüler darüber informiert werden, dass jeder Mensch anders trauert. Vielleicht zeigen einige Schüler besonders sichtbare Reaktionen wie zum Beispiel häufiges Weinen, während andere eher im Verborgenen trauern. Vor allem Jugendliche sind äußerlich oftmals eher gelassen und beherrscht. Sie wirken deshalb vielleicht kalt. Vor allem Jungen möchten womöglich auch deshalb keine Trauerreaktionen zeigen, weil das unmännlich erscheinen könnte.

Kein Schüler darf, weil er aus der Sicht der anderen nicht »richtig« trauert, verurteilt oder aus einer Gemeinschaft *anders* trauernder Kinder oder Jugendlicher ausgeschlossen werden (13-jährige Schülerin: »*Ich fand total blöd, wie der Florian sich nach dem Tod von Eric benommen hat. Dem war wohl egal, dass Eric gestorben ist.*«). Tatsächlich gibt es kein »Richtig« oder »Falsch«. Jeder darf zunächst so reagieren, wie er es möchte.

7.3.1.3 Phase des Suchens und Sich-Trennens

In dieser Trauerphase sollte eine Regelung für den Umgang mit dem früheren Sitzplatz des Verstorbenen vereinbart werden. Das ist nicht unproblematisch. In einer Studie zur Notfallnachsorge bei Kindern äußerten viele Schüler ihre Bestürzung darüber, dass eine Klassenlehrerin bereits einen Tag nach dem Tod des Klassenkameraden die gesamte Sitzordnung bzw. die Anordnung der Tische im Klassenraum so verändert hatte, dass der Sitzplatz des Verstorbenen nicht mehr sichtbar war. Allerdings stieß diese Maßnahme keineswegs bei allen Kindern auf Ablehnung. Einige waren darüber ausdrücklich froh, weil es ihnen half, nicht ununterbrochen an den Verstorbenen denken zu müssen und sich etwas abzulenken (Karutz 2004a).

Vor diesem Hintergrund empfiehlt es sich, die künftige Sitzordnung in der Klassengemeinschaft zu thematisieren und nach einer Lösung zu suchen, die alle Schüler akzeptieren können. Ein Kompromiss könnte zum Beispiel darin bestehen, dass man für eine Woche (oder einen Monat) zunächst den leeren Stuhl stehen lässt und am Platz des Verstorbenen eine Kerze oder einen Blumenstrauß aufstellt.

Nach diesem Zeitraum wird die Anordnung der Tische und Stühle im Klassenraum jedoch verändert.

Um sich nochmals an den Verstorbenen zu erinnern, könnten gemeinsam ältere Klassenfotos, Bilder von früheren Klassenausflügen oder Kindergeburtstagen angeschaut werden. Im Klassenzimmer könnte ein Erinnerungstisch mit Andenken aufgestellt werden. Zudem könnte man mit den Schülern etwas unternehmen, was der Verstorbene auch gern getan hat, zum Beispiel ein bestimmtes Lied oder Musikstück singen bzw. hören, Fußball spielen (ein Spiel zu Ehren des Verstorbenen) oder Ähnliches.

Die weitere Vorgehensweise sollte in einem persönlichen Gespräch mit den Eltern des verstorbenen Kindes besprochen werden. Konkrete Vorstellungen und Wünsche sind dabei zu respektieren (IWERSEN 2005). Die folgenden Nachsorgemaßnahmen sollten nur durchgeführt werden, wenn die Eltern mit ihnen einverstanden sind:

- Veranstalten eines schulinternen Gedenkgottesdienstes oder einer Trauerfeier,
- Veröffentlichen einer Todesanzeige,
- Verfassen eines schriftlichen Abschiedsgrußes für den Verstorbenen,
- Basteln eines Blumengestecks oder einer Beigabe für den Sarg,
- Planen der Beerdigung unter Berücksichtigung von Vorschlägen der Mitschüler,
- Teilnehmen von Mitschülern an der Beerdigung.

Die Befürchtung, Schüler könnten durch die Teilnahme an einer Beerdigung Schaden nehmen, ist zwar weitgehend unangebracht. Allerdings muss eine sorgfältige Vorbereitung erfolgen (HAUSMANN 2006). Dazu gehört, dass geklärt wird:

- Was passiert bei einer Beerdigung? Wie läuft sie ab?
- Wie sollen die Schüler sich während der Beerdigung verhalten?

- Wer wird bei den Schülern sein? (Bei der Beerdigung eines Grundschülers sollten zum Beispiel auch die Eltern der Mitschüler mitkommen können)
- Was können die Schüler während der Beerdigung tun?
- Was passiert, wenn ein Schüler die Beerdigung plötzlich verlassen möchte?

Zudem sollten geduldig alle Fragen beantwortet werden, die Schüler im Hinblick auf die Beerdigung, den Tod und den Verstorbenen äußern. Solche Fragen könnten sein:

- Warum werden Menschen nach ihrem Tod überhaupt beerdigt?
- Warum werden manche Menschen nach ihrem Tod verbrannt und in einer Urne bestattet?
- Warum sind die Besucher einer Trauerfeier schwarz gekleidet?
- Was ist eine Aussegnung?
- Warum wird Erde auf den Sarg gestreut?
- Wie kann man gleichzeitig im Sarg und bei Gott sein?
- Wo ist der Mensch nach seinem Tod?
- Gibt es eine Hölle?
- Was ist die Seele? usw.

Auf religiöse Fragestellungen kann man durchaus mit persönlichen Überzeugungen antworten (»*Weißt Du, ich stelle mir das so vor ...*«). Keinesfalls dürfen sie jedoch aufgedrängt werden (KARASCH 2008). Fragen nach Glaubensvorstellungen können zunächst auch an die Schüler zurückgegeben werden (»*Was meinst Du denn selbst?*«), um eigene Überlegungen anzustoßen. Eine pragmatische Vorgehensweise scheint hier angebracht, d.h. primär kommt es nicht darauf an, ob Antworten religionswissenschaftlich einwandfrei begründet und korrekt sind, sondern darauf, dass Kinder Antworten finden, die sie zufriedenstellen und die sie für sich akzeptieren können.

Zusätzliche Fragen könnten sich aus Bestattungsritualen anderer Kulturen ergeben. Muslime werden zum Beispiel häufig in ihrer Heimat beerdigt. Die Beisetzung soll in der Regel innerhalb von 24 Stunden und ohne Sarg erfolgen, d.h. der Verstorbene wird lediglich in ein Tuch gehüllt und mit dem Gesicht in Richtung Mekka beerdigt (RÜTTINGER 2006a). Erläuterungen dieser Rituale sollten von einer entsprechend kompetenten Person gegeben werden.

Im Vorfeld sollten Schüler selbstständig entscheiden können, ob sie an einer Beerdigung teilnehmen möchten oder nicht. Die Entscheidungsfindung sollte von Erwachsenen nicht beeinflusst werden, weder in der einen, noch in der anderen Richtung. Vor allem darf in einer Schulklasse kein Gruppendruck entstehen, etwa nach dem Motto: »*Es gehen doch alle mit, also solltest Du auch mitkommen*.« Stattdessen sollte man, das Einverständnis der Erziehungsberechtigten immer vorausgesetzt, die Teilnahme an der Beerdigung freistellen und von vornherein ein Alternativangebot für die Schüler überlegen, die an der Beerdigung nicht teilnehmen.

Dass Kinder einen verstorbenen Mitschüler vor der Beisetzung noch einmal anschauen können, kann weder pauschal empfohlen, noch kann davon pauschal abgeraten werden. Positive Erfahrungen schildern INFANGER, INFANGER und FÄSSLER-WEIBEL (2005). Nach dem Tod eines Jungen wurde dieser zu Hause aufgebahrt, und die gesamte Schulklasse hat ihn noch einmal in seinem Kinderzimmer besucht. Argumenten, die für eine solche Vorgehensweise sprechen (z.B. die Tatsache des Todes erkennen und unmittelbar Abschied nehmen können), lassen sich Argumente, die eher dagegen sprechen, gegenüberstellen (z.B. eine denkbare Belastungsverstärkung durch den Anblick des Toten). Auf jeden Fall sollten Verletzungen und Entstellungen, die durch einen Unfall oder Gewaltanwendung entstanden sind, mit Tüchern bedeckt werden. Gegebenenfalls könnten Kinder nur die Hand eines Verstorbenen sehen und berühren. Fraglich ist in diesem Fall allerdings, inwieweit dann Fantasien über das angeregt werden, was den Kindern auf diese Weise verborgen bleibt. Der unmittelbare Abschied von einem Verstorbenen sollte, ebenso wie die Teilnahme an einer Beerdigung, ausschließlich freiwillig und nur nach einer sorgfältigen Vorbereitung erfolgen.

7.3.1.4 Phase des neuen Selbst- und Weltbezugs

Nach einiger Zeit – einem Monat, einem Schulhalbjahr oder evtl. auch einem ganzen Schuljahr – steht die Wiederherstellung des regulären Schulalltags an. Damit verbunden ist, Namen der Verstorbenen von Klassenlisten zu löschen und ihre letzten persönlichen Gegenstände, die sich noch im Klassenraum bzw. in der Schule befinden, zusammenzuräumen. Gegebenfalls können sie von Schülern gemeinsam mit dem Klassenlehrer, Jahrgangsstufenkoordinator oder Schulleiter den Eltern übergeben werden. Wenn die Eltern das nicht wünschen, muss man das jedoch akzeptieren.

Wann diese letzte Verabschiedung eines Verstorbenen und der Übergang zum Alltag erfolgen, kann nicht einfach angeordnet werden. Stattdessen sind die Befindlichkeit und die Bedürfnisse der Schüler zu berücksichtigen. Das gilt auch für das weitere Gedenken. Sofern seitens der Schüler der ausdrückliche Wunsch besteht, könnte am Geburtstag oder am Todestag des Verstorbenen regelmäßig eine Kerze angezündet, ein bestimmtes Lied gesungen oder ein anderes kurzes Ritual durchgeführt werden. Ebenso könnten Schüler noch einmal das Grab des Verstorbenen besuchen und dort Blumen niederlegen. Auch bei einer späteren Entlassungsfeier (Abiturfeier, Verabschiedung nach Ende der Schulzeit) könnte noch einmal des Verstorbenen gedacht werden.

7.3.2 Tod eines Kindes (innerhalb der Schule)

Die meisten Hinweise zum Thema »Tod eines Kindes«, die in diesem Buch bereits gegeben wurden, gelten auch dann, wenn ein Kind in der Schule stirbt. Ergänzend kommt hinzu, dass den Eltern des verstorbenen Kindes zeitnah die Todesnachricht überbracht werden muss. Das darf keinesfalls schriftlich oder durch einen Anruf erfolgen. Die Nachricht muss immer persönlich mitgeteilt werden, d.h. die Eltern müssen zu Hause oder, wenn er bekannt ist, an ihrem Arbeitsplatz aufgesucht werden. In der Regel übernehmen Polizeibeamte diese Aufgabe, häufig gemeinsam mit psychosozialen Notfallhelfern. Bei Todesfällen in der Schule könnte überlegt werden, ob ein Vertreter der Schule mitkommt, etwa der Klassenlehrer, die Schulleitung oder ein speziell für diese Aufgabe vorgesehenes Mitglied des schulinternen Notfallteams.

7.3.3 Tod eines Lehrers (außerhalb der Schule)

Beim Tod eines Lehrers ist die Vorgehensweise grundsätzlich ähnlich wie bei dem Tod eines Schülers. Im Vordergrund steht auch hierbei zunächst

- das Vermitteln von Informationen,
- die Ermöglichung, Trauer zu zeigen,
- das Auslegen eines Kondolenzbuches,
- das Durchführen eines Abschiedsrituals bzw.
- die Veranstaltung einer schulinternen Trauerfeier,
- die Teilnahme von Schülern und/oder Kollegen des Verstorbenen an der Beerdigung, sofern das von den Angehörigen erwünscht ist, usw.

Speziell nach dem Tod eines Lehrers können einige besondere Reaktionen auftreten, die bei der Nachsorge beachten werden müssen. Wenn es sich um eine eher unbeliebte Person gehandelt hat, kann deren Tod bei einigen Mitgliedern der Schulgemeinde auch Erleichterung, vielleicht sogar (heimliche) Freude hervorrufen. Gerade dieses Empfinden kann aber Schuldgefühle zur Folge haben (17-jähriger Schüler: »*Ich schäme mich richtig, weil ich froh bin, dass der Herr Müller jetzt tot ist. Ich weiß selbst, dass ich mich darüber eigentlich nicht freuen darf.*«).

Schuldgefühle könnten zudem auftreten, wenn Schüler oder Kollegen sich für den Tod des Verstorbenen direkt oder zumindest indirekt verantwortlich fühlen (16-jährige Schülerin: »*Wenn wir ihn nicht immer so geärgert hätten, hätte er vielleicht keinen Herzinfarkt bekommen!*«). Insbesondere dann, wenn Mitglieder der Schulgemeinde sich gegenseitig Schuld zuweisen, sollte Hilfe durch externe (!) psychosoziale Notfallhelfer oder Schulpsychologen in Anspruch genommen werden. Denkbar ist, dass Lehrer Schülern Schuld zuweisen und umgekehrt sowie Lehrer oder Schüler untereinander (etwa in Fällen, in denen einzelne Lehrer oder Schüler sich dem Verstorbenen gegenüber nicht angemessen verhalten haben).

7.3.4 Tod eines Angehörigen (außerhalb der Schule)

Wenn ein Angehöriger eines Schülers stirbt, sollte die weitere Vorgehensweise zunächst mit dem betroffenen Kind und dessen Erziehungsberechtigten abgesprochen werden. Sinnvoll ist es sicherlich, dass der Tod eines Angehörigen in der Schule thematisiert wird. Das sollte jedoch in angemessener Weise erfolgen. Zu Beginn eines Schultags könnte das Kind, dessen Angehöriger verstorben ist, seinen Mitschülern zum Beispiel selbst mitteilen, was passiert ist. Diese Aufgabe könnte natürlich auch der Klassenlehrer übernehmen; je nachdem, wie es gewünscht ist.

Das betreffende Kind sollte von den anderen Mitgliedern der Schulgemeinde nicht nur Anteilnahme erfahren, zum Beispiel indem es in den Arm genommen, mit ihm gespielt oder es auf besondere Weise in eine andere Aktivität eingebunden wird. Ihm sollte auch mitgeteilt werden, dass es sich in der Schule jederzeit mit Fragen oder Schwierigkeiten vertraulich an einen erwachsenen Ansprechpartner wenden kann, etwa den Klassenlehrer, den Vertrauenslehrer, den Schulpsychologen oder Schulseelsorger.

Zu beachten ist insbesondere, dass der Tod eines Familienmitglieds auch dazu führen kann, dass erwachsene Hinterbliebene sich plötzlich nicht mehr in der gewohnten Weise um das Kind kümmern können bzw. nicht mehr wie sonst für das Kind da sind, weil ihre eigene Trauer dies unmöglich macht. Kinder erleben solch ein Verhalten trauernder Eltern unter Umständen als einen weiteren schmerzhaften Verlust. Vor diesem Hintergrund kommt den erwachsenen Bezugspersonen des Kindes in der Schule eine besondere Bedeutung zu. Bis die familiären Bezugspersonen wieder ausreichend stabilisiert sind, nehmen sie möglicherweise eine Ersatz- oder Stellvertreterfunktion ein.

Vorausgesetzt, dass auch dies zuvor so abgesprochen wurde, sollten die Mitschüler des trauernden Kindes darauf hingewiesen werden, dass sie zum Tod des Angehörigen durchaus Fragen stellen können. Starke Neugierde oder zu intensives Nachfragen kann jedoch zusätzlich belasten. Daher sollten die anderen Kinder akzeptieren, wenn das betroffene Kind mitunter keine Antwort geben oder einfach nur in Ruhe gelassen werden möchte. Gegebenenfalls sollte von einer Lehrkraft oder einem psychosozialen Notfallhelfer regulierend eingegriffen werden. Gleiches gilt für das Spenden von Trost. Vor allem bei jüngeren Kindern kann das (in guter Absicht!) mit einer solchen Intensität und Herzlichkeit erfolgen, dass das betroffene Kind es als unangenehm empfindet. In einem solchen Fall sollte ebenfalls interveniert werden (*»Es ist sehr lieb von Euch, wie Ihr den Max tröstet, aber man kann auch zuviel trösten.«*). Auch eine Stigmatisierung des betroffenen Schülers muss vermieden werden. Anteilnahme an der Trauer um einen verstorbenen Angehörigen sollte nicht dazu führen, dass ein Kind in eine Sonderrolle gedrängt und dadurch langfristig ausgegrenzt wird. Auch ist es nicht angebracht, ein trauerndes Kind von Hausaufgabenkontrollen, der Übernahme des Tafeldienstes usw. auszunehmen.

Während ein Kind zu der Beerdigung eines Angehörigen geht, könnte die Schulklasse allerdings um eine Schweigeminute gebeten werden, um das Geschehene zu verinnerlichen, Anteilnahme auszudrücken und dem Mitschüler und seiner Familie in dieser Situation gedanklich beizustehen. Wenn es gewünscht wird und alle Beteiligten einverstanden sind, könnte ein enger Freund bzw. eine Freundin des betroffenen Schüler diesen zur Beerdigung seines Angehörigen begleiten. Eventuell könnte auch der Klassenlehrer an der Beerdigung teilnehmen.

7.4 Suizidalität und Suizid

■ Begriffe

Der Begriff *Suizid* ist als Selbsttötung eines Menschen definiert. Demgegenüber werden alle Handlungen, die jemand in Selbsttötungsabsicht unternimmt, die aber nicht tödlich enden, als *Suizidversuch* bezeichnet. Suizidgefährdung, d.h. ein psychischer Zustand, in dem Gefühle, Gedanken und Handlungen einer Person zunehmend auf eine mögliche Selbsttötung fokussiert sind, wird auch *Suizidalität* genannt.

Der in der Öffentlichkeit häufig verwendete Terminus *Selbstmord* ist problematisch, weil er suggeriert, dass die Selbsttötung eines Menschen wie jeder andere Mord als kriminelle Tat, als ein Verbrechen bewertet wird. Auch die Formulierung, dass jemand den *Freitod* gewählt hat, sollte nach Möglichkeit nicht verwendet werden. Hierbei handelt es sich um einen verschleiernden Euphemismus.

7.4.1 Suizidalität

Eine Besonderheit der Suizidalität von Jugendlichen besteht darin, dass sie sich für Erwachsene häufig überraschend, ohne eine erkennbare längere Vorgeschichte entwickelt (Frank 2005, Juen et al. 2008). Ein Grund dafür könnte sein, dass Jugendliche meist nicht mit Erwachsenen über ihre Suizidgedanken reden, sondern mit Gleichaltrigen, denen sie wiederum verbieten, mit weiteren Personen darüber zu sprechen. Jugendliche, die von den Suizidgedanken anderer Jugendlicher erfahren, nehmen diese Äußerungen auch nicht immer ausreichend ernst, insbesondere dann nicht, wenn sie eher spielerisch kommuniziert werden (15-jährige Schülerin beiläufig zu einer Freundin: »*Stell Dir mal vor, ich würde von der Brücke hier runterspringen. Das wäre doch voll krass, oder?*«). Kommt es dann zum Suizid, können starke Schuldgefühle die Folge sein, weil die Brisanz der Äußerungen nicht rechtzeitig erkannt wurde (van Wissen und Korittko 2002, Juen et al. 2008).

Wichtig ist die Unterscheidung zwischen den Ursachen und dem Auslöser einer Suizidhandlung. Die Ursachen einer Suizidhandlung sind in der Regel multifaktoriell, d.h. es kommen mehrere Faktoren zusammen. Der Auslöser könnte ein einzelner Streit mit einem Mitschüler sein, ebenso die Information über eine schlechte Zensur oder darüber, dass ein Schüler nicht versetzt wird usw. Solche *Auslöser* sind aber nicht die *Ursache* der Suizidhandlung.

Als Risikofaktoren für suizidales Verhalten bei Jugendlichen gelten (nach Schmidtke et al. 2002, Juen et al. 2008)

- biologische Prädisposition,
- körperliche Krankheiten,
- psychische Störungen,
- ungünstige familiäre Bedingungen,
- besondere Vulnerabilität, bedingt durch die Pubertät,
- besonders starke Empfindsamkeit bzw. akzentuierte Wahrnehmung von Gefühlen: Niemand ist so sehr verliebt, glücklich, unglücklich usw. wie ein Jugendlicher; *»Glück wird ebenso tief und absolut erlebt wie Schmerz.«*,
- traumatische bzw. andere besonders negative Lebenserfahrungen,
- fehlende soziale bzw. emotionale Beziehungen,
- gering ausgeprägte persönliche Bewältigungsstrategien,
- gering ausgeprägte interpersonelle Fähigkeiten,
- ein negatives Selbstkonzept,
- delinquentes Verhalten,
- Substanzmissbrauch,
- eine besonders ausgeprägte Tendenz, sich nach Vorbildern auszurichten sowie
- ein generell höheres Risikoverhalten von Jugendlichen (Sensation-Seeking-Phänomen).

Weitere Risikofaktoren sind vorangegangene Suizide im Umfeld bzw. die Medienberichterstattung über Suizide (Robertz 2007b, s. auch 7.7). So stieg die Anzahl der Suizide nach der 1981 ausgestrahlten Sendung »Tod eines Schülers«, in der über den Suizid eines Jugendlichen berichtet wurde, in den folgenden 70 Tagen um 175% an: von vorher durchschnittlich 7,6 Fällen auf 21 Fälle. Für einen Nachahmungssuizid (Werther-Effekt) besonders gefährdet sind (nach MICHEL et al. o.J.)

- Geschwister und Freunde des Suizidenten (vor allem dann, wenn sie von der Suizidalität wussten, evtl. aber nichts dagegen unternommen haben),
- Zeugen des Suizids,
- Kinder und Jugendliche mit früherem Suizidversuch,
- Kinder und Jugendliche mit Depressionen bzw. der Tendenz zu depressiven Reaktionen,
- Kinder und Jugendliche mit psychischer Instabilität in der Familie sowie
- Kinder und Jugendliche mit sonstigen starken familiären, schulischen oder persönlichen Vorbelastungen.

Auf einen bevorstehenden Suizidversuch weisen folgende Anzeichen hin (nach WEINHARDT et. al. 2005, HESSISCHES KULTUSMINISTERIUM 2007):

Ungewöhnliche Veränderungen im Verhalten:

- sozialer Rückzug, insbesondere aus dem Freundeskreis
- Verlust früherer Interessen (z. B. AGs, Hobbys, Sportverein usw.)
- weglaufen, um gesucht zu werden (»*Mal sehen, ob ihr mich sucht!*«)
- herumstreunen (»*Ich gehöre nirgendwo hin.*«)
- zunehmendes Interesse am Thema Tod, intensive Auseinandersetzung mit dem Tod
- Sammeln von Todesanzeigen, Bildern von Gräbern und Friedhöfen
- häufiges Entlanggehen von Bahngleisen oder das Aufsuchen von Brücken und Hoch- oder Parkhäusern

- Malen und Zeichnen düsterer Bilder
- verstärkter Alkohol- und Drogenkonsum
- Schlafstörungen bzw. auffällige Müdigkeit als Folge von Schlaflosigkeit
- Konzentrationsstörungen
- häufigere Fehlzeiten in der Schule bis hin zur völligen Schulverweigerung
- plötzlicher Leistungsabfall (oder auch plötzliche Leistungssteigerung!)
- veränderte Essgewohnheiten
- psychosomatische Beschwerden (Bauchschmerz, Kopfschmerz, Verspannungen)
- häufige Unfallbeteiligung, bedingt durch hohes Risikoverhalten
- offensichtliche Selbstverletzungen
- Gleichgültigkeit
- Depression
- körperliche Verwahrlosung, mangelnde Selbstpflege
- Unordentlichkeit
- im Unterricht auffällige Unaufmerksamkeit, gedankliche Abwesenheit
- nach einer längeren Phase sichtbarer Erregung und Anspannung wirkt jemand plötzlich sehr ruhig und gelassen
- Sammeln von Medikamenten (Tabletten)
- Verschenken persönlicher Gegenstände
- Handlungen zum Ordnen des Nachlasses (Auflösung eines Bankkontos, Zimmer aufräumen usw.)
- unvorhergesehene Abschiedsbesuche bei Bezugspersonen

Mündliche Äußerungen:

- In Gesprächen (auch in Unterrichtsbeiträgen!) werden philosophische Fragen aufgeworfen wie zum Beispiel »*Darf man sich eigentlich das Leben nehmen?*« oder »*Was kommt nach dem Sterben?*«
- »*Wie ist das wohl, wenn man tot ist?*«

- »*Niemand kann mir helfen.*«
- »*Ich kann nicht mehr.*«
- »*Ich bin froh, wenn das alles vorbei ist.*«
- »*Am liebsten wäre ich tot.*«
- »*Ihr werdet schon sehen!*«
- »*Schluss zu machen ist sowieso das Beste.*«
- »*Gut, dass ich mich darum nicht mehr kümmern muss.*«
- »*Diese Dinge gehen mich bald sowieso nichts mehr an.*«
- »*Bald habt ihr es geschafft.*«
- »*Bald seid ihr mich los.*«
- »*Ich bin bald eh nicht mehr da.*«
- »*Für mich hat alles keinen Sinn mehr.*«
- »*Ohne mich wäre die Stimmung in der Klasse viel besser.*«
- permanent sarkastische, ironische oder aggressive Betonungen in alltäglichen Gesprächen oder Unterrichtsbeiträgen
- Angaben zur Gestaltung der eigenen Beerdigung

Schriftliche Äußerungen:

- Zeichnungen von Todessymbolen, zum Beispiel Kreuze, Särge oder Gräber
- Zeichnungen, in denen eine konkrete Suizidhandlung gezeigt wird
- Niederschriften mit Testamentcharakter wie zum Beispiel »*Meine Bücher könnt ihr verschenken.*«
- Abschiedsbriefe
- Tagebücher mit einschlägigen Eintragungen, die offen herumliegen: Das macht deutlich, dass sie gelesen und wahrgenommen werden sollen.
- Zettel mit schriftlich formulierten Suizidgedanken, die zwar zerknüllt im Papierkorb liegen, aber eben doch so platziert sind, dass sie anscheinend gefunden werden sollen.

Grundsätzlich ist zu beachten, dass das Risiko umso höher ist, je konkreter die Suizidgedanken bzw. -planungen sind.

Dennoch ist *jedes* Anzeichen für eine eventuelle Suizidgefährdung unbedingt ernst zu nehmen. Beim Auftreten verdächtiger Hinweise sollte der betreffende Schüler zunächst nicht mehr allein gelassen werden. Wenn befürchtet wird, dass eine Suizidhandlung unmittelbar bevorsteht, sollten potentiell gefährliche Gegenstände wie Messer aus der Umgebung entfernt, mögliche Fluchtwege gegebenenfalls versperrt werden (Frank 2005).

Ein Gespräch mit dem Schüler sollte in einer ruhigen, geschützten Atmosphäre stattfinden, gegebenenfalls sind auch die Erziehungsberechtigten und ein Schulpsychologe oder psychosozialer Notfallhelfer hinzuzuziehen. Suizidgedanken sollen offen und direkt angesprochen werden. Im weiteren Verlauf empfiehlt sich eine nicht-direktive Gesprächsführung. Prinzipiell sollten suizidgefährdete Schüler jedoch zeitnah therapeutische Hilfe erhalten. Das Vereinbaren von so genannten Überlebensverträgen sollte speziell dafür ausgebildeten und entsprechend erfahrenen Personen vorbehalten bleiben (Englbrecht und Storath 2005).

7.4.2 Suizid

Ein Suizid sollte nicht verschwiegen oder vertuscht werden. Ebenso wie bei anderen Todesfällen sollten Schüler ihre Gefühle von Trauer, Wut und Unverständnis zum Ausdruck bringen können. Bei Nachsorgemaßnahmen ist allerdings darauf zu achten, dass keine Heroisierung, Mystifizierung oder Romantisierung des Verstorbenen bzw. seiner Suizidhandlung erfolgt (Bronisch 2005).

Aus gegebenem Anlass sollten Kinder und Jugendliche über Ursachen und Anzeichen von Suizidalität aufgeklärt werden. Um von Schuldgefühlen zu entlasten, sollte sinnvollerweise auf die multifaktorielle Verursachung von Suizidhandlungen hingewiesen werden (van Wissen und Korittko 2002).

Die Informationen zu Belastungsreaktionen und Psychoedukation (s. Kap. 6.1.3) gelten auch in diesem Fall. Die Schüler sollten jedoch darauf hingewiesen werden, dass Anzeichen von Suizidgedanken und -planungen unbedingt an einen Erwachsenen (Lehrer, Schulpsychologen, psychosozialen Notfallhelfer) weitergegeben werden müssen (LANGER 2006). Das ist ausdrücklich kein Petzen, sondern ein unter Umständen lebensrettendes Verhalten. Zudem sollte vermittelt werden, welche Hilfsangebote in suizidalen Krisen zur Verfügung stehen und wie sie in Anspruch genommen werden können. Ansprechpartner sollten zum Beispiel mit allen wichtigen Informationen zu ihrer Erreichbarkeit (Sprechzeiten, Notrufnummern usw.) vorgestellt werden.

Dass einzelne Suizidmethoden in Nachsorgegesprächen nicht detailliert beschrieben werden dürfen, um keine Anleitung für Nachahmungstaten zu geben, versteht sich von selbst. Die häufig geäußerte Empfehlung, für Personen, die sich selbst getötet haben, keine Gedenkfeier zu veranstalten, ist allerdings problematisch. Ein solches Vorgehen könnte indirekt so verstanden werden, dass Trauer in dieser Situation »nicht sein darf«. Das Bedürfnis, Trauer in angemessener Weise auszudrücken, besteht jedoch auch bei einem Suizid. Zudem könnten Schüler, wenn seitens der Schule keine Gedenkfeier ausgerichtet wird, eine solche Veranstaltung selbstständig organisieren.

7.5 Feuer

Bei Bränden im Schulgebäude geht die größte Gefahr nicht von den Flammen oder der Hitzeeinwirkung, sondern von der starken Rauchentwicklung aus. Das Einatmen der hoch giftigen Brandgase führt innerhalb kürzester Zeit zur Bewusstlosigkeit und im weiteren Verlauf zum Tod durch Ersticken. Eigene Löschversuche sollten daher nur unternommen werden, wenn sie gefahrlos möglich sind. Zudem ist *vor* jedem Löschversuch die Feuerwehr zu alarmieren.

Mit einem geeigneten Alarmsignal muss die Schulgemeinde bei einem Brand rasch gewarnt und, sofern das noch möglich ist, zum Verlassen des Gebäudes aufgefordert werden. Bevor man die Tür eines Klassenraums öffnet, muss sie vorsichtig auf Wärmeentwicklung abgetastet werden, um eine unmittelbare Brandgefahr dahinter abschätzen zu können. Nach der Türkontrolle muss außerdem die

»Fluchtwegkontrolle« erfolgen (LANDESFEUERWEHRSCHULE 2009). Dabei wird die Tür zunächst nur einen Spalt weit geöffnet, um nachzusehen, ob der Flur und das Treppenhaus verraucht sind. Nur wenn das nicht der Fall ist, sollen Lehrer und Schüler den Klassenraum verlassen.

Die Schüler sollten ihre Jacken rasch anziehen. Eine Klassenliste bzw. das Klassenbuch sollte mitgenommen werden. Schultaschen und Rucksäcke bleiben jedoch im Klassenraum. Das Zusammenpacken würde zum einen zu einer Zeitverzögerung führen, zum anderen würden die Fluchtwege eingeengt, wenn jeder Schüler größeres Gepäck mit sich führte. Bei aller gebotenen Eile sollte man beim Verlassen des Gebäudes nicht rennen. Es könnte jemand stürzen. Lehrer müssen immer als Letzte gehen und darauf achten, dass niemand zurückbleibt. Toiletten und Fachräume sollten gegebenenfalls noch einmal kontrolliert werden. Fenster und Türen müssen geschlossen werden, um die Ausbreitung von Brandrauch zu verhindern.

Nach dem Verlassen des Gebäudes haben sich alle Mitglieder der Schulgemeinde an den vorher festgelegten Sammelpunkten zusammenzufinden. Mit Hilfe der Klassenlisten muss umgehend überprüft werden, ob alle Schüler angekommen sind. Wird jemand vermisst, ist das unverzüglich den Rettungskräften zu melden, damit die notwendigen Suchmaßnahmen eingeleitet werden. Der beste Ansprechpartner ist immer der jeweilige Einsatzleiter. Vielerorts wird er mit einer farbigen Weste gekennzeichnet, sodass er sich von den anderen Helfern unterscheidet und rasch ausfindig machen lässt. Falls man den Einsatzleiter nicht sofort findet, kann man sich an die anderen Helfer wenden. Sie geben die Informationen an ihn weiter.

Während der Löscharbeiten müssen die Schüler an den Sammelpunkten aufmerksam beaufsichtigt werden. Auch muss darauf geachtet werden, dass kein Kind in das Gebäude zurück läuft, etwa um doch noch persönliche Gegenstände zu holen.

Wenn Mitglieder der Schulgemeinde ihr Klassenzimmer nicht mehr verlassen können, weil der Fluchtweg bereits brennt oder verraucht ist, sollten sie sich an den Fenstern bemerkbar machen. Sie werden dann von der Feuerwehr über Leitern gerettet. In höchster Not, d. h. bei unmittelbarer Lebensgefahr durch Brandrauch oder Flammen im Klassenzimmer, können eingeschlossene Personen auch in ein großes aufblasbares Luftkissen (Sprungretter) springen, das die Feuerwehr in solchen Fällen vor den Fenstern aufbaut. Der Sprung aus größerer Höhe darf jedoch nur erfolgen, wenn die Einsatzkräfte dazu aufgefordert haben. Wenn Personen springen, ohne dass ein Sprungretter vollständig aufgebaut ist, hat das fast immer schwere, unter Umständen sogar tödliche Verletzungen zur Folge. Den Anweisungen der Einsatzkräfte ist daher zwingend Folge zu leisten.

Um das Eindringen von Brandrauch in das Klassenzimmer in der Wartezeit bis zur Rettung zu verhindern, sollten Türritzen und Schlüssellöcher mit Kleidungsstücken abgedichtet werden. Zu ergänzen ist an dieser Stelle noch, dass Aufzüge bei Bränden grundsätzlich nicht benutzt werden dürfen. Durch einen Stromausfall könnten sie stecken bleiben und, sobald Brandgase eindringen, für die Personen darin zur Todesfalle werden.

7.6 Körperverletzung

Gewalt an Schulen ist ein derart umfang- und facettenreiches Thema, dass es an dieser Stelle nicht erschöpfend behandelt werden kann. Seit einiger Zeit wird darüber nicht nur intensiv geforscht, sondern in den Medien auch intensiv berichtet. Dabei scheint es häufig so, als ob die Häufigkeit von Gewalttaten an Schulen massiv zugenommen hat. Dieser Eindruck wird durch die Ergebnisse empirischer Studien allerdings nicht bestätigt (Baier et al. 2009).

Zwar zeigt sich in der Polizeilichen Kriminalstatistik (PKS) seit einigen Jahren eine Zunahme von Gewaltdelikten, die durch Jugendliche verübt wurden. Diese Zunahme wird jedoch durch eine gestiegene Anzeigebereitschaft und eine erhöhte Aufmerksamkeit gegenüber Gewalttätigkeit relativiert (Scheithauer und Bull 2009). So kann vermutet werden, dass Gewaltanwendung heute häufiger zu einer

Anzeige führt als in der Vergangenheit und sich daher die Wahrnehmung von Gewalt gewandelt hat, obwohl nicht zwingend mehr Gewalt ausgeübt wird. Auch die Art der Medienberichterstattung über Gewalt hat sich anscheinend verändert. Mitunter wird die Auffassung vertreten, dass Gewalthandlungen unter Kindern »*zu Horrorszenarien hochstilisiert*« werden (PORTMANN 2004).

Bei einer Befragung von rund 40 000 Eltern gaben 92% der interviewten Väter und Mütter an, ihr Kind gehe angstfrei zur Schule. 83% der Befragten bestätigten außerdem, dass ihr Kind im vorangegangenen Jahr *nicht* von körperlicher Gewalt in der Schule betroffen war (OLBRICH und RICKERS 2006). BAIER et al. (2009) kommen in ihrer Studie zu folgendem Ergebnis: »*Für mehr als drei Viertel aller Jugendlichen gehörte Gewalt in den zwölf Monaten vor der Befragung* nicht *zu ihrem persönlichen Erfahrungsbereich.*« Zusammenfassend schreibt POELCHAU (2007): »*Mit einer globalen Aussage, dass Kinder und Jugendliche heute* ›*viel schlimmer*‹ *geworden seien, dass die Gewalt an Schulen erheblich und gravierend angestiegen sei, muss man also vorsichtig sein*«. Insgesamt geht Gewaltkriminalität an Schulen sogar eher zurück.

Gestützt wird diese These auch durch Statistiken der Unfallversicherungen. Raufunfälle, bei denen eine ärztliche Behandlung in Anspruch genommen werden musste, haben demnach zwischen 1997 und 2007 um 31,3% abgenommen. Werden nur die Ereignisse berücksichtigt, bei denen es zu einer Fraktur gekommen ist, beträgt der Rückgang sogar 44% (BAIER et al. 2009).

■ Begriffe

Eine einheitliche Definition von *Gewalt* gibt es nicht. Unterschieden werden können mindestens folgende Formen von Gewalt:

- *physische Gewalt*, zum Beispiel die körperliche Verletzung anderer Personen, aber auch Sachbeschädigung, das Erstellen von Graffitis usw. und
- *psychische Gewalt*, zum Beispiel verbales Lächerlichmachen, Bloßstellen, Beleidigen, Drohen, Belügen, Anbrüllen usw.

Ferner:
- *personale Gewalt*, d. h. Gewalt, die von einer Person bzw. mehreren Personen ausgeübt wird und
- *strukturelle Gewalt* wie zum Beispiel Leistungsdruck, Benotung, Selektionscharakter der Schule, die Möglichkeit des Sitzenbleibens, der »heimliche Lehrplan« usw.

Spezielle Gewaltformen in Schulen sind:
- *Bullying*, d. h. ein aggressives, absichtlich schädigendes Verhalten, das wiederholt und über einen längeren Zeitraum von einem oder mehreren Schülern gezeigt wird und sich gegen einen oder mehrere Mitschüler richtet. Vorauszusetzen ist dabei, dass zwischen Täter(n) und Opfer(n) ein tatsächliches oder zumindest subjektiv erlebtes Macht- bzw. Kräfteungleichgewicht besteht (SCHEITHAUER und BULL 2009). Der englische Begriff Bullying basiert auf dem Wort »bully«, was soviel wie »Schläger«, »brutaler Typ« bedeutet. Beim *Cyberbullying* handelt es sich um eine Sonderform des Bullying. Hier geht es um Beleidigungen und Diffamierungen, die vor allem im Internet veröffentlicht werden.
- *Happy Slapping* umschreibt eine physische Gewaltanwendung gegen Einzelne, die mit einer Video- oder Handykamera aufgezeichnet und per MMS oder im Internet zur Schau gestellt wird. Auch dieser Begriff stammt aus dem Englischen. Sinngemäß übersetzt bedeutet er »fröhliches Zuschlagen«.

Diese allgemeinen Informationen zum Thema Gewalt in Schulen vorangestellt, soll nachfolgend ausschließlich auf einen spezifischen Aspekt physischer Gewalt fokussiert werden: die (mehr oder weniger) schwere Körperverletzung.

Für die Ausübung körperlicher Gewalt unter Schülern lassen sich zunächst zahlreiche Risikofaktoren identifizieren (PREUSCHOFF und PREUSCHOFF 2000, OLWEUS 2002). Die einzelnen Faktoren hängen zusammen und beeinflussen sich wechselseitig.

Risikofaktoren der Person:

- biologische Prädisposition
- Persönlichkeitsstörungen
- Missbrauchs- bzw. Misshandlungserfahrungen
- Veränderungskrisen (z. B. Pubertät)
- häufige Versagenserlebnisse
- misslungene Identitäts- und Sinnsuche
- geringes Selbstwertgefühl
- Zurückweisung bei Partnersuche
- wenig soziale Kontakte
- negative Einflüsse der Peer-Gruppe
- Angst vor Gewalt
- langfristig ungünstige Ernährung (vor allem phosphor- und zuckerhaltige Nahrung)

Risikofaktoren der Familie:

- generelle Erziehungsunfähigkeit der Eltern
- unterdrückendes, inkonsequentes Erziehungsverhalten
- fehlende Grenzsetzung in der Erziehung
- Erziehungsabstinenz des Vaters
- allein erziehender Elternteil
- Aufwachsen in einer Patchworkfamilie
- Konflikte, Scheidung der Eltern
- niedrige soziale Schicht
- Alkohol- und Drogenkonsum
- Arbeitslosigkeit der Eltern
- ungünstige Wohnverhältnisse
- Gewalttätigkeit in der Familie
- Anmeldung eines Kindes an einer weiterführenden Schule, für die es nicht empfohlen wurde (z. B. Gymnasium anstelle einer Realschule)

Risikofaktoren der Schule:

- starker Selektions- bzw. Leistungsdruck
- unzureichend aus- und fortgebildete, überforderte Lehrkräfte (z. B. mit geringer eigener Konfliktlösungs- und Deeskalationskompetenz)
- uneinheitliches Lehrerverhalten
- abwertendes Lehrerverhalten
- mangelnde Wertschätzung
- negative Anerkennungsbilanz
- Bullying-Erfahrungen
- ein nur wenig Schüler zentrierter Unterrichtsstil, wenig Methodenvarianz (»Frage-Antwort-Geplänkel«, PREUSCHOFF und PREUSCHOFF 2000)
- wenig Bewegung bzw. körperliche Aktivität durch langes Sitzen, noch dazu auf unter Umständen ergonomisch mangelhaften Stühlen
- Humorlosigkeit
- Über- oder Unterforderung, Langeweile
- schulische Misserfolge und dadurch bedingte Frustration
- fehlende Möglichkeit, sich selbst zu verwirklichen, vorrangig Fremdbestimmung
- keine festen Beziehungen, schlechte Qualität der Beziehungen zwischen Schülern und Lehrern
- schlechtes Klima im Lehrerkollegium
- insgesamt schlechtes Schulklima

Risikofaktoren der Gesellschaft:

- Akzeptanz von Gewalt (z. B. Machokultur)
- sozialer Brennpunkt
- Arbeitsmarktlage
- materielle und gesellschaftliche Perspektivlosigkeit
- verringerte Zugangschancen für den Arbeitsmarkt
- starker Konkurrenzdruck durch Lehrstellenmangel
- hoher Konformitätsdruck
- negative Auswirkungen bestimmter Mediendarstellungen

- gescheiterte Integrationsprozesse von Kindern ausländischer Herkunft
- Integration in eine gewaltbereite Peer-Gruppe bzw. einen delinquenten Freundeskreis

Wenn es eine körperliche Auseinandersetzung gegeben hat, bei der jemand verletzt wurde, ist es zunächst notwendig, sich – ebenso wie bei anderen Notfällen – einen Überblick über die Situation zu verschaffen. Wenn Täter und Opfer nicht sofort klar unterschieden werden können, ist Neutralität angebracht. Sofern die Rollenverteilung offensichtlich ist, muss entschieden zugunsten des Opfers Partei ergriffen werden. Oberste Priorität hat, die Gewaltanwendung unverzüglich zu stoppen. GUGEL (2008) empfiehlt eindeutige Instruktionen wie »*Sofort aufhören! Hier wird nicht geschlagen*!« oder »*Auseinander, das ist hier verboten*!«

Gleichwohl gilt auch in diesen Situationen, dass niemand sich unnötig in Gefahr bringen soll. Ein eigenes körperliches Eingreifen in eine noch andauernde Schlägerei ist, wenn überhaupt, nur bei klarer eigener Überlegenheit zu empfehlen. Besondere Vorsicht ist geboten, wenn Waffen angewendet werden. Eigenschutz hat immer Vorrang. Hier gilt der Grundsatz: Ein verletzter Helfer ist kein guter Helfer.

Gegebenenfalls sollten zusätzliche Lehrkräfte, bei Bedarf auch die Polizei hinzugerufen werden. Sofern ein Unterbrechen der Gewalthandlungen bis zum Eintreffen weiterer Hilfe nicht verantwortet werden kann, sollte man den Tathergang zumindest aufmerksam beobachten und, sofern möglich, deeskalierend einwirken. Mitunter werden Schlägereien auf dem Schulgelände zum Beispiel durch Umstehende noch angefeuert. Ein solches Verhalten muss unverzüglich unterbunden werden.

Nachdem eine Gewalthandlung beendet ist, sollten die Kontrahenten voneinander getrennt werden, um in einer »*Off-Situation*« (WALKER 1995) für »*emotionale Abkühlung*« zu sorgen. Je nach Situation bzw. den Bedürfnissen der Beteiligten kann das durch unterschiedliche Maßnahmen erreicht werden, sowohl durch Atemübungen (»*Atme erst einmal tief ein und aus.*«), Zuwendung und Ruhe als auch durch (weitere) Bewegung oder Ablenkung (GUGEL 2007). Zweckmäßigerweise kümmert ein Helfer sich um den Täter, ein anderer um das Opfer.

Das *Opfer* sollte in Sicherheit gebracht und vor den Blicken der Zuschauer geschützt werden. Eine Stigmatisierung als Opfers ist jedoch zu vermeiden. Um den Betroffenen aus der Opferrolle herauszuholen, kann er zum Beispiel danach gefragt werden, welche Hilfe er sich in diesem Augenblick wünscht. Vielleicht möchte das Opfer einer Körperverletzung, dass ein Freund bei ihm ist, die Eltern benachrichtigt werden oder Ähnliches. Solchen Wünschen sollte selbstverständlich entsprochen werden.

Zuschauer bzw. Augenzeugen einer gewalttätigen Auseinandersetzung sollten aufgefordert werden, sich als Zeuge zur Verfügung zu stellen. Schüler, die eingegriffen und Schlichtungsversuche unternommen haben, sollten dafür ausdrücklich gelobt bzw. auch belohnt werden. Zivilcourage verdient Anerkennung und Respekt!

Ebenso wie Opfer dürfen *Täter* nicht stigmatisiert werden (zum so genannten Etikettierungsphänomen s. A. 7.7). Ihnen muss jedoch unmissverständlich deutlich gemacht werden, dass eine Gewaltanwendung immer und zwingend Konsequenzen nach sich zieht (»*Dafür musst Du Dich verantworten*!«). Diese müssen, nachdem sie angekündigt wurden, auch umgesetzt werden. Leere Drohungen können die Bereitschaft zu gewalttätigem Handeln eher noch verstärken, weil sie deutlich machen, dass Täter letztlich nichts zu befürchten haben. Zumindest ist es angebracht, dass ein Täter bei seinem Opfer (ernsthaft!) um Entschuldigung bittet. Über weitere Sanktionen, etwa einen Tatausgleich bzw. eine zu leistende Wiedergutmachung sollte in einem Mediationsprozess, gegebenenfalls auch vom Klassenrat oder einem Schülergericht entschieden werden. Tat und Strafe sollten dabei in einem möglichst angemessenen Verhältnis zueinander stehen (WALKER 1995).

Nach der Intervention im Notfall sollte zudem nach konkreten Ursachen für die Gewalthandlung gesucht werden (Hurrelmann 1996). Vor dem Hintergrund der oben genannten Risikofaktoren ist Folgendes möglich:

- Eine Gewalthandlung wurde ausgeübt, um einen Konflikt zu lösen. Hier wäre es notwendig, alternative Konfliktlösungsstrategien zu vermitteln.
- Eine Gewalthandlung resultiert aus Frust über schulische Misserfolge. Hier wären zum einen spezifische Fördermaßnahmen angebracht. Zum anderen könnten einem Schüler Erfolge in anderen Bereichen ermöglicht werden, etwa in einer Arbeitsgemeinschaft.
- Mit einer Gewalthandlung wurde im Wesentlichen ein Modellverhalten imitiert. Hier wäre eine Änderung des Modellverhaltens anzustreben.
- Eine Gewalthandlung wurde ausgeübt, um mehr Aufmerksamkeit zu erhalten. In diesem Fall sollte reflektiert werden, woraus sich dieses Bedürfnis ergibt. Weitere Maßnahmen ergeben sich entsprechend.
- Es liegt eine psychische Störung vor. Daraus ergibt sich die Notwendigkeit einer entsprechenden Therapie.

Niemals akzeptiert werden dürfen Rechtfertigungsstrategien wie die folgenden (nach Gugel 2007):

- Ablehnung der Verantwortung: »*Ich habe mich doch nur gewehrt. Der andere hat angefangen!*«
- Ablehnung des Unrechts: »*Es ist doch gar nichts passiert. Ich habe ihm überhaupt nicht wehgetan. Der tut nur so!*«
- Die Situation ist Schuld: »*Das hat sich einfach so ergeben. Ich wollte gar nichts machen!*«
- Das Opfer ist schuld: »*Der ist doch selbst schuld! Warum ist der auch immer so frech zu mir!*«
- Bestrafung für Unrecht: »*Das war doch nur die gerechte Strafe für den!*«

- Einzige Lösung des Problems: »*Reden bringt doch sowieso nichts. Der versteht sowieso nicht, wenn ich dem etwas sage!*«
- Ausnahme von der Regel: »*Sonst bin ich doch immer ganz brav. Ich mache so etwas sonst nie!*«

Nicht unerwähnt bleiben soll, dass Lehrer von gewalttätigen Auseinandersetzungen häufig nichts mitbekommen. Ihnen wird nur selten direkt von Gewalterfahrungen berichtet. Es wenden sich lediglich 16,9% aller Gewaltopfer an ihre Lehrer oder den Schulleiter. Gleichaltrige, Eltern oder Geschwister werden viel häufiger informiert (BAIER et al. 2009). Daraus lässt sich ableiten, dass Lehrer besonders aufmerksam sein müssen, um überhaupt von Gewalthandlungen zu erfahren. Sie dürfen sich nicht darauf verlassen, dass sie schon informiert werden, wenn etwas passiert.

7.7 School Shooting

■ Begriffe

Benennung und Definition der in diesem Abschnitt dargestellten Notfälle sind bislang noch nicht einheitlich geregelt. Derzeit werden viele verschiedene Begriffe verwendet. Die Bezeichnung *School Shooting* scheint sich in Fachkreisen allerdings durchzusetzen und wird auch hier bevorzugt verwendet. Dabei handelt es sich um einen »*zielgerichteten, bewaffneten Angriff mit Tötungsabsicht auf Lehrer oder Mitschüler, bei dem entgegen dem etwas irreführenden Begriff nicht nur Schusswaffen zum Einsatz kommen können, sondern zum Beispiel auch Klingenwaffen, stumpfe Gegenstände oder Bomben*« (SCHEITHAUER und BONDÜ 2008b). Man könnte auch von »*zielgerichteter, tödlicher Gewalt an Schulen*« sprechen (ROBERTZ 2007). Diese Formulierung ist jedoch recht unhandlich und sperrig.

Ein School Shooting als *Amoklauf* zu bezeichnen, ist umstritten. Das Wort »Amok« ist aus dem Malaiischen abgeleitet und bedeutet »wütend« oder »rasend«. Ein Amoklauf wird demnach ungeplant-rauschhaft, impulsiv-raptusartig und eher kurzschlussartig verübt. Die Ereignisse in Erfurt, Emsdetten und Winnenden waren jedoch langfristig und sorgfältig vorbereitet, also gerade nicht spontan. Zudem wirkten die jeweiligen Täter ruhig, konzentriert und keineswegs erregt (Waldrich 2007).

Auch der alternativ unter anderem von Lasogga (2008) vorgeschlagene Begriff *Massaker* ist problematisch, zumal mit ihm eher militärische Aktionen bzw. Tötungshandlungen im Kontext von Kriegen beschrieben werden (Albrecht 2002).

Die Worte *Schülermassenmord* bzw. *Lehrermassenmord* beinhalten nicht zwingend, dass die Tötungen – wie es für ein School Shooting besonders typisch ist – rasch hintereinander, im Rahmen einer Tat und an einem Ort verübt werden. Einige Kriminologen lehnen die Begriffe deshalb als zu unspezifisch ab.

Der Terminus *Homizid-Suizid* (Kriminalistisch-kriminologische Forschungsstelle 2007) wird ebenfalls kritisiert. Er bezieht sich auf die Tötung anderer Menschen im Zusammenhang mit der anschließenden Selbsttötung. School Shootings enden jedoch keineswegs immer mit dem Suizid oder einem Suizidversuch des Täters – auch wenn das bei den Ereignissen in Deutschland bislang immer so gewesen ist. 80% der Shool Shootings weltweit endeten vielmehr mit der Festnahme des Täters (Robertz 2004).

Die Ermordung eines oder mehrerer Menschen an einer Schule ist immer ein absolutes Extremereignis. Spätestens seit dem Geschehen am Gutenberg-Gymnasium in Erfurt im Jahr 2002 ist die gesamte Öffentlichkeit für solche Taten sensibilisiert. Die psychische Belastung der betroffenen Schulgemeinde und der eingesetzten Helfer, aber auch die Medienwirksamkeit solcher Ereignisse ist enorm. Nach den USA ist Deutschland weltweit das Land mit den meisten School Shootings (Hoffmann, Roshdi und Robertz 2009).

Nach neueren Forschungsergebnissen sind solche School Shootings immer das Ergebnis einer längeren Entwicklung, die nicht auf eine einzelne Ursache zurückgeführt werden kann (ABB. 5). Anders als in der öffentlichen bzw. politischen Diskussion mitunter dargestellt, ergeben sich School Shootings keineswegs nur aus dem Konsum spezieller Computerspiele (so genannter Killerspiele). Stattdessen ist eine Vielzahl unterschiedlicher Risikofaktoren zu beachten, deren genaue wechselseitige Beeinflussung noch nicht abschließend erforscht ist.

7.7.1 Risikofaktoren

Gesellschaftliche Risikofaktoren: Gesellschaftliche Risikofaktoren könnten unter anderem die schwierige Situa-

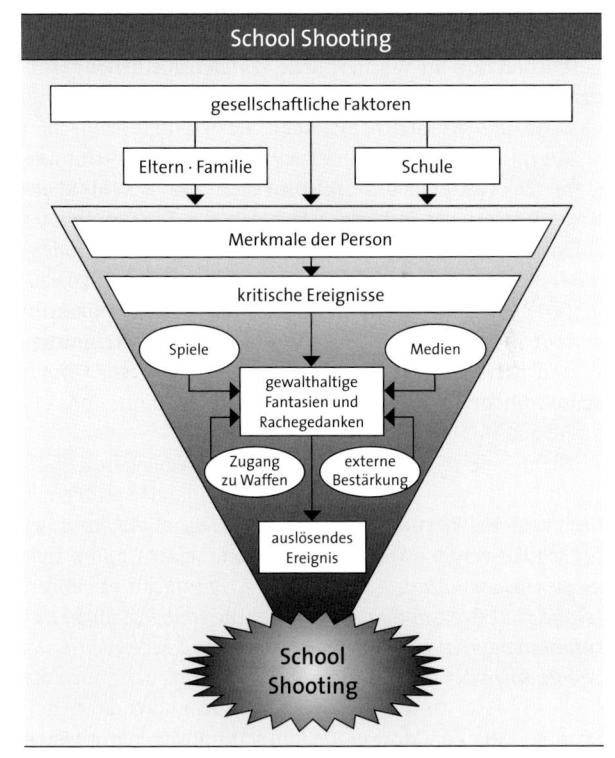

ABB. 5 ▶ School Shooting: Risikofaktoren und Entstehung

tion auf dem Arbeitsmarkt, das bestehende Normen- und Wertesystem, bestimmte rechtliche Regelungen (vor allem Schul- und Waffengesetze) sowie ein hoher Konformitätsdruck sein. So treten School Shootings in kleineren Städten, in denen nahezu jeder jeden kennt, häufiger auf als in großen Ballungsräumen (Scheithauer und Bondü 2008b).

Schulische Risikofaktoren: Bei schulischen Risikofaktoren ist sicherlich auf einen tatsächlich ausgeübten oder zumindest subjektiv empfundenen Leistungsdruck hinzuweisen. Mitunter wird die Meinung vertreten, dass die schulischen Anforderungen insgesamt gestiegen sind. Vor allem an Gymnasien muss in kürzerer Zeit zunehmend mehr gelehrt und gelernt werden, zumal das dreizehnte Schuljahr gestrichen und die wöchentliche Stundenzahl erhöht wurde (Waldrich 2007). Daraus resultiert möglicherweise, dass für den Aufbau persönlicher Beziehungen zwischen Schülern und Lehrern immer weniger Zeit zur Verfügung steht. Die Untersuchungskommission des School Shooting in Erfurt hat jedenfalls festgestellt: »*Die Schule wird […] nicht selten als entfremdetes System empfunden, in dem die Freude am Lernen keinerlei Rolle mehr spielt, sondern lediglich ein unpersönliches Leistungsschema erlernt und abgefragt wird.*« (Gasser et al. 2004). In der Tat sind mittlere und höhere Schulformen besonders häufig von einem School Shooting betroffen (Hoffmann, Roshdi und Robertz 2009).

Nicht zuletzt könnten aber auch die üblichen schulischen Regelungen für den Umgang miteinander problematisch sein. Bei Röthlein (2007) heißt es dazu: »*Während es für Schüler verpönt und mit Sanktionen belegt ist, ihre Lehrer zu missachten, anzuschreien oder zu beleidigen, vermögen Lehrkräfte, oft in subtiler Form, Druck auszuüben, Schüler anzufahren oder vorzuführen, ohne dass den Schülern eine adäquate Form der Wehr zur Verfügung steht.*«

Familiäre Risikofaktoren: Als familiärer Risikofaktor könnte es bezeichnet werden, wenn Eltern vorrangig auf die Leistungen ihres Kindes bzw. ihrer Kinder fixiert sind. Ungünstig ist sicherlich auch, wenn Eltern wenig mit ihren Kindern kommunizieren und nur wenig von ihnen wissen. Viele »School Shooter« haben zudem ein sozial erfolgreicheres Geschwisterkind (HOFFMANN, ROSHDI und ROBERTZ 2009). Familiäre Merkmale, die ansonsten als Risikofaktoren für Gewalttätigkeit gelten (s. KAP. 7.6), sind im Hinblick auf School Shootings allerdings gerade *nicht* relevant.

Täter: Die Täter kommen keineswegs aus zerrütteten, besonders schwierigen Verhältnissen, sondern eher aus einer gut situierten Mittelschichtfamilie. Folgende weitere Merkmale werden ihnen zugeordnet (zusammengefasst nach PAULUS 2007, ROBERTZ und WICKENHÄUSER 2007, SCHEITHAUER und BONDÜ 2008b, HOFFMANN, ROSHDI und ROBERTZ 2009):

- Geschlecht: häufiger Männer als Frauen
- Alter: zwischen 14 und 22 Jahre (Altersdurchschnitt 17 Jahre)
- durchschnittliche bis hohe Intelligenz
- ausgeprägte Vulnerabilität bzw. Kränkbarkeit
- geringes Selbstwertgefühl
- geringe Problemlösungsfähigkeiten (machen z. B. bevorzugt andere für ihre Probleme verantwortlich)
- geringe psychosoziale Kompetenzen
- kontaktscheu, introvertiert und sozial eher isoliert
- Sofern es Freunde gibt, sind sie unter Umständen ebenfalls Einzelgänger. Zudem sind bestehende Freundschaften oftmals nur wenig tragfähig.
- Mitunter wird das Vorliegen psychischer Erkrankungen vermutet, etwa einer Borderline-, antisozialen bzw. soziopathischen oder narzisstischen Störung.

So war bei 28,6 % der deutschen Täter eine psychische Erkrankung im Vorfeld bekannt. In 57,1 % der Taten, die sich in Deutschland ereignet haben, zeigten die Täter einzelne depressive Symptome. Sie haben für sich zum Beispiel keine

Zukunftsperspektive gesehen und hatten Versagens- oder Zukunftsangst (HOFFMANN, ROSHDI und ROBERTZ 2009).

Für sich betrachtet geben diese Merkmale jedoch keine ausreichende Erklärung für die spätere Tat. Einige Merkmale sind so allgemein, dass sie auf extrem viele oder sogar sämtliche Jugendliche zutreffen. Sie kennzeichnen daher kein Täterprofil im eigentlichen Sinn und sind auch nicht geeignet, um anlassunabhängig eine Art Screening potentieller Täter durchzuführen (KRIMINALISTISCH-KRIMINOLOGISCHE FORSCHUNGSSTELLE 2007). Ihre Erklärungskraft für die Entstehung von School Shootings ist gering. Die Vorstellung eines klaren Profils, mit dessen Hilfe man potentielle Täter unter allen Schülern erkennen kann, bezeichnen HOFFMANN, ROSHDI und ROBERTZ (2009) dementsprechend als »*absurd*«.

Gleichwohl wirken sich die genannten Persönlichkeitsmerkmale auf das subjektive Erleben von Konflikten und Verlusterfahrungen aus. Hänseleien, schlechte schulische Leistungen, Zurückweisungen durch Mädchen usw. werden als besonders schwerwiegend, kränkend und verletzend empfunden. Selbst Bagatellsituationen wie eine bloße Meinungsverschiedenheit oder eine unbedachte Äußerung können für die betreffende Person bereits ein »*kritisches Ereignis*« darstellen (HOFFMANN 2007a). Im weiteren Verlauf werden dann kompensatorische Rachegedanken und gewalthaltige Machtfantasien (»*Grandiositätsphantasien*«, HOFFMANN, ROSHDI und ROBERTZ 2009) entwickelt. »*Die Phantasie hilft, sich nicht als ein Mann zu fühlen, der Angst empfindet, sondern als einer, der Angst verursacht.*« (ROBERTZ und WICKENHÄUSER 2007). Zusätzlich gespeist werden diese Fantasien durch Einflüsse aus mindestens vier Bereichen:

Gewalthaltige Computerspiele: Sie reichern die Fantasie an und können als Vorbild bzw. Anregung für spätere Taten dienen. Indem der Spieler für bestimmte Tötungshandlungen mit Punkten und dem Erreichen höherer Spiellevel belohnt wird, ergibt sich eine »*entethisierende*« Verstärkung (GASSER et al. 2004). Computerspiele können zudem als Tötungstraining genutzt werden, indem man einübt zu zielen und indem sie die Hemmschwelle, Menschen zu töten, herabsetzen. Eine solche Desensibilisierung wird auch bei der Ausbildung von Soldaten angewendet.

Berichterstattung in den Medien: Ähnlich wie gewalthaltige Computerspiele vermitteln auch Medienberichte über School Shootings ein Modell des Fehlverhaltens und regen zur Tat an (»Copycat-Effekt«, COLEMAN 2004). Anhand einer Analyse der Berichterstattungen zu 143 Amokereignissen konnten SCHMIDTKE et al. (2002) nachweisen, dass nach Pressemeldungen über Amokläufe regelmäßig mehrere ähnliche Taten verübt werden. Die Forschergruppe kommt zu dem Schluss, dass es »*wahrscheinlich gefährlich ist, über solche Ereignisse sensationell zu berichten.*« Noch deutlicher formuliert WALDRICH (2007): »*Ohne die Veröffentlichung von Schul- oder Hochschulamokläufen fänden diese nicht statt oder wären zumindest wesentlich seltener.*« Dabei sind in der Medienberichterstattung vor allem folgende Verstärkereffekte problematisch:

- Das Modellverhalten wird konkret und im Detail gezeigt.
- Das Modellverhalten wird mehrfach wiederholt.
- Das Modellverhalten wird in der Öffentlichkeit besonders beachtet.
- Das Modellverhalten erscheint dem potentiellen Imitator subjektiv sympathisch und nachvollziehbar begründet.
- Die dargestellten Konsequenzen des Modellverhaltens werden vom potentiellen Imitator als erstrebenswert angesehen.
- Der das Modellverhalten Ausführende und der potentielle Imitator weisen Ähnlichkeiten auf.

Darüber hinaus ungünstig sind vereinfachende Erklärungen für die Ursachen einer Tat (»*Er hasste seine Lehrer!*«, »*Es war Rache!*«), die Beschreibung von positiven Eigenschaften des Täters (»*Er war so ein sensibler Junge!*«) sowie heroisierende Darstellungen des Tatablaufs (SCHMIDTKE et al. 2002).

Verfügbarkeit von Waffen: In 68% der Elternhäuser von US-amerikanischen »School Shootern« waren Waffen vorhanden. 63% der Täter hatten Erfahrungen im Umgang mit Waffen (VOSSEKUIL et al. 2002). Von den deutschen Tätern hatten sogar 85,7% Zugang zu Waffen und immerhin 57,1% verfügten über Erfahrung im Umgang mit ihnen (HOFFMANN, ROSHDI und ROBERTZ 2009).

Externe Bestärkung: In mehr als der Hälfte der School Schootings, die sich in der Zeit von 1974 bis 2000 in den USA ereignet haben, wurden die Täter von anderen Personen ausdrücklich ermutigt, ihre Pläne zu verwirklichen (LANDSCHEIDT 2006). Ob es sich dabei um ernst gemeinte Bestärkungen oder um ein völliges Verkennen der Ernsthaftigkeit von Tatplanungen gehandelt hat (»*Mach doch! Das traust Du Dich ja doch nicht!*«), sei dahingestellt.

In einigen Fällen konnte schließlich noch ein konkretes, Tat auslösendes Ereignis identifiziert werden, etwa ein Zeugnistermin oder der Verlust der letzten vorhandenen sozialen Bindung (Umzug eines Freundes in eine andere Stadt o.Ä.). Bei ohnehin intensiver Tatvorbereitung und fortgeschrittener Planung ist das Erleben eines solchen Ereignisses jedoch nicht zwingend notwendig. Die einzelnen Ent-

TAB. 13 ▶ Entwicklungsstufen eines School Shooting

1	subjektives Erleben kritischer Ereignisse	Prodromalstadium
2	kompensatorischer Rückzug in gewalthaltige Fantasien	
3	Vermischung von Fantasie und Realität, Fantasien gewinnen zunehmend die Kontrolle	Tatvorbereitung
4	eventuell ein erneutes kritisches Ereignis als unmittelbarer Tatauslöser	Tatausführung

wicklungsstufen bis zur Tatausführung werden zusammenfassend in Tabelle 13 dargestellt.

7.7.2 Bedrohungssituation

Im Vorfeld eines School Shooting gibt es häufig bereits Anzeichen für die spätere Tat (TAB. 14). In 81% der Fälle äußerten die Täter ihr Vorhaben gegenüber einer anderen Person, in 59% der Fälle sogar gegenüber mehreren Personen. Allerdings richten sich diese Äußerungen in der Regel nur an Angehörige der gleichen Altersgruppe (Peer-Gruppe), sodass

TAB. 14 ▶ Leaking im Vorfeld eines School Shooting

	frühes Leaking	mittleres Leaking	spätes Leaking
direkt		• Planungs- und Vorbereitungshandeln (z.B. Sammeln von Munition und Waffen, Basteln von Sprengkörpern) • Anfertigen von Todeslisten • Tischgekritzel, Bilder, Comics, Skizzen oder Graffitis an Wänden des Schulgebäudes mit tatbezogenen Andeutungen	• Gespräche (persönlich oder telefonisch), in denen konkret auf die geplante Tat hingewiesen wird • schriftliche Tatankündigungen in Schulaufsätzen, Briefen, E-Mails, SMS, Chatrooms, Internetforen und Weblogs • Videobotschaften (z.B. auf www.youtube.de) • Mitbringen und Demonstrieren von Waffen in der Schule
indirekt	• allgemeines Interesse an Waffen, Gewalt, Krieg • Tragen von Tarn- bzw. Militärkleidung	• Sammeln von Material über Amok an Schulen • Verherrlichung von Gewalttaten • häufiger Konsum gewalthaltiger Mediendarstellungen	• Gespräche (persönlich oder telefonisch), in denen symbolisch auf die geplante Tat hingewiesen wird (»*Wartet nur ab, Ihr werdet schon sehen, wer hier zuletzt lacht!*«) • Suizidandrohungen

Erwachsene meist nichts davon erfahren. Bei diesen auch Leaking (von engl. »durchsickern«) genannten Anzeichen wird direktes und indirektes sowie frühes, mittleres und spätes Leaking unterschieden (Robertz 2007a, Eckardt 2008).

Für das Auftreten solcher Warnsignale werden verschiedene Gründe vermutet. Insbesondere in der frühen Vorbereitungsphase könnte ein Täter mit seinen Äußerungen bewusst oder unbewusst dafür sorgen wollen, dass die Tat verhindert wird. Denkbar ist aber auch, dass Leaking eine Machtdemonstration oder ein Probehandeln darstellt, um die Reaktion der Umwelt zu testen. Wenn Personen dann verängstigt reagieren, könnte das den Täter in seinen Planungen bestärken. Der gleiche Effekt könnte eintreten, wenn sich zum Beispiel jemand über Tatandrohungen lustig macht. Da das von dem Täter möglicherweise als eine weitere Kränkung empfunden wird, kann der Gedanke reifen: »*Jetzt erst recht!*« (Scheithauer und Bondü 2008a und 2008b).

Ein Problem besteht darin, dass längst nicht jeder, der eine einzelne Tatandrohung ausspricht oder bei dem andere Auffälligkeiten beobachtet werden, auch wirklich eine entsprechende Tat plant. Es könnte sich auch nur um einen üblen Scherz oder um eine unbedachte Äußerung ohne ernsten Hintergrund handeln. Schüler sollten daher nicht vorschnell stigmatisiert werden. Ein solches Etikettierungsphänomen kann Kinder und Jugendliche nachhaltig schädigen. So wird von einem 10-jährigen Mädchen berichtet, das in Colorado (USA) von der Schule verwiesen wurde, weil es ein kleines Küchenmesser mitgebracht hatte, um in der Pause einen Apfel zu schälen. In New Jersey (USA) mussten zwei Kindergartenkinder die Betreuungseinrichtung wechseln, weil sie Räuber und Gendarm gespielt und dabei ihre Finger als Pistolen benutzt hatten (Robertz und Wickenhäuser 2007).

Um die Ernsthaftigkeit einer Tatandrohung einzuschätzen und flüchtige, eher harmlose von substanziellen Drohungen unterscheiden zu können, sollten daher (nach Robertz 2007a) folgende Kriterien herangezogen werden:

- das Detailreichtum und die Konkretisierung etwaiger Planungen,
- die Plausibilität,
- die Konsistenz,
- die Häufigkeit der Tatandrohungen sowie
- das gemeinsame Auftreten von direktem und indirektem Leaking.

Auch wurden mehrere Leitfragen eines »Threat Assessment«, d.h. eines Verfahrens zur Beurteilung von Drohungen, erarbeitet. Sie können allerdings nur beantwortet werden, wenn der Urheber von Tatandrohungen bekannt ist. Die Fragen lauten im Einzelnen (ausführlich siehe Fein et al. 2002):

- Welche Motive hat ein Schüler und welche Ziele verfolgt er?
- Gibt es Aussagen oder Aufzeichnungen des Schülers, die auf eine Tatidee oder -absicht hindeuten?
- Hat der Schüler ein unangemessenes Interesse an Waffen oder an Vorfällen schwerer Gewalt?
- Zeigt der Schüler tatbezogene Verhaltensweisen wie Tatplanungen, Waffenerwerb oder Auskundschaften des möglichen Tatorts oder aggressive Verhaltensweisen?
- Ist der Schüler grundsätzlich dazu in der Lage, schwere zielgerichtete Schulgewalt auszuführen? Verfügt der Schüler über die erforderliche Planungs- und Handlungsfähigkeit sowie die dafür notwendigen Mittel?
- Ist der Schüler psychisch gestört, hat er akustische, befehlende Halluzinationen, Wahn- oder Verfolgungsideen und bereits nach diesen gehandelt?
- Ist der Schüler hoffnungslos oder verzweifelt? Gibt es Verlusterlebnisse oder Suizidabsichten?
- Hat der Schüler eine Bezugsperson?
- Hält der Schüler Gewalt für ein akzeptables, wünschenswertes oder für das einzige Mittel, um (seine) Probleme zu lösen?

- Stimmen die Angaben des Schülers mit dessen Handlungen überein?
- Machen sich andere Personen über das Gewaltpotential des Schülers Sorgen? In einer Studie des US-amerikanischen Secret Service wurde zum Beispiel festgestellt, dass das Verhalten der späteren Täter in 93% der untersuchten Fälle bei Personen aus dem Umfeld Besorgnis ausgelöst hatte (Robertz und Wickenhäuser 2007). Auch bei den Taten in Deutschland machten sich in 74,4% der Fälle Personen aus dem Umfeld des Täters im Vorfeld Sorgen (Hoffmann, Roshdi und Robertz 2009).
- Welche weiteren Umstände könnten die Wahrscheinlichkeit einer Tatausführung beeinflussen?

Bei einer nur flüchtigen Drohung wird sich sicherlich rasch herausstellen, dass keine ernsthafte, konkrete Tatplanung vorhanden ist. Auch wird sich der verdächtigte Schüler glaubhaft von seinem vermeintlichen Vorhaben distanzieren. Sofern jedoch nicht ausgeschlossen werden kann, dass eine tatsächliche Gefahr besteht, muss umgehend die Polizei hinzugezogen werden, die dann auch das weitere Vorgehen bestimmt. Bei Bedarf werden zunächst weitere Ermittlungen aufgenommen, etwa Befragungen der Peer-Gruppe und der Angehörigen eines verdächtigten Schülers. Unter Umständen wird auch eine Durchsuchung der Wohnung angeordnet usw.

Besonders schwierig ist der Umgang mit anonymen Tatandrohungen, d. h. mit Drohungen, deren Urheber eben nicht bekannt ist. Auch in diesen Fällen sollte die Reaktion der Schule stets in enger Abstimmung mit der Polizei erfolgen.

Bei einem anonymen Drohanruf sollte das Telefon nach Möglichkeit so eingestellt werden, dass andere Personen das Gespräch ebenfalls hören können. Im günstigsten Fall wird wörtlich notiert, was der Anrufer sagt. Dieser sollte möglichst nicht unterbrochen werden, gegebenenfalls kann man aber nachfragen:

- Was genau wird angedroht?
- Wann wird das angedrohte Ereignis eintreten?
- Aus welchem Grund wird die Drohung geäußert?

Für die Ermittlungsarbeit der Polizei ist ferner von Bedeutung:

- Handelt es sich bei dem Anrufer um eine männliche oder weibliche Person?
- Wie alt wird der Anrufer eingeschätzt?
- Was für eine Stimme und welchen Tonfall hat der Anrufer?
- Hat der Anrufer mit einem Akzent gesprochen?
- Kennt der Anrufer die Schule? Zeigen seine Äußerungen beispielsweise, dass er über besondere Ortskenntnis verfügt? Nennt der Anrufer Details, die nur Mitglieder der Schulgemeinde kennen können?
- Gibt es während des Telefonats Hintergrundgeräusche?

Auch wenn das Gespräch beendet ist, sollte der Hörer nicht aufgelegt werden. Die Polizei muss nach Möglichkeit von einem anderen Telefon aus angerufen werden.

Sofern eine Schule per E-Mail, mit Äußerungen in einem Chatroom oder Gästebucheinträgen auf einer Internetseite bedroht wird, sollten die jeweiligen Dateien aus Ermittlungsgründen zunächst nicht gelöscht, sondern gesichert werden. Bei Tatandrohungen, die auf dem Postweg zugestellt wurden, sollte das entsprechende Schreiben nur mit Handschuhen (aus einem Verbandkasten) oder einer Pinzette angefasst werden, um eventuell vorhandene Spuren nicht versehentlich zu beseitigen. Auch darf ein solcher Brief weder geknickt, gelocht, gestempelt oder beschriftet werden. Vielmehr sollte man ihn behutsam in eine Klarsichthülle stecken und der Polizei übergeben.

7.7.3 Tatausführung

School Shootings sind in der Regel rasch beendet. Etwa die Hälfte der von Vossekuil et al. (2002) untersuchten Taten dauerten weniger als 20 Minuten. Nur in sehr seltenen Fällen gibt es zwei oder mehr Täter. Fast immer (in 97% der weltweiten Shool Shootings) wurden die Taten von einem »Campus-Killer« allein ausgeübt (Robertz 2004, Waldrich 2007).

Während eines School Shooting besteht für alle Personen, die sich auf dem Schulgelände und in dessen näherer Umgebung aufhalten, dennoch eine extreme Gefahr. Die gesamte Schulgemeinde sollte mit einem speziellen Klingelzeichen, einer Sirene oder einem Codewort alarmiert werden, dass sich deutlich von anderen Alarmierungssignalen wie zum Beispiel einem Feueralarm unterscheidet. Bei der Benachrichtigung der Polizei sollten, sofern das möglich ist, schon telefonisch folgende Fragen beantwortet werden:

- Um wie viele Täter handelt es sich?
- Wie sieht der bzw. sehen die Täter aus (Alter, Geschlecht, Kleidung, besondere Merkmale)?
- Ist der bzw. sind die Täter namentlich bekannt?
- Wenn das der Fall ist: Könnte der bzw. könnten die Täter ein spezielles Ziel haben? Gab es im Vorfeld der Tat konkrete Drohungen gegen einzelne Schüler oder Lehrer?
- Wo ist der bzw. sind die Täter im Augenblick?
- Hat der bzw. haben die Täter an ihrem Aufenthaltsort Zugriff zu Medien (Fernsehen, Radio, Internet)?
- Wie ist der bzw. sind die Täter bewaffnet?
- Hat der bzw. haben die Täter besondere Gegenstände dabei?
- Wie ist die Tat bisher abgelaufen?
- Wie viele Verletzte hat es gegeben?
- Wo befinden sich die Verletzten?
- Wo halten sich andere Schüler und Lehrer auf?
- In welchen Räumen ist gerade Unterricht gewesen?

Empfohlen wird, das Telefon nicht aufzulegen, sondern die Leitstelle bis zum unmittelbaren Eintreffen der Einsatzkräfte über Veränderungen der Lage zu informieren (»*Im Augenblick fallen keine Schüsse mehr.*«). Gegebenenfalls kann auch ein geschützter Treffpunkt vereinbart werden, an dem sich ein Vertreter der Schule mit den zuerst eintreffenden Polizeibeamten trifft, um ihnen aktuelle Hinweise mitzuteilen. Im weiteren Verlauf ist den Anweisungen der Einsatzkräfte unbedingt Folge zu leisten.

Im Vordergrund steht zunächst, sich und andere in Sicherheit zu bringen. Denkbar ist es, die Schule wie bei einem Feuer im Gebäude zu verlassen und einen sicheren Sammelpunkt aufzusuchen. Diese Vorgehensweise ist jedoch mit einem Risiko verbunden. Das Verlassen des Schulgebäudes kann dazu führen, dass man in das Schussfeld des Täters gerät. In vielen Fällen ist es vermutlich günstiger, sich in dem Raum, in dem man sich gerade aufhält, Deckung zu suchen (etwa hinter Wänden und Möbeln) und einzuschließen. Türen und Fenster sollten zusätzlich verbarrikadiert werden.

Wird bei einem School Shooting dennoch zum Verlassen des Schulgebäudes aufgefordert, sollte für diese spezielle Situation ein besonderer Sammelplatz festgelegt worden sein. Der Schulhof eignet sich in der Regel nicht (s. Kap. 4.3).

Von Versuchen, einen Täter während der Tatausübung zu stoppen, ist ausdrücklich abzuraten. Beeinflussungsversuche sind in der Regel aussichtslos. Sie könnten vom Täter sogar als zusätzliche Provokation betrachtet werden (Hehne 2007). Wenn es gefahrlos möglich ist, kann der Täter möglicherweise in einem Raum festgesetzt werden. In einem solchen Fall muss jedoch sichergestellt sein, dass keine andere Personen versehentlich mit eingeschlossen werden!

Nach einem School Shooting sollte den betroffenen Schülern – sofern es zutrifft – mitgeteilt werden, dass sie sich wieder in Sicherheit befinden. Hilfreich sind die Nähe vertrauter Bezugspersonen und das Schaffen einer räumlichen Distanz zum Tatort. Auch sind die physiologischen Grundbedürfnisse der Schüler zu beachten. Wenn sie frieren, sollten sie in einen warmen Raum gebracht oder zumindest mit

Decken versorgt werden. Wenn sie Durst haben, brauchen sie etwas zu trinken wie zum Beispiel warmen Kakao oder Tee. Wenn sie Hunger haben, sollten sie etwas essen können usw. Auch Körperkontakt zu erwachsenen Bezugspersonen und nicht zuletzt eine helle Beleuchtung vermitteln Schülern Sicherheit (KRÜGER 2007).

Die häufig geäußerte Empfehlung, die Aufmerksamkeit der Kinder auf die starke Polizeipräsenz zu lenken, ist zwiespältig zu bewerten. Einerseits kann die Anwesenheit vieler Polizeibeamter Sicherheit vermitteln, andererseits kann sie aber auch das Gegenteil bewirken (Motto: »*Wenn wir in Sicherheit sind, müssten da wohl kaum so viele Polizisten sein!*«).

Ein ebenfalls besonders problematischer Aspekt der Nachsorge eines School Shooting ist der Umgang mit dem Täter. Bei der Trauerfeier nach dem Amoklauf in Erfurt wurde beispielsweise – abseits von den Kerzen für die Opfer – auch für den Täter eine Kerze aufgestellt, zumal es Menschen gab, die auch um ihn trauerten. Angehörige der Opfer empfanden dieses Gedenken des Täters jedoch als starke Belastung. Als bei einer Gedenkfeier im folgenden Jahr bewusst *keine* Kerze für den Täter aufgestellt wurde, ist allerdings auch das kritisiert worden, denn »*gerade die Kirche müsse doch offen sein für Schuldiggewordene*« (SCHLEMMER 2005). Eine pauschale Vorgehensweise für den Umgang mit dem Täter eines School Shooting gibt es folglich nicht. Im Bewusstsein der besonderen Problematik muss stattdessen eine sorgfältig begründete Einzelfallentscheidung getroffen werden.

7.8 Notfall auf einer Klassenfahrt

Bei Notfällen auf Klassenfahrten sind die Schüler üblicherweise von ihren Eltern getrennt. Sie sind mehr oder weniger weit von ihnen entfernt. Im Rahmen der Nachsorge sollte daher stets für eine baldige Zusammenführung der Schüler und ihrer Eltern gesorgt werden. Ob es günstiger ist, mit den Schülern zurückzureisen oder die Eltern an den Notfallort zu bringen, hängt von der jeweiligen Situation ab. Auf jeden Fall sollte, sobald sich ein Notfall ereignet hat, eine erwachsene Kontaktperson permanent erreichbar sein, zum Beispiel über ein Mobiltelefon (BORGER 2003). Die Eltern der verreisten Kinder sollten zeitnah über das Notfallgeschehen informiert werden. Wie der Informationsfluss in diesem Fall geregelt wird, sollte vor einer Klassenfahrt konkret abgesprochen werden. Denkbar ist die Einrichtung einer Telefonkette, oder es wird zum Beispiel verabredet, dass die Eltern sich bei einem Notfall während der Klassenfahrt sofort in der Schule ihrer Kinder zusammenfinden.

Eine weitere Besonderheit von Notfällen auf Klassenfahrten besteht darin, dass Lehrer in diesen Situationen häufig starke Schuldgefühle entwickeln. Mitunter glauben sie, der jeweilige Notfall wäre bei einer intensiveren Beaufsichtigung der Schüler vielleicht zu verhindern gewesen. Lehrer befinden sich auf Klassenfahrten jedoch in einem schwierigen Spannungsfeld. Einerseits ist eine sorgfältige Beaufsichtigung der Schüler zu fordern, andererseits sollen Kinder und Jugendliche auch eine aus pädagogischen Gründen bewusst eingeräumte Freiheit nutzen können (HILLEBRAND 2003). Die Frage nach Verantwortlichkeiten und einer denkbaren Verletzung von Aufsichtspflichten wird für die betroffenen Lehrkräfte bei Notfällen auf Klassenfahrten daher immer ein spezieller Belastungsfaktor sein.

7.9 Notfall im Umfeld der Schule

Auch bei Notfällen im Umfeld einer Schule können Nachsorgemaßnahmen notwendig sein, etwa wenn in dem Ort, in dem sich die Schule befindet, ein Verbrechen verübt wurde oder sich ein schwerer Verkehrsunfall ereignet hat. Das gilt in gleicher Weise für Großschadenslagen, die sich zwar weit entfernt ereignet haben, von denen Schüler und Lehrer jedoch über die Medien erfahren. Die Schule bzw. die Mitglieder der Schulgemeinde sind in diesen Fällen zwar nicht direkt, aber doch indirekt betroffen.

Im März 2009 musste zum Beispiel ein Kölner Gymnasium vorübergehend geschlossen werden und in andere Räume ausweichen, nachdem das benachbarte Stadtarchiv eingestürzt war. In den vergangenen Jahren verursachten insbesondere die Terroranschläge vom 11. September 2001 und der Krieg im Irak auch bei vielen Schülern in Deutschland Angst und Verunsicherung (8-jähriger Grundschüler: »*Kann der Krieg auch zu uns kommen?*«). BARKOWSKI (2006b) spricht von »*kollektiver Betroffenheit*«.

Die Medienberichterstattung ist hierbei von besonderer Bedeutung. Bilder von Zerstörungen, aber auch von trauernden, schockierten und verletzten Menschen können vor allem jüngere Kinder stark belasten. Bei Großschadenslagen werden sie zudem permanent wiederholt, sodass man sich ihnen kaum entziehen kann.

Als Ausdruck der eigenen Anteilnahme könnte in solchen Situationen zu einer Schweigeminute angehalten werden, oder es wird symbolisch eine Kerze angezündet. Wenn Schüler stärker belastet sind, sollte die Situation jedoch intensiver thematisiert werden. Eine Möglichkeit besteht darin, sich genauer und betont sachlich über den Notfall zu informieren. Schüler könnten auf einer Landkarte nachschauen, wo sich der Notfall ereignet hat. Gegebenenfalls könnte man weitere Informationen über den Notfallort und, wenn dieser weit entfernt liegt, über die dortigen Lebensumstände einholen. Man könnte auch recherchieren lassen, welche Ursachen zu diesem Notfall geführt haben, wie vor Ort geholfen wird, welches eigene Verhalten in solchen Situationen angebracht ist, wie man selbst helfen kann usw. Möglicherweise können die Ergebnisse dieser Arbeit sogar im Rahmen einer kleinen Ausstellung präsentiert werden.

Um vor allem jüngere Kinder zu beruhigen, sollte ausdrücklich darauf hingewiesen werden, wie selten und unwahrscheinlich ein solches Ereignis ist. Eventuell könnte ein externer Experte, etwa ein Vertreter der Feuerwehr oder des Rettungsdienstes, in die Schule kommen und berichten, wie (gut) man im eigenen Wohnort auf vergleichbare Situationen vorbereitet ist. Wenn es von den Schülern gewünscht wird, könnte zudem ein symbolisches Erste-Hilfe-Paket versendet, ein Anteilnahme ausdrückender Brief an die Opfer geschrieben, eine Spendensammlung, ein Trödelbasar oder ein schulinternes Benefizkonzert zugunsten der Opfer veranstaltet werden. Nach Naturkatastrophen ist auch die langfristige Unterstützung humanitärer Hilfsprojekte oder die Übernahme von Patenschaften für eine Schulklasse im Krisengebiet denkbar.

Besondere Aufmerksamkeit sollten Schüler erhalten, die in irgendeiner Weise einen persönlichen Bezug zu der Notfallsituation haben. Das können zum Beispiel Kinder sein, die aus der Gegend stammen, in der sich ein Erdbeben ereignet hat; Kinder, die vor einem Krieg oder aus einer Krisenregion geflohen sind usw. Wenn sie es möchten und sie psychisch ausreichend stabil sind, könnte man sie in der Klasse eventuell von ihren Erfahrungen erzählen lassen. Solche Gesprächssituationen sollten allerdings sorgfältig vorbereitet und nach Möglichkeit von einem Schulpsychologen oder einem psychosozialen Notfallhelfer begleitet werden.

8 Nachwort

In diesem Buch wurden Notfälle in Schulen thematisiert. Es wurde dargestellt, wie Prävention, Intervention und Nachsorge gestaltet werden können. Die Auseinandersetzung mit dem Thema soll jedoch nicht verunsichern oder verängstigen. Bedrohungsgefühle und eine regelrechte Erwartungshaltung (»*Morgen passiert bestimmt etwas!*«) sind unangebracht. Von den rund 9,6 Millionen Kindern und Jugendlichen, die in Deutschland zur Schule gehen, und von den 668 000 Lehrkräften, die in Deutschland an allgemeinbildenden Schulen arbeiten, sind letztlich nur wenige von einem Notfall betroffen.

Nach wie vor sind Schulen Orte der Gemeinschaft, der Entwicklung, der Reifung und Bildung junger Menschen. In Schulen wird kommuniziert, gelernt, gelacht und gespielt. Es wäre fatal, würden Schulen ausschließlich als »*potentielle Viktimisierungsorte*« (Baier et al. 2009) betrachtet, in denen jeder Anwesende permanent einer akuten Gefahr für Leben und Gesundheit ausgesetzt ist. Zu den Voraussetzungen für einen angemessenen Umgang mit Notfällen in Schulen gehört daher nicht nur notfallpsychologisches Fachwissen und die entsprechende Handlungskompetenz, sondern vor allem Besonnen- und Gelassenheit. Allen Lesern dieser Veröffentlichung sei sie von Herzen gewünscht!

Viele Schüler, Lehrer, Erzieher und psychosoziale Notfallhelfer haben sich in den vergangenen Jahren durch ihre Auskünfte in Interviews, Rückmeldungen und Diskussionsbeiträgen in Fortbildungsveranstaltungen des Autors direkt oder indirekt an der Gestaltung des Manuskripts beteiligt. Bei ihnen allen, besonders aber bei Herrn Prof. Dr. Bernd Gasch, Frau Anna Keienburg, meinem Kollegen Herrn Jörg Schievekamp und dem Dozententeam des Notfallpädagogischen Instituts in Essen möchte ich mich für die wertvolle Unterstützung bedanken. Ohne sie hätte dieses Buch niemals in der vorliegenden Form erscheinen können!

Um die Lesbarkeit zu erleichtern, wurde im Text auf eine ausdrückliche Unterscheidung der beiden Geschlechter verzichtet. Dieser Vorgehensweise liegt selbstverständlich keine diskriminierende Absicht zugrunde. Rückmeldungen zu diesem Buch aus der Leserschaft nehmen Autor und Verlag jederzeit gern entgegen. Konstruktive Kritik wird – auch im Hinblick auf überarbeitete und ergänzte Neuauflagen – stets dankbar angenommen.

9 Anhang

9.1 Musterbriefe

Natürlich kann man nicht für jede erdenkliche Situation Musterbriefe vorbereiten. Das ist schlichtweg nicht möglich, weil es sozusagen hellseherische Fähigkeiten voraussetzen würde. Mitunter werden im Hinblick auf besonders konkrete Formulierungen sogar ethische Bedenken geäußert. In der Tat empfiehlt es sich, in jedem Einzelfall neu nach den angemessenen Formulierungen zu suchen. Dennoch stellen vorgefertigte Textbausteine, die man auswählen, kombinieren und gegebenenfalls umformulieren kann, zweifellos eine wertvolle Hilfestellung dar. Generell sind bei der Formulierung von Briefen an Schüler oder Eltern in Notfallsituationen folgende Hinweise zu beachten:

- Die Briefe sollten so ausführlich wie nötig, aber auch so kurz wie möglich sein. Notfallbetroffene können übererregt sein und dadurch Schwierigkeiten haben, sich längere Zeit zu konzentrieren. Ein mehrseitiges Schreiben mit sehr detaillierten Informationen ist insofern unangebracht. Weniger ist mehr.
- Zu Beginn der Briefe sollte gleich nach einem einleitenden Satz mit einfachen und klaren Worten beschrieben werden, was passiert ist und worum es geht. Beispiel: »*Vor unserer Schule hat sich heute ein schwerer Verkehrsunfall ereignet. Eine Schülerin aus der siebten Klasse wurde dabei lebensbedrohlich verletzt. Sie liegt im Augenblick im Krankenhaus.*«
- Die Briefe sollten zwar vorrangig sachlich informieren. Gleichwohl sollte auch die eigene Betroffenheit zum Ausdruck gebracht werden. Es handelt sich ja nicht um einen nüchternen Bericht eines technischen Sachverständigen. Vielmehr sind die Briefe pädagogisch-psychologisches Handeln. Beispiel: »*Wir haben uns alle sehr erschreckt.*«, »*Dieser tra-*

gische Unfall hat uns tief betroffen gemacht.«, *»Wir sind tief betroffen.«*
- Die Briefe sollten beinhalten, wie in der Schule auf eine Notfallsituation reagiert wird. Die Eltern sollen wissen, was seitens der Schule unternommen wird. Beispiel: *»Bis zum Ende der Woche ist vormittags von 8 Uhr bis 12 Uhr ein Notfallseelsorger in der Schule, der den Schülern für vertrauliche Gespräche zur Verfügung steht.«*, *»In den kommenden Tagen werden wir vom regulären Unterricht abweichen, um mit den Kindern über den Unfall und die Unfallfolgen zu sprechen.«*, *»Klassenarbeiten, die in der nächsten Woche geschrieben werden sollten, werden zunächst verschoben.«*, *»Für den kommenden Dienstag laden wir Sie um 19 Uhr zu einem Elternabend ein, um über die Situation ausführlich zu sprechen.«*
- Ferner sollte enthalten sein, was die Adressaten des Briefs in den folgenden Tagen selbst tun können. Beispiel für einen Brief an Schüler: *»Vielen Menschen hilft es, wenn man mit anderen über das Erlebte spricht. Wenn Du das möchtest, kannst Du zum Beispiel Deinen Freunden oder Deinen Eltern davon erzählen. Wenn Du lieber nicht über den Unfall sprechen möchtest, ist das aber auch ok.«* Beispiel für einen Brief an Eltern: *»Wenn Kinder einen Unfall miterlebt haben, brauchen sie häufig eine besondere Zuwendung. Verbringen Sie viel Zeit mit Ihrem Kind, lassen Sie es möglichst nicht allein und hören Sie geduldig zu, wenn Ihr Kind von dem Erlebten erzählt.«*
- Abschließend sollte in den Briefen eine Kontaktanschrift bzw. eine Telefonnummer oder E-Mail-Adresse genannt werden, an die man sich mit weiteren Fragen wenden kann. Beispiel: *»Wenn Sie weitere Fragen haben, können Sie sich von Montag bis Freitag in der Zeit von 10 Uhr bis 12 Uhr unter der Rufnummer 1234 an die Schulleiterin Frau Müller wenden.«*

- Gegebenenfalls sollten Mitteilungen der Schule auch in andere Sprachen übersetzt werden. Vor allem Eltern und Schüler mit Migrationshintergrund können die deutsche Sprache nicht immer ausreichend lesen.

9.1.1 Beispiel für einen Informationsbrief an Kinder

Liebe(r) _____,

vor kurzem hast Du einen Notfall miterlebt. So etwas passiert immer sehr plötzlich. Man rechnet überhaupt nicht damit. Vielleicht bist Du jetzt ganz durcheinander, sehr traurig oder auch wütend. Vielleicht bist Du noch immer ganz aufgeregt oder Du hast jetzt große Angst. Es kann auch gut sein, dass Du Dich einfach komisch fühlst.

Das ist nicht schön, und es ist sicher sehr unangenehm. Aber dass Du so reagierst, ist ganz normal. Du brauchst Dir deshalb keine Sorgen zu machen. Vielen anderen Kindern, die ebenfalls einen Notfall miterlebt haben, geht es genauso wie Dir.

Wir möchten Dir einige Tipps geben, die Dir jetzt helfen können:

- Wenn Du sehr traurig bist, kannst Du ruhig weinen. Du brauchst nicht zu verstecken, wenn es Dir nicht gut geht!
- Beschäftige Dich in den nächsten Tagen mit Dingen, die Du sonst auch immer gern getan hast. Hör zum Beispiel Deine Lieblingsmusik und spiele Deine Lieblingsspiele!
- Geh raus an die frische Luft. Dort kannst Du rennen und toben, wenn Dir danach ist!
- Du kannst auch ein Bild von dem Notfall malen, den Du erlebt hast. Wenn Du möchtest, kannst Du das Bild jemandem zeigen oder auch schenken, den Du besonders gerne magst!
- Du kannst auch eine Geschichte oder einen Brief über den Notfall schreiben. Wenn Du das, was Du geschrieben hast, lieber für Dich behalten möchtest, ist das natürlich in Ordnung. Du kannst Deine Geschichte aber auch anderen Menschen zeigen!

- Wenn Du Angst hast, traurig bist oder Dich etwas anderes bedrückt, dann sprich darüber mit Erwachsenen, die Du gut leiden kannst und denen Du vertraust. Das können Deine Eltern sein, aber auch Deine Oma oder Dein Opa, eine Lehrerin oder ein Lehrer, eine Tante oder ein Onkel! Du wirst sehen, dass es gut tut, über das Erlebte zu sprechen.
- Wenn Du niemanden hast, mit dem Du sprechen kannst, kannst Du beim Kinder-Sorgentelefon anrufen. Die Nummer lautet _____. Dort ist immer jemand erreichbar, der für Dich da ist, der Dir zuhört und der Dir helfen kann. Dort anzurufen, kostet nichts. Du brauchst noch nicht einmal Deinen Namen zu nennen, wenn Du das nicht möchtest.

Du kannst Dich aber auch an uns wenden. Du erreichst uns unter der Rufnummer _____.

Viele Grüße, Dein

_____

9.1.2 Beispiel für einen Informationsbrief an Jugendliche

Liebe(r)_____,

Vor kurzem hast Du einen Notfall miterlebt. So etwas passiert immer sehr plötzlich. Man rechnet überhaupt nicht damit. Mit diesem Brief möchten wir Dir einige wichtige Informationen geben, die Dir vielleicht helfen können.

Nach einem Notfall gibt es ganz unterschiedliche Reaktionen, die auftreten können, aber nicht auftreten müssen. Möglich sind zum Beispiel wiederkehrende Erinnerungen, Alpträume, Schlafschwierigkeiten, Konzentrationsstörungen und Ängste. Einige Menschen sind nach Notfällen auch verzweifelt, traurig und möchten am liebsten nur noch allein sein. Andere sind sehr gereizt oder wütend. Auch körperliche Symptome können auftreten, zum Beispiel Kopfschmerzen oder Übelkeit. Vielleicht hast Du solche Reaktionen auch bei Dir selbst bemerkt.

All diese Reaktionen sind nicht schön, und sie sind sicher sehr unangenehm. Aber sie sind nicht ungewöhnlich. Du brauchst Dir deshalb keine Sorgen zu machen. Vielen anderen Jugendlichen, die ebenfalls einen Notfall miterlebt haben, geht es ganz genauso. Meistens werden die Reaktionen nach einiger Zeit schwächer und verschwinden dann ganz. Das kann aber einige Wochen dauern. Was Du beachten solltest, sind die folgenden Hinweise:

- Du brauchst Dich nicht zu verstellen. Wenn Du traurig bist, darfst Du traurig sein. Wenn Du aufgeregt bist, darfst Du aufgeregt sein.
- Respektiere das Verhalten Deiner Klassenkameraden als ihren eigenen Weg, mit dem Erlebten zurechtzukommen. Jeder reagiert nach einem Notfall anders, es gibt kein Richtig oder Falsch. Vor allem gibt es keinen Grund, sich übereinander lustig zu machen.

- Beschäftige Dich mit Dingen, die Dir helfen. Geh zum Beispiel Deinen Hobbys nach und treib Sport. Versuch, Deinen gewohnten Tagesablauf beizubehalten.
- Finger weg von Alkohol und Drogen. Diese Dinge bereiten Dir nur neue Probleme.
- Sprich mit Menschen, zu denen Du Vertrauen hast, über das, was passiert ist. Manchen Menschen hilft es auch, das Erlebte aufzuschreiben, zum Beispiel in ein Tagebuch.
- Bleib in den nächsten Tagen möglichst nicht allein. Triff Dich mit Menschen, mit denen Du gern zusammen bist. Wenn es Klassenkameraden sind, die das Gleiche erlebt haben wie Du, unterstützt Euch gegenseitig und hört einander zu.
- Wenn Du nicht weißt, an wen Du Dich wenden sollst, kannst Du beim Jugend-Sorgentelefon anrufen. Die Nummer lautet _____. Dort ist immer jemand erreichbar, der für Dich da ist, der Dir zuhört und der Dir helfen kann. Dort anzurufen, kostet nichts. Du brauchst noch nicht einmal Deinen Namen zu nennen, wenn Du das nicht möchtest.

Du kannst Dich aber auch an uns wenden. Du erreichst uns unter der Rufnummer _____.

Viele Grüße,

_____

9.1.3 Beispiel für einen Informationsbrief an Eltern

Liebe Eltern,

in unserer Schule hat es ein schweres Unglück gegeben. Über solche Ereignisse kommen einige Kinder schnell hinweg, andere brauchen längere Zeit und reagieren mit psychischen oder körperlichen Symptomen. Mit diesem Schreiben möchten wir Sie darüber informieren, welche Reaktionen möglicherweise bei Ihrem Kind auftreten und wie Sie damit umgehen können.

Ihr Kind kann sich in den nächsten Tagen unwohl oder müde fühlen, unruhig, nervös oder ängstlich sein. Möglicherweise wirkt Ihr Kind auch gereizt, wütend, aggressiv oder auf eine andere Weise »verändert«. Ihr Kind mag möglicherweise nicht wie üblich essen, kann sich nicht konzentrieren, einschlafen oder hat Alpträume.

Derartige Reaktionen können auftreten, müssen es aber nicht. Sie sollten also nicht »darauf warten«, dass Ihr Kind sie zeigt. Wenn sie doch eintreten, sollte Sie das nicht beunruhigen. Derartige Reaktionen haben sehr viele Kinder nach einem Notfall. In den meisten Fällen verschwinden sie nach wenigen Tagen oder Wochen.

Wie sollten Sie sich Ihrem Kind gegenüber verhalten?

- Sprechen Sie mit Ihrem Kind über den Notfall. Hören Sie aufmerksam und geduldig zu, wenn es von dem Erlebten erzählt, auch wenn es sich wiederholt. Drängen Sie Ihr Kind aber nicht dazu, über den Notfall zu reden.
- Fragen Sie Ihr Kind, ob es das Erlebte aufschreiben oder malen möchte.
- Wenn Ihr Kind Fragen zu dem Notfall hat, beantworten Sie die Fragen offen und ehrlich.

- Zeigen Sie Verständnis für die oben genannten Symptome.
- Sorgen Sie dafür, dass Ihr Kind sich körperlich betätigt und viel an der frischen Luft aufhält: spazieren gehen, Rad fahren, schwimmen, etc.
- Eine gesunde Ernährung (Gemüse, Obst, Fisch, Ballaststoffe etc.) ist immer nützlich, besonders in diesem Fall.
- Lassen Sie Ihr Kind möglichst nicht oder zumindest nicht längere Zeit allein, sondern bleiben Sie in der Nähe. Es kann auch sinnvoll sein, Ihr Kind, wenn es das möchte, für einige Zeit in Ihrem Bett schlafen zu lassen.
- Wenn Ihr Kind Schuldgefühle hat, sagen Sie Ihrem Kind – sofern das stimmt –, dass es für den Notfall nicht verantwortlich ist.

Bleiben die Symptome länger als vier Wochen bestehen oder sollten Sie es bereits vorher als notwendig erachten, suchen Sie einen Kinderpsychologen auf. Unter Umständen ist dann weitere fachliche Hilfe notwendig.

Mit diesem Schreiben möchten wir Sie nun noch sehr herzlich zu einem Gesprächsabend einladen, bei dem auch der Notfallseelsorger Herr Müller anwesend sein wird. Der Gesprächsabend findet statt am _____ um _____ Uhr in Raum 111 unseres Schulgebäudes.

Sollten Sie vorab schon einige Fragen haben, können Sie sich natürlich jederzeit gern an uns wenden. Unsere Telefonnummer lautet: _____.

Mit freundlichen Grüßen

_____

9.2 Checklisten

Checklisten für Notfälle sind nicht allgemein gültig, sondern müssen immer an die konkrete Situation angepasst werden. Eine fundierte Ausbildung stets vorausgesetzt, können sie das Handeln in einem Notfall sehr erleichtern und vor allem dazu beitragen, dass nichts übersehen oder vergessen wird. Vergleichbare Checklisten werden in der Luftfahrt vor Starts und Landungen, aber auch bei Zwischenfällen an Bord und kritischen Ereignissen durchgesehen. Damit sie in Stresssituationen, unter Zeitdruck und psychischer Belastung handhabbar bleiben, sollten sie einerseits so knapp und prägnant wie möglich formuliert werden. Andererseits müssen sie aber so ausführlich und differenziert sein, dass sie eine unmittelbare, konkrete (!) Handlungsweisung beinhalten. Pauschale Hinweise wie »*Beachten Sie die psychische Situation der Schüler.*« helfen kaum weiter. Sie sagen nicht, welche Vorgehensweise gewählt und welche Maßnahmen ergriffen werden sollen.

Nachfolgend werden Checklisten zur Prävention, Intervention und Nachsorge beispielhaft dargestellt. Zugleich handelt es sich bei ihnen um eine kurze Zusammenfassung der Ausführungen in diesem Buch. Es empfiehlt sich jedoch, dass in jeder Schule eigene Listen erstellt werden, zumal in jeder Schule andere Rahmenbedingungen und Besonderheiten vorhanden sind.

9.2.1 Prävention

Tab. 15 ▶ Prävention

Aufgabe	erledigt
Das Kollegium der Schule hat an einer Fortbildung zum Thema »Notfälle in Schulen« teilgenommen.	
Eine Risiko- bzw. Gefahrenanalyse wurde durchgeführt. Vorhandene Gefahrenquellen bzw. potentielle Notfallursachen sind identifiziert, und es wird auf sie reagiert.	
Ein Notfallteam wurde gegründet und fachbezogen ausgebildet.	
Ein Mitglied des Notfallteams ist jederzeit, zum Beispiel über ein Handy, erreichbar. Dies ist allen Mitgliedern der Schulgemeinde bekannt.	
Handlungspläne und Telefonlisten für Notfälle wurden erarbeitet, liegen an einem geeigneten Ort in der Schule aus und werden regelmäßig aktualisiert. Das Kollegium ist darüber informiert.	
Ansprechpartner bei der Polizei, der Feuerwehr, dem Rettungsdienst und anderen externen Hilfsinstanzen (Jugendamt, Notfallseelsorge, Kriseninterventionsdienst usw.) sind der Schulleitung und dem Notfallteam bekannt.	
Einzelne Aufgaben und Zuständigkeiten in einem Notfall wurden, auch in Absprache mit den externen Hilfsinstanzen, eindeutig geklärt.	
Eine ausreichende Anzahl von Mitgliedern der Schulgemeinde hat eine Brandschutzschulung absolviert. Diese Ausbildung wird regelmäßig, spätestens alle zwei Jahre, aufgefrischt.	
Eine ausreichende Anzahl von Mitgliedern der Schulgemeinde hat einen Erste-Hilfe-Lehrgang absolviert. Diese Ausbildung wird regelmäßig, spätestens alle zwei Jahre, aufgefrischt.	
Ein Schulsanitätsdienst wurde gegründet und fachbezogen ausgebildet.	
In der Schule stehen geeignete Materialien zur Bewältigung von Notfällen zur Verfügung. Die Materialien entsprechen mindestens den Vorgaben der gesetzlichen Unfallversicherung.	
In der Schule steht ein Sanitätsraum zur Verfügung. Er entspricht mindestens den Vorgaben der gesetzlichen Unfallversicherung.	

Die Schulgemeinde kann in Notfällen unverzüglich alarmiert und informiert werden. Die festgelegten Alarmierungssignale sind allen Mitgliedern der Schulgemeinde bekannt.	
Flucht- und Rettungswege werden permanent freigehalten und sind eindeutig gekennzeichnet.	
Für den Fall, dass das Schulgebäude verlassen werden muss, sind geeignete Sammelpunkte festgelegt worden. Wer sich zu welchem Sammelpunkt begeben muss, ist der Schulgemeinde bekannt.	
Notfallübungen werden regelmäßig, mindestens einmal im Schuljahr durchgeführt.	
Notfälle werden in angemessener Weise als Unterrichtsthema aufgegriffen.	
Aktuelle Notfallerfahrungen werden im Kollegium der Schule besprochen.	
Während der Unterrichtszeit ist auf dem gesamten Schulgelände bzw. im Schulgebäude für eine angemessene Aufsicht gesorgt. Auch wenig frequentierte Bereiche des Schulgeländes bzw. -gebäudes werden regelmäßig kontrolliert.	
Den Schülern steht eine niedrigschwellig erreichbare Hilfsinstanz zur Verfügung, an die sie sich in Krisen- und Konfliktsituationen wenden können.	
Die Schule führt Programme zur Gewaltprävention durch.	
Weitere, vor allem technische und organisatorische Präventionsmaßnahmen wurden in der Schulgemeinde thematisiert und, sofern sie als notwendig erachtet wurden, in angemessener Weise umgesetzt.	

9.2.2 Intervention

TAB. 16 ▶ Intervention

Aufgabe	erledigt
Überblick verschaffen und folgende Fragen klären: • Was ist passiert? • Wer ist betroffen? • Welche Gefahren drohen?	
Bei Vorliegen einer Eigengefährdung sich selbst und andere in Sicherheit bringen: • gegebenenfalls (z. B. bei einem Feuer) das Schulgebäude verlassen und einen der festgelegten Sammelpunkte aufsuchen • gegebenenfalls (z. B. bei einem School Shooting) im Klassenraum bleiben und sich dort verbarrikadieren • gegebenenfalls schulinterne Alarmsignale auslösen oder die Schulgemeinde mit einer Lautsprecherdurchsage warnen	
Rettungskräfte (Polizei, Feuerwehr und Rettungsdienst, ggf. auch den Schulsanitätsdienst) alarmieren und für deren Einweisung sorgen.	
Nach Möglichkeit Schüler in die Hilfeleistung einbeziehen, konkrete Aufgaben erteilen.	
Zuschauer vor belastenden Anblicken schützen: • Zuschauer in andere Räume der Schule schicken oder • auf dem Schulhof für größeren Abstand zum Notfallgeschehen sorgen. Die Wahrnehmung der Hilfeleistung jedoch möglichst nicht verhindern.	
Alle direkt und indirekt beteiligten Personen über den Notfall informieren. Dabei mitteilen, • was passiert ist, • dass geholfen wird und • wie geholfen wird. Auf Fragen ehrlich antworten.	
Für Betreuung der Schüler sorgen: • Bezugspersonen benachrichtigen und um Abholung ihrer Kinder bitten, • externe Fachkräfte (z. B. Notfallseelsorge, Kriseninterventionsdienst, Schulpsychologen) hinzuziehen • als Lehrkraft für Gespräche sichtbar zur Verfügung stehen • Schule auch nach Unterrichtsende geöffnet lassen	

9.2.3 Nachsorge

Tab. 17 ▶ Nachsorge

Aufgabe	erledigt
Nachsorge planen: • Für wen soll die Nachsorge angeboten werden? • Welche Nachsorge soll angeboten werden? • Wer soll die Nachsorge durchführen?	
Beim Einsatz mehrerer externer Fachkräfte beachten: • Zuständigkeiten und Verantwortungsbereiche festlegen • Einsatzabschnitte bilden	
Ergänzende Informationen vermitteln, z. B.: • Welche zusätzlichen Informationen gibt es über das Ereignis? • Wie geht es dem oder den Verletzten? • Welche Hilfeleistungen wurden und werden durchgeführt? • Welche Nachsorgemaßnahmen sind geplant? Diese Informationen können auf unterschiedliche Weise vermittelt werden: • persönliche Mitteilungen in den einzelnen Klassen • Aushang am Schwarzen Brett • Informationsbriefe • Lehrer- oder Schulkonferenzen • Elternabende • Telefon-Hotline • Internetseite	
Für Psychoedukation der betroffenen Schüler sorgen: • über Belastungsreaktionen informieren • persönliche und soziale Ressourcen aktivieren • geeignete Bewältigungsstrategien vermitteln • zu hilfreicher Aktivität ermutigen	
Einzel- und Gruppengespräche anbieten, gegebenenfalls eine regelmäßige Notfallsprechstunde einrichten.	
Gemeinsam mit den Schülern angemessene Rituale entwickeln, die Schule mit dem Notfallereignis jedoch nicht dauerhaft überschatten.	
Mit Medienvertretern umgehen: • Fragen sachlich beantworten, nur gesicherte Informationen weitergeben • Schüler darüber informieren, dass sie keine Interviews geben müssen • gegebenenfalls die Polizei um Schutz vor aufdringlichen Medienvertretern bitten • gegebenenfalls konkrete Kooperationsvereinbarungen treffen • gegebenenfalls Pressekonferenz veranstalten	

9.2.4 Telefonliste für Notfälle

TAB. 18 ▶ Telefonliste für Notfälle

Kontaktperson	Tel.	Mobil	Fax	Mail
Polizei				
Rettungsdienst				
Durchgangsarzt				
Feuerwehr				
Giftinformationszentrale				
Schulleitung				
Stellvertretende Schulleitung				
1. Mitglied des Notfallteams der Schule				
2. Mitglied des Notfallteams der Schule				
3. Mitglied des Notfallteams der Schule usw.				
Hausmeister				
Gebäudeteil 1 (falls vorhanden, z. B. Bibliothek)				
Gebäudeteil 2 (falls vorhanden, z. B. Fachräume)				
Gebäudeteil 3 (falls vorhanden, z. B. Sporthalle usw.)				
Schulpsychologe				
Schulseelsorger				
Schulsozialarbeiter				
Schulpsychologisches Notfallteam des Schulträgers oder des Kultusministeriums (Hotline)				
Schulträger				
Schulaufsicht				
Schulpflegschaftsvorsitzender				
Krankenhaus 1				
Krankenhaus 2				
Krankenhaus 3 usw.				

Unfallversicherungsträger				
Gemeindepfarrer				
Notfallseelsorger, Kriseninterventionsteam				
Kinder- und Jugendpsychiatrische Beratung				
Kinder- und Jugendlichenpsychotherapeut				
Traumaambulanz für Kinder und Jugendliche				
Erziehungsberatungsstelle				
Drogenberatungsstelle				
Jugendamt				
Sozialamt				
Übersetzer				
Taxizentrale				
Lokalzeitung (Redaktion)				
Lokalradio (Redaktion)				
1. Klassenpflegschaftsvorsitzender				
2. Klassenpflegschaftsvorsitzender				
3. Klassenpflegschaftsvorsitzender usw.				
Wettervorhersage (Abfrage von Unwetterwarnungen)				

Außerdem sollte eine Telefonliste für Notfälle enthalten, wie die Erziehungsberechtigten *aller* Schüler sowie die Angehörigen bzw. Familien *aller* an der Schule beschäftigten Lehrer erreichbar sind.

9.2.5 Verbandkasten nach DIN 13157

Dieser Verbandkasten muss in jeder Schule mindestens einmal vorhanden sein, gegebenenfalls auch mehrfach, wenn das Schulgebäude besonders groß ist oder zusätzliche Gefahrenschwerpunkte aufweist (Fachräume, Sporthalle).

9 ▶ Anhang

Tab. 19 ▶ Verbandkasten nach DIN 13157

Stückzahl	Inhalt
1	Heftpflaster DIN 13019-A, 5 m × 2,5 cm
8	Wundschnellverband DIN 13019-E, 10 × 6 cm
5	Fingerkuppenverband
5	Wundschnellverband DIN 13019-E, 18 × 2 cm
10	Pflasterstrip, Mindestmaß 19 × 72 mm
3	Verbandpäckchen DIN 13151-M
2	Verbandpäckchen DIN 13151-G
1	Verbandtuch DIN 13152-BR, 40 × 80 cm
1	Verbandtuch DIN 13152-A, 60 × 80 cm
6	Kompresse, 10 × 10 cm
2	Augenkompresse, 5 × 7 cm, Mindestgewicht 1,5 g/Stück
1	Rettungsdecke, metallisierte Polyesterfolie, Oberfläche Aluminium, Rückseite farbig, Mindestmaß 210 × 160 cm, Mindestfoliendicke 12 µm
3	Fixierbinde DIN 61634-FB, 4 m × 6 cm
3	Fixierbinde DIN 61634-FB, 4 m × 8 cm
1	Netzverband für Extremitäten, mindestens 4 m gedehnt
1	Dreiecktuch DIN 13168-D
1	Schere DIN 58279-B 190
10	Vliesstoff-Tuch, Mindestmaß 20 × 30 cm, Mindestgewicht 15 g/m^2
2	Folienbeutel, verschließbarer, aus Polyethylen, Mindestmaße 30 × 40 cm, Mindestfoliendicke 45 µm
4	Einmalhandschuhe aus PVC nach DIN EN 455–1 und DIN EN 455–2, nahtlos, groß
1	Erste-Hilfe-Broschüre
1	Inhaltsverzeichnis

9.3 Informationsquellen im Internet

9.3.1 Internetseiten mit allgemeinen Informationen zum Thema

TAB. 20 ▶ Internetseiten mit allgemeinen Informationen zum Thema

Berufsverband Deutscher Psychologinnen und Psychologen	www.bdp-verband.org
Bundesamt für Bevölkerungsschutz und Katastrophenhilfe	www.bbk.bund.de
Bundesgeschäftsstelle weißer Ring e.V.	www.weisser-ring.de
Bundeskonferenz für Erziehungsberatung e.V.	www.bke.de
Bundesprüfstelle für jugendgefährdende Medien	www.bundespruefstelle.de
Bundeszentrale für gesundheitliche Aufklärung	www.bzga.de
Bundeszentrale für politische Bildung	www.bpb.de
Deutsche Gesellschaft für Prävention und Intervention bei Kindesmisshandlung und -vernachlässigung e.V. i.G.	www.dgfpi.de
Deutsche Gesetzliche Unfallversicherung	www.dguv.de
Elternratgeber – Eltern-Homepage der Löwen Medienservice GmbH	www.elternratgeber.de
Informationen der Evangelischen Kirche von Westfalen	www.notfall-in-der-schule.de
Institut für Friedenspädagogik Tübingen e.V.	www.friedenspaedagogik.de
Internetpräsentation von Schulpsychologen	www.schulpsychologie.de
Kinderschutz-Zentren	www.kinderschutz-zentren.org
Landesprogramm Bildung und Gesundheit	www.bug-nrw.de

Malteser Schulsanitätsdienst	www.malteser-ssd.de
Private Homepage der Lehrerin Dagmar Krol	www.krolnet.de
Religionspädagogisches Zentrum Heilsbronn	www.rpz-heilsbronn.de
Schulpastoral – Schulseelsorge	www.schulpastoral.de
Schulsanitätsdienst	www.schulsanitätsdienst.de
sinus – Schulische Krisenintervention e.V.	www.schulische-krisenintervention.de
UNICEF Kinderhilfswerk der Vereinten Nationen	www.unicef.de
Unterhaltungssoftware Selbstkontrolle (USK)	www.usk.de
Zentrale für Unterrichtsmedien im Internet e.V.	www.zum.de

9.3.2 Internetseiten mit Beratungsangeboten für Kinder und Jugendliche

TAB. 21 ▶ Internetseiten mit Beratungsangeboten für Kinder und Jugendliche

Onlineberatung der Bundeszentrale für gesundheitliche Aufklärung zu den Themen Sucht und Drogen	www.drugcom.de
Onlineberatung für Jugendliche, die Probleme mit Eltern, Freunden, der Schule oder mit sich selbst haben	www.bke-beratung.de
Onlineberatung für Jugendliche in Krisensituationen durch Peers, Träger ist der Arbeitskreis Leben e.V.	www.youth-life-line.de
Onlineberatung für Kinder und Jugendliche zu den Themen Freundschaft, Partnerschaft, Sexualität, Schule, Gewalterfahrungen, Drogen und Lebenssinn	www.kids-hotline.de
Onlineberatung für Kinder und Jugendliche zu den Themen Suizidgefährdung, sexueller Missbrauch und Trauma	www.neuhland.de

Onlineberatung für suizidgefährdete Jugendliche, Träger ist der Arbeitskreis Leben Freiburg e.V.	www.u25-freiburg.de
Onlineberatung und Informationen von pro familia für Jugendliche zum Thema Sexualität	www.sextra.de
Telefonseelsorge, bietet nicht nur telefonisch unter der Rufnummer 0800–1110111 und 0800–1110222, sondern auch im Internet Beratung an	www.telefonseelsorge.de
Zusammenschluss verschiedener Onlineberatungsstellen, die eine gemeinsame Internetplattform nutzen	www.das-beratungsnetz.de

9.3.3 Internetseiten mit Informationen zur Notfallvorsorge

TAB. 22 ▶ Internetseiten mit Informationen zur Notfallvorsorge

Berliner Leaking-Projekt der Freien Universität Berlin	www.leaking-projekt.de
Bundesarbeitsgemeinschaft Mehr Sicherheit für Kinder e.V.	www.kindersicherheit.de
Bundesarbeitsgemeinschaft Prävention & Prophylaxe e.V.	www.praevention.org
das sichere Kind – DER ELTERNRATGEBER	www.das-sichere-kind.de
Deutsche Gesellschaft für Suizidprävention (DGS)	www.suizidprophylaxe.de
Deutscher Kinderschutzbund Bundesverband e.V.	www.kinderschutzbund.de
Deutscher Verkehrssicherheitsrat e.V.	www.dvr.de
Fachausschuss Brandschutzerziehung und Brandschutzaufklärung im Landesfeuerwehrverband Nordrhein-Westfalen e.V.	www.sicherheitserziehung-nrw.de

fairplayer e.V. (Initiative gegen Gewalt an Schulen und für soziale Kompetenz)	www.fairplayer.de
Floriansdorf – Zentrum für Sicherheitserziehung und Aufklärung	www.floriansdorf.de
Gemeinsamer Ausschuss Brandschutzaufklärung und Brandschutzerziehung	www.brandschutzaufklaerung.de
Heidelberger PräventionsZentrum (HPZ) (Förderung sozial-emotionaler Kompetenzen zur Prävention von aggressivem Verhalten und Essstörungen bei Kindern)	www.faustlos.de
Hilfswerk der Deutschen Lions e.V. (Informationen zum Präventionsprojekt »Erwachsen werden«)	www.lions-quest.de
Informationen über ein Trainingsprogramm zur Lösung von Disziplinproblemen	www.trainingsraum.de
Initiative RESPEKT – Aktion gewaltfreie Schulen	www.respekt-info.de
Institut für Gewaltprävention und angewandte Kriminologie (IGaK)	www.igak.org
Institut Psychologie und Sicherheit (I:P:Bm)	www.institut-psychologie-sicherheit.de
Koordinierungsstelle Gewaltprävention	www.verantwortung.de
PaC – Prävention als Chance. Schulbezogene Gewaltprävention im Verbund (Gewaltprävention in Kindertageseinrichtungen und Schulen)	www.pac-programm.de
Polizei des Landes Nordrhein-Westfalen (Internetwache, bei der verdächtige Eintragungen in Foren, Chatrooms und Weblogs jederzeit gemeldet werden können)	www.polizei-nrw.de/internetwache/Start/
Projekt »Sichere Schule« des Rheinischen Unfallversicherungsverbandes	www.rguvv.sichere-schule.info
Schule für Toleranz. Ein Projekt der Westfälischen Universität Münster	www.schule-fuer-toleranz.de

Stiftung Deutsches Forum für Kriminalprävention	www.kriminalpraevention.de
Visionary (europäisches Kooperationsprojekt zum Thema Gewalt, Mobbing und Bullying in der Schule)	www.gewalt-in-der-schule.info

9.3.4 Internetseiten mit Informationen zur Notfallnachsorge

TAB. 23 ▶ Internetseiten mit Informationen zur Notfallnachsorge

Aktion Teddybär e.V.	www.aktion-teddy.de
Aktionskomitee Kind im Krankenhaus Bundesverband e.V.	www.akik.de
Alles ist anders – Eine Homepage für trauernde Jugendliche und junge Erwachsene	www.allesistanders.de
Angehörige um Suizid (AGUS) e.V.	www.agus-selbsthilfe.de
Arbeitsgemeinschaft christliche Onlineberatung	www.christliche-onlineberatung.de
Arbeitsgemeinschaft Seelsorge in Feuerwehr und Rettungsdienst (AGS)	www.notfallseelsorge.de/Besondere%20Einsaetze/kinder.htm
Bundesverband Verwaiste Eltern in Deutschland e.V.	www.veid.de
Bundesvereinigung Stressbearbeitung nach belastenden Ereignissen e.V.	www.sbe-ev.de
Das fröhliche Krankenzimmer e.V. (eine Aktion des Deutschen Ärztinnenbundes e.V.)	www.aerztinnenbund.de/Das-froehliche-Krankenzimmer.0.105.1.html
Deutsche Teddy-Stiftung (Good Bears of the World)	www.deutsche-teddy-stiftung.de
Deutscher Kinderhospizverein e.V.	www.deutscher-kinderhospizverein.de
Dunkelziffer e.V. – Hilfe für sexuell missbrauchte Kinder	www.dunkelziffer.de

Herzenswünsche e.V. – Verein für schwer erkrankte Kinder und Jugendliche	www.herzenswuensche.de
Kinderschutz-Zentren e.V. (Informationen für Betroffene von sexueller Gewalt)	www.youngavenue.de
Klassissimo – vom Klassen- ins Krankenzimmer (ein Projekt des Förderkreises für Tumor- und Leukämieerkrankte Kinder e.V.)	www.klassissimo.de
Krisen-Interventions- und Bewältigungsteam Bayerischer Schulpsychologinnen und Schulpsychologen	www.kibbs.de
Nico und Nicola – eine Homepage für Kinder und Jugendliche, deren Vater oder Mutter gestorben ist	www.nico-und-nicola.de
Paulinchen e.V. – Iinitiative brandverletzte Kinder	www.paulinchen.de
Plan International Deutschland e.V. (internationale Kinderhilfsorganisation, die in Krisen- und Katastrophengebieten Patenschaften vermittelt)	www.plan-deutschland.de
private Internetpräsentation für trauernde Geschwister	www.trauernde-geschwister.de
private Internetpräsentation zum Thema Kindertrauer	www.kinder.trauer.org
private Internetpräsentation zum Thema Kindertrauer	www.kindertrauer.org
Psychotherapieinformationsdienst (ein Angebot der Deutschen Psychologen Akademie)	www.psychotherapiesuche.de
trauernetz.de – Ein Angebot der evangelischen Kirche	www.trauernetz.de
Trauma-Informations-Zentrum	www.trauma-informations-zentrum.de
Wildwasser (Informationen für Betroffene von sexuellem Missbrauch sowie deren Freunde und Angehörige)	www.wildwasser.de
Zentrum für trauernde Kinder e.V.	www.trauernde-kinder.de

9.4 Materialien

9.4.1 Arbeitsmaterialien für den Unterricht

Die nachfolgende Auflistung ist weder vollständig, noch enthält sie eine Wertung. Wer in seinem Unterricht das Thema »Notfall« aufgreift, muss selbst entscheiden und verantworten, welche Arbeitsmaterialien zu welchem Zeitpunkt verwendet werden und wie sie methodisch-didaktisch in den Unterricht zu integrieren sind.

Alves K, Müller D, Chiappa G (2005) Erste Hilfe mit Globi. Zürich: Globi Publishing

Amelung I, Guthahn S (2002) Literatur-Kartei »Ich knall Euch ab!« Mülheim an der Ruhr: Verlag An der Ruhr

Arnold N (1986) Kinder lernen über Rettungsdienst und Krankenhaus. Hanau: EFB

Bayerisches Jugendrotkreuz (o. J.) Der Juniorhelfer. Materialiensammlung. München: Eigenverlag

Brandenburg B (2006) Lesegeschichten aus der Bibel – Wer findet den richtigen Weg? Neues Testament: Das Gleichnis vom barmherzigen Samariter. Samariter als Lebensretter. Mülheim an der Ruhr: Verlag An der Ruhr

Buhler Gale K (2003) Klar kann ich das! Erste Hilfe für Kinder. Mülheim an der Ruhr: Verlag An der Ruhr

Bundesarbeitsgemeinschaft »Mehr Sicherheit für Kinder« e. V. (Hg.) (2005) Aktionsmappe zum Kindersicherheitstag. Gehüpft wie gesprungen. Bewegung fördern, Unfälle vermeiden

Bundeszentrale für gesundheitliche Aufklärung (Hg.) (2006) Achtsamkeit und Anerkennung. Materialien zur Förderung des Sozialverhaltens in den Klassen 5–9. Köln: Eigenverlag

Deutsches Rotes Kreuz, Generalsekretariat (1996) Gesundheitserziehung für die Klassen 5 bis 8 in 16 Unterrichtseinheiten. Unfall-Schadensbegrenzung durch Erste Hilfe. Bonn: Dümmler

Deutsches Jugendrotkreuz (Hg.) (1999) Kinder helfen Kindern. Materialiensammlung und Lehrerinformation. Bonn: Eigenverlag

Flottmann N, Niestadtkötter A (2007) »Ich will nicht, dass die tot sind!«: Die Themen Sterben und Katastrophen mit

Grundschulkindern. Mülheim an der Ruhr: Verlag An der Ruhr

Gesetzliche Unfallversicherung (Hg.) (1995) Spiele zur Sicherheitserziehung und Bewegungsfrühförderung. Wehrheim: Verlag gruppenpädagogischer Literatur

Gross U (1998) Felix, der Feuerwehrbär. Brandschutzerziehung für Kinder ab 3. Erlensee: EFB

Hienstorfer C, Rösemeier S (2004) Tod und Trauer bewältigen. Mit Kopiervorlagen. Braunschweig: Westermann

Hinderer P, Kroth M, Sander K (2005) Kinder bei Tod und Trauer begleiten: Konkrete Hilfestellungen in Trauersituationen für Kindergarten, Grundschule und zu Hause. 2. Aufl. Münster: Ökotopia

Hoefs H (Hg.) (2004) Lernwerkstatt Feuerwehr: Materialien für das 3. und 4. Schuljahr. 2. Aufl. Kempen: Bvk Buch Verlag

Hoenecke Ch, Wenske J, Bauer R (Hg.) (2007) Mit Feuer sicher umgehen lernen. Materialien für das 3. und 4. Schuljahr. Kopiervorlagen und Materialien: In der Grundschule. Berlin: Cornelsen Scriptor

Hund W (2002) Sicherheitserziehung an Schulen. Kultusministerielle Erlasse und Vorschriften erfolgreich und schülernah umgesetzt. Mülheim an der Ruhr: Verlag An der Ruhr

Jennessen S (2007) Manchmal muss man an den Tod denken: Wege der Enttabuisierung von Sterben, Tod und Trauer in der Grundschule. Baltmannsweiler: Schneider Verlag Hohengehren

Kern F (2002) Erste Hilfe in der Schule. Ein Praxisleitfaden. Villingen-Schwenningen: Neckar

Klein K, Kraam W (2005) Notfalls helfen Kinder. Ein Erste-Hilfe-Arbeitsbuch für die Grundschule. Baltmannsweiler: Schneider Verlag Hohengehren

Krol D (2009) Pädagogisch Handeln bei Angst, Trauer, Zorn. Eine Grundschule im Schatten von Entführung und Mord. Göttingen: Vandenhoeck & Ruprecht

Landesfeuerwehrverband Hessen (Hg.) (1997) Feuer und Flamme. Unterrichtsbroschüre zur Brandschutzerziehung. Experimente, Arbeitshilfen, Kopiervorlagen. Kassel: Eigenverlag

Ministerium für Arbeit, Gesundheit und Soziales des Landes Nordrhein-Westfalen (Hg.) (1998) Tod und Trauer im Umgang mit Kindern. Eine Planungshilfe für pädagogisch

Tätige in Tageseinrichtungen für Kinder. Köln: Moeker Merkur Druck

Mohl A (1998) Das Metaphernlernbuch. Paderborn: Junfermann

Nachtmann R (1996) Erste Hilfe in der Schule. Weniger Ausbildung, mehr Kompetenz. Augsburg: Wißner

Pisarski A, Pisarski W (1997) Das Sterben ins Leben holen. Kinder beim Trauern begleiten. 2. Aufl. Nürnberg: Bayerischer Landesverband Evangelischer Tageseinrichtungen und Tagespflege für Kinder e. V.

Petermann U (2001) Die Kapitän-Nemo-Geschichten. Geschichten gegen Angst und Stress. 8., korr. Aufl. Freiburg im Breisgau: Herder

Reuter S (1995) Sterben, Tod, Trauer. 30 Arbeitsblätter mit didaktisch-methodischen Kommentaren für die Sekundarstufe I. Stuttgart: Klett

Rodemann K, Schneider M (2000) Die Feuer-Werkstatt: Feuer, Feuerwehr und Brandschutz. Mülheim an der Ruhr: Verlag An der Ruhr

Sandmann P (2001) Tatütata, die Feuerwehr ist da! – Sicherer Umgang mit Feuer. Innovative Unterrichtsideen und Materialien. Hallbergmoos: Stark

Sauerborn P (2005) Natur- und Umweltkatastrophen – Menschengemacht? Mülheim an der Ruhr: Verlag an der Ruhr

Schwänke U (2007) Die Feuerwehr. Eine Unterrichtseinheit für die 3. und 4. Klasse (Lernmaterialien). Donauwörth: Auer

Waas U (2005) Julia ruft 112 – eine Feriengeschichte, Schulausgabe, Gesamtpaket. Weiler: Kinderbrücke Allgäu

Westfälische Provinzial-Versicherung (2003) Das Feuerideenmobil – spielerisch den Umgang mit Feuer erlernen. Münster: Eigenverlag

9.4.2 Bücher

Welches Buch für welchen Leser in welcher Situation geeignet ist, muss immer wieder neu geprüft werden. Einige Bücher sind sicherlich zum Selbststudium geeignet, d. h. Kinder und Jugendliche können sie allein lesen. Einige lassen sich auch als Klassenlektüre verwenden. Bei anderen Büchern ist zu empfehlen, dass sie grundsätzlich nur gemeinsam mit einer erwachsenen Bezugsperson oder einem psychosozialen Notfallhelfer gelesen werden. Auf diese Weise können zum Beispiel auftretende Fragen gleich besprochen werden. Die Auseinandersetzung mit dem Gelesenen wird in vielen Fällen Anlass zum Gedankenaustausch mit anderen geben.

Aakeson KF, Erikson E (2005) Erik und das Opa-Gespenst. Hamburg: Oetinger

Blobel B (2001) Antonia lebt gefährlich. Würzburg: Arena

Bohlmeijer A (1996) Ich muss dir etwas Trauriges erzählen. Weinheim: Beltz

Boie K (1995) Erwachsene reden. Marco hat was getan. München: Deutscher Taschenbuchverlag

Brooks M (2000) Der zweite Vollmond im August. Weinheim: Middelhauve

Büchner B (1999) Crashtime. Freiburg: Kerle

Carle E (1994) Die kleine Raupe nimmersatt. Hildesheim: Gerstenberg

Chidolue D (1994) Pisch-Marie. München: DTV-junior

Coelho P (2002) Veronika beschließt zu sterben. 24. Aufl. Zürich: Diogenes

De Zanger J (2001) Dann eben mit Gewalt. Weinheim: Beltz & Gelberg

Duve K (2008) Dies ist kein Liebeslied. München: Goldmann

Erlbruch W (2007) Ente, Tod und Tulpe. München: Kunstmann

Fox E, Garbert J (2004) Mein Erste-Hilfe-Buch. Freiburg: Kerle im Verlag Herder

Frey J (1998) Kein Wort zu niemandem. Wien: Überreuter

Fried A, Gleich J (1997) Hat Opa einen Anzug an? München: Hanser

Hein Ch (2003) Mama ist gegangen. Weinheim: Beltz & Gelberg

Höpfner M (2001) Pumpgun. Frankfurt am Main: Frankfurter Verlagsanstalt

Hornby N (2005) A long way down. Köln: Kiepenheuer & Witsch

Kaldhol M, Oyen W (1987) Abschied von Rune. 16. Aufl. Hamburg. Ellermann

Keggenhoff F (2001) Erste Hilfe für Kinder. Münster: Coppenrath

Krol D, Kunstreich P (2005) Kevin Kanin oder: Als es dunkel wurde im Lohewald. Eine Geschichte für die Kinder von Hipstedt. Stuttgart: Kreuz

Mebes M, Sandrock L (2002) Kein Anfassen auf Kommando. Köln: mebes & noack

Mebes M, Sandrock L (2004) Kein Küsschen auf Kommando. Köln: mebes & noack

Nilson U, Erikson E (2006) Die besten Beerdigungen der Welt. Frankfurt am Main: Moritz

Nilson U, Tidholm A-C (2003) Adieu, Herr Muffin. Frankfurt am Main: Moritz

Olbrich H (1998) Abschied von Tante Sofia. Lahr: Ernst Kaufmann

Pal-Handl K, Lackner R, Lueger-Schuster B (2004) Wie Pippa wieder lachen lernte. Ein Bilderbuch für Kinder. Wien: Springer

Quinnet PG (2000) Es gibt etwas Besseres als den Tod. Freiburg: Herder

Rhue M (2002) »Ich knall Euch ab!« Ravensburg: Ravensburger Buchverlag

Rodrian I (1997) Blöd, wenn der Typ draufgeht. Reinbek: Rowohlt

Schössow P (2002) Gehört das so? Die Geschichte von Elvis. München: Hanser

Trelenburg Th, Nicolas B (1998) Wenn der Rettungsdienst kommt. Edewecht: Stumpf & Kossendey

Varley S (1984) Leb wohl, lieber Dachs. Wien: Betz

Vinje K, Olsen-Zahl V (2008) Pelle und die Geschichte mit Mia. Gießen: Brunnen

Weigelt U, Kadmon C (2003) Der alte Bär muss Abschied nehmen. Zürich: Nordsüd

9.4.3 Filme

In den nachfolgend genannten Filmen werden insbesondere School Shootings oder andere Formen von schwerer Gewalt an Schulen thematisiert. Ob und wie sie in einem Unterricht gezeigt werden, muss – ebenso wie bei der Auswahl von Arbeitsmaterialien und Büchern – von der jeweiligen Lehrkraft entschieden werden. Genauere Informationen zu den einzelnen Titeln (Inhaltsangaben, Kritiken usw.) sind problemlos im Internet verfügbar, beispielsweise unter www.imdb.com, www.wikipedia.de oder www.schnitt.de. Zu einigen Filmen gibt es auch Informationshefte der Bundeszentrale für politische Bildung. Diese können als PDF-Dokumente auf der Internetseite http://www.bpb.de/publikationen/SNA3WX,0,0,Filmhefte.html heruntergeladen werden.

Ben X, Belgien, Niederlande 2007, Regisseur: Nic Balthazar

Bowling for Columbine, USA, Kanada, Deutschland 2002, Regisseur: Michael Moore

Der junge Törless, Deutschland 1966, Regisseur: Volker Schlöndorff (nach dem Roman »Die Verwirrungen des Zöglings Törleß« (1906) von Robert Musil)

Der Kick, Deutschland 2006, Regisseur: Andres Veiel

Die Perlmutterbarbe, Deutschland 2008, Regisseur: Marcus H. Rosenmüller

Evil, Schweden 2003, Regisseur: Mikael Håfström

Elephant, USA 2003, Regisseur: Gus van Sant

Heute trage ich Rock! (La journée da la jupe) Frankreich 2008, Regisseur: Jean-Paul Lilienfeld

Ihr könnt Euch niemals sicher sein! Deutschland 2008, Regisseur: Nicole Weegmann

Kombat Sechzehn, Deutschland 2005, Regisseur: Mirko Borscht

Polytechnique, Kanada 2009, Regisseur: Denis Villeneuve

Tatort: Gewaltfieber, Deutschland 2001, Regisseur: Martin Eigler

Teenage Angst, Deutschland 2008, Regisseur: Thomas Stuber

Filme mit Bezug zu verschiedenen Notfällen können außerdem bestellt werden über die Evangelische Medienzentrale Bayern, Hummelsteiner Weg 100, 90459 Nürnberg. Die Internetadresse lautet www.emzbayern.de/notfall.

9.4.4 Musik

Lieder, d.h. Texte und Melodien, bringen nicht nur Gefühle und Gedanken besonders intensiv zum Ausdruck, sie können auch bestimmte Stimmungen schaffen und zur weiteren Reflexion anregen. Die Auswahl an Musikstücken, die bei der Notfallprävention oder bei der Notfallnachsorge verwendet werden können, ist enorm vielfältig und nahezu unbegrenzt. Nachfolgend werden einige Lieder aufgelistet, die einen thematischen Bezug zu Notfällen aufweisen.

TAB. 24 ▶ Musik mit thematischem Bezug zu Notfällen

Interpret	Titel
Andrea Bocelli	Time to say good bye
Celine Dion	My heart will go on
Elton John	Candle in the wind Circle of life
Enya	Only Time
Eric Clapton	Tears in heaven
Glashaus	Haltet die Welt an
Grönemeyer	Mensch Der Weg
Heinz-Rudolf Kunze	Abschied muss man üben
Ich und Ich	Wenn ich tot bin
Michael Jackson	Gone to soon
PUR	Noch ein Leben
Reinhard Mey	Abschied Der kleine Wiesel Golf November Kati und Sandy
Söhne Mannheims	Dieser Weg Abschied nehmen Es ist vorbei
Tote Hosen	Nur zu Besuch
Trude Herr	Niemals geht man so ganz
Udo Lindenberg	Stark wie zwei

10 Verwendete Literatur

Akademie Bruderhilfe (2002) Unfallbeteiligtes Kind. Informationsbroschüre. Kassel: ohne Verlagsangabe

Albrecht R (2002) Erfurt, 26. April 2002: Über gesellschaftliche Hintergründe eines Schullehrermassenmords in Deutschland. Im Internet veröffentlicht unter http://www.sinn-haft.at/archive/nr_13_luxus/Erfurt.html; abgerufen am 12.04.2009

Astor RA, Meyer HA, Behre WJ (1999) Unowned places and times: Maps and interviews about violence in high schools. In: American Educational Research Journal 36, S. 3–42

Baier D et al. (2009) Jugendliche in Deutschland als Opfer und Täter von Gewalt. Erster Forschungsbericht zum gemeinsamen Forschungsbericht des Bundesministeriums des Innern und des Kriminologischen Forschungsinstituts Niedersachsen. Hannover. www.kfn.de/Forschungsbereiche_und_Projekte/Schuelerbefragungen/Schuelerbefragung_2008.htm; abgerufen am 05.11.2009

Bailly L (1999) Keynote address. Paper presented at the Conference of the European Society for Traumatic Stress Studies, Istanbul. O.O.: o. V.

Barkowski T (2006a) Krisenmanagement und Wege der Begleitung. In: Evangelisch-Lutherische Kirche in Bayern, katholisches Schulkommissariat in Bayern (Hg.) »Wenn der Notfall eintritt«. Handbuch für den Umgang mit Tod und anderen Krisen in der Schule. Fürth: Dialog, S. 1–18

Barkowski T (2006b) Weltkrisen und ihr Einfluss auf die Schule. In: Evangelisch-Lutherische Kirche in Bayern, katholisches Schulkommissariat in Bayern (Hg.) »Wenn der Notfall eintritt«. Handbuch für den Umgang mit Tod und anderen Krisen in der Schule. Fürth: Dialog, S. 5–8

Becker J (2005) Kurzschluss. Der Amoklauf von Erfurt und die Zeit danach. Berlin: Schwartzkopff Buchwerke

Berufsverband Deutscher Psychologinnen und Psychologen (Hg.) (2008) Schulpsychologie in Deutschland. Berufsprofil. 2., ergänzte Aufl. Berlin: Eigenverlag

Blaumeiser G (2003) Unfallprävention und Erste Hilfe im Lebensraum Schule. Aachen: Shaker

Borger M (2003) Anforderungen an einen Krisenplan. In: Bundesarbeitsgemeinschaft Evangelischer Jugendferiendienste. Eine Aufsatzsammlung. Hannover: Zimmermann, S. 20–29

Bowi U, Ott G, Tress W (2008) Faustlos – Gewaltprävention in der Grundschule. In: Praxis Kinderpsychologie und Kinderpsychiatrie 57, S. 509–520

Bronisch Th (2005) Der Suizid. Ursachen, Warnsignale, Prävention. 5., überarbeitete Aufl. München: Beck

Brüggemann A, Riedesser P (2006) Kinder und Jugendliche als Opfer und Zeugen von Gewalt. In: Hamburger Ärzteblatt Heft 4, S. 197–199

Bundesamt für Bevölkerungsschutz (2009) Informationen zur Ersten-Hilfe-Ausbildung, im Internet veröffentlicht unter www.bbk.bund.de/cln_027/nn_403144/DE/02__Themen/09__GesundhBevSchutz/03__praeklVersorgung/04__ErsteHilfe/ErsteHilfe__einstieg.html__nnn=true; abgerufen am 14.04.2009

Bundesverband der Unfallkassen (Hg.) (2003) Richtlinien zur Sicherheit im Unterricht. Empfehlungen der Kultusministerkonferenz (GUV-SI 8070). München: Eigenverlag

Bundesverband der Unfallkassen (Hg.) (2007) Feueralarm in der Schule. Hinweise für Alarmpläne, den Feueralarm und die Unterweisung der Schüler/innen (GUV-SI 8051). München: Eigenverlag

Cierpka M (Hg.) (2004) Faustlos. Ein Curriculum zur Prävention von aggressivem und gewaltbereitem Verhalten bei Kindern der Klassen 1 bis 3. Göttingen: Hogrefe

Coleman L (2004) The copycat-effect. How the media and popular culture trigger the mayhem in tomorrow's headlines. New York: Paraview

Cornely P, Bromet E (1986) Prevalence of behaviour problems in three-year-old children living near Three Mile Island: a comparative analysis. In: Journal of Child Psychology and Psychiatry 33, S. 941–946

Daschner C-H (2001) KIT – Krisenintervention im Rettungsdienst. Edewecht, Wien: Stumpf & Kossendey

De Kuiper M (1999) Schmerz und Schmerzmanagement bei Kindern. Ein Handbuch für die Kinderkrankenpflege. Wiesbaden: Ullstein Medical

Delfos MF (2004) Sag mir mal... Gesprächsführung mit Kindern. Weinheim: Beltz

Dilling H, Mombour W, Schmidt MH (Hg.) (2008) Internationale Klassifikation psychischer Störungen. ICD-10, Kapitel V (F). Klinisch-diagnostische Leitlinien. 6., vollständig überarbeitete Aufl. Bern: Huber

Dorfmüller M (2005) Verbrennungen im Kindes- und Jugendalter. Psychische und soziale Folgen. In: Monatsschrift Kinderheilkunde 153, S. 1070–1076

Dyregrov A (1991) Grief in children: A handbook for adults. London: Jessica Kingsley

Eckardt J (2005) Kinder und Trauma. Was Kinder brauchen, die einen Unfall, einen Todesfall, eine Katastrophe, Trennung, Missbrauch oder Mobbing erlebt haben. Göttingen: Vandenhoeck & Ruprecht

Eckardt WU (2008) School Shootings. Kommentar zum Zeitgeschehen. In: Trauma & Gewalt Heft 1, S. 4–5

Egle U, Hoffman S, Joraschky P (2004) Sexueller Mißbrauch, Mißhandlung, Vernachlässigung. Stuttgart: Schattauer

Eikenbusch G (2005) Was passiert, wenn das Unvorstellbare passiert. Mit Katastrophen, existenziellen Krisen und Unglücken in Schulen umgehen. In: Pädagogik Heft 4, S. 6–10

Engels H (2007) Das School Shooting von Emsdetten – der letzte Ausweg aus dem Tunnel!? In: Hoffmann J, Wondrak I (Hg.) Amok und zielgerichtete Gewalt an Schulen. Früherkennung, Risikomanagement, Kriseneinsatz, Nachbetreuung. Frankfurt: Verlag für Polizeiwissenschaft, S. 35–56

Englbrecht A, Storath R (2002) Krisenmanagement in der Schule. Wenn das Unvorstellbare passiert: Schritte zur Krisenbewältigung. In: Raabe, Fachverlag für Bildungsmanagement (Hg.) Sicher durch den Schulalltag. Berlin, C III 1.2., S. 1–14

Englbrecht A, Storath R (2005) Erziehen: Handlungsrezepte für den Schulalltag in der Sekundarstufe. In Krisen Helfen. Berlin: Cornelsen Scriptor

Ennulat G (2003) Kinder trauern anders. Wie wir sie einfühlsam und richtig begleiten. 4. Aufl. Freiburg im Breisgau: Herder

Farrell AD, Meyer AL (1997) The effectiveness of a school-based curriculum for reducing violence among urban sixth-grade students. In: American Journal of Public Health 87, S. 979–984

Fässler-Weibel P (2005) Der Herausforderung begegnen. In: Fässler-Weibel P (Hg.) Trauma und Tod in der Schule. Freiburg: Paulusverlag, S. 221–234

Fein RA et al. (2002) Treat Assessment in Schools: a guide to managing threatening situations and to creating safe school climates. Washington: United States Secret Service & United

States Department of Education. (Deutsche Bearbeitung unter dem Titel »Handreichung zur Einschätzung bedrohlicher Situationen in Schulen« durch K. Langscheidt)

Ferenschild H (2004) Soziale Dienste als bürgerschaftliches Engagement. Die Renaissance einer alten pädagogischen Idee. In: Pädagogik Heft 5, S. 32–35

Fischer G (2004) Neue Wege aus dem Trauma. Erste Hilfe bei schweren seelischen Belastungen. 3. Aufl. Düsseldorf, Zürich: Walter

Fischer G, Riedesser P (2003) Lehrbuch der Psychotraumatologie. 3. Aufl. München, Basel: UTB

Flake F, Scheinichen F (2005) Kindernotfälle im Rettungsdienst. Berlin: Springer

Fleischhackl R, Sterz F (2006) Lebensbedrohliche Notfälle in Schulen. Script der Universitätsklinik für Notfallmedizin Wien

Frank R (2005) Suizidalität von Kindern und Jugendlichen. Erkennen, Einschätzen, Vorgehen. In: Notfall & Rettungsmedizin 8, S. 216–222

Franke A-S (2006) Erste Hilfe – ein relevanter Inhalt für den Sachunterricht? Unveröffentlichte Staatsarbeit für das Lehramt an Grund-, Haupt- und Realschulen. Hochschule Vechta

Freese S (2001) Umgang mit Tod und Sterben als pädagogische Herausforderung. Münster: LIT

Gagliardi M et al. (1994) Emergencies in the school setting: are public school teachers adequately trained to respond? In: Prehospital Disaster Medicine 9, S. 222–225

Gasser KH et al. (2004) Bericht der Kommission Gutenberg-Gymnasium. Im Internet veröffentlicht unter www.thueringen.de/imperia/md/content/text/justiz/bericht_der_kommission_ gutenberg_gymnasium.pdf; abgerufen am 18.11.2008

Gesetzliche Unfallversicherung (2001) Unfallverhütungsvorschrift Schulen (GUV-V S 1). München: Eigenverlag

Gesetzliche Unfallversicherung (Hg.) (2008a) Statistik: Schülerunfallgeschehen 2007. München: Eigenverlag

Gesetzliche Unfallversicherung (Hg.) (2008b) GUV-Information. Erste Hilfe in Schulen (GUV-SI 8065). München: Eigenverlag

Glanzmann G (2004) Psychologische Betreuung von Kindern. In: Bengel J (Hg.) Psychologie in Notfallmedizin und Rettungsdienst. 2. Aufl. Berlin, Heidelberg: Springer, S. 133–141

GLASOW B (2000) Gewaltprävention und Schulsanitätsdienst. In: Immenroth T (Hg.) Schulsanitätsdienst. Handbuch mit Hintergrundwissen und praxisrelevanten Basisinformationen. Braunschweig: TIV, S. 60–64

GLATZ U (2003) Schulsanitätsdienst – Bindeglied zwischen Erster Hilfe und professionellem Rettungsdienst. In: Notfallmedizin 29, S. 92–97

GOENJIAN AK et al. (1997) Outcome of psychotherapy among early adolescents after trauma. In: American Journal of Psychiatry 154, S. 536–542

GUGEL G (2008) Handbuch Gewaltprävention. Für die Grundschule und die Arbeit mit Kindern. Grundlagen – Lernfelder – Handlungsmöglichkeiten. Tübingen: Institut für Friedenspädagogik

GUTZEIT S, HEMMERT B-L, MEIßNER B (o.J.) Hilfen zur Krisenintervention an Schulen in Bayern. Auf der Grundlage der Erfahrungen des Kriseninterventionsteams der Bayerischen Schulpsychologen übersetzt und erarbeitet nach Poland S, McCormick JS (2000) Coping with Crisis. A Quick Reference. Longmont: Sopris West

GYGER-STAUBER K (2005) Rituale als Hilfe und Unterstützung in der Verarbeitung. In: Fässler-Weibel P (Hg.) Trauma und Tod in der Schule. Freiburg: Paulusverlag, S. 173–186

HAJDU N (2005) Die wollten einfach nur wissen, ob ich lebe. In: Becker J (Hg.) Kurzschluss. Der Amoklauf von Erfurt und die Zeit danach. Berlin: Schwartzkopff Buchwerke, S. 23–29

HANDFORD HA, DICKERSON MAYES S, MATTISON RE (1986) Child and parent reaction to the Three Mile Island nuclear accident. In: Journal of the American Academy of Child and Adolescent Psychiatry 25, S. 346–356

HAUSMANN C (2005) Handbuch Notfallpsychologie und Traumabewältigung. Grundlagen, Interventionen, Vesorgungsstandards. 2. Aufl. Wien: Facultas

HAUSMANN C (2006) Einführung in die Psychotraumatologie. Wien: Facultas

HEHNE P (2007) Intervention nach Tatbeginn. In: Robertz FJ, Wickenhäuser R (2007) Der Riss in der Tafel. Amoklauf und schwere Gewalt in der Schule. Heidelberg: Springer Medizin, S. 109–116

HELMERICHS J (2005) Psychosoziale Notfallversorgung bei Großveranstaltungen. In: Peter H, Maurer K (Hg.) Gefahrenabwehr bei Großveranstaltungen. Edewecht, Wien: Stumpf & Kossendey, S. 167–185

Herbert M (1999) Posttraumatische Belastungsstörung. Die Erinnerung an die Katastrophe – und wie Kinder lernen, damit zu leben. Bern: Huber

Hessisches Kultusministerium, Hessisches Ministerium des Innern und Sport (Hg.) (2007) Handeln in Krisensituationen. Ein Leitfaden für Schulen. Wiesbaden: Druckkollektiv

Hillebrand B (2003) Warum brauchen wir ein Krisenmanagement? In: Bundesarbeitsgemeinschaft Evangelischer Jugendferiendienste. Eine Aufsatzsammlung. Hannover: Zimmermann, S. 15–19

Himmelrath A (2008) Pikrin-Lagerung in Schulen. Kracher im Chemiesaal. http://www.spiegel.de/schulspiegel/wissen/0,1518,569386,00.html; abgerufen am 16.03.2009

Hirschmann N (2008) Gesundheit von Lehrern. Im Internet veröffentlicht unter http://www.lbsp.de/Beratung/System_Schule/Lehrer/lehrer.html; abgerufen am 23.04.2009

Hörner R (2004) Schulsanitätsdienst: Stärkung der sozialen Kompetenzen. In: Im Einsatz 11, S. 304–206

Hoffmann J (2007a) Tödliche Verzweiflung – der Weg zu zielgerichteten Gewalttaten an Schulen. In: Hoffmann J, Wondrak I (Hg.) Amok und zielgerichtete Gewalt an Schulen. Früherkennung, Risikomanagement, Kriseneinsatz, Nachbetreuung. Frankfurt: Verlag für Polizeiwissenschaft, S. 25–34

Hoffmann J (2007b) Intervention vor Tatbeginn. In: Robertz FJ, Wickenhäuser R (Hg.) Der Riss in der Tafel. Amoklauf und schwere Gewalt in der Schule. Heidelberg: Springer Medizin, S. 117–125

Hoffmann J, Roshdi K, Robertz F (2009) Zielgerichtete Gewalt und Amok an Schulen. Eine empirische Studie zur Prävention schwerer Gewalttaten. In: Kriminalistik 63, S. 196–204

Hofmann M (1999) Das Kind als Patient im Rettungsdienst. In: Rettungsdienst 22, S. 990–993

Hofmann A, Besser L-U (2003) Psychotraumatologie bei Kindern und Jugendlichen. Grundlagen und Behandlungsmethoden. In: Brisch KH, Hellbrügge Th (Hg.) Bindung und Trauma. Risiken und Schutzfaktoren für die Entwicklung von Kindern. Klett-Cotta: Stuttgart, S. 172–202

Hoinkes M, Willms E (2005) Persönliche und soziale Stärken entwickeln. Lebenskompetenzförderung mit dem Lions-Quest-Programm »Erwachsen werden«. In: Pädagogik Heft 2, S. 11–13

Horn U (2009) Presseinformation der Reader's Digest Deutschland vom 7. April 2009 zur repräsentativen Befragung von 7037 Deutschen zur Vertrauenswürdigkeit verschiedener Berufsgruppen

Huber M (2005) Das Krisenkonzept: Ein Hilfsmittel für Notfälle. In: Fässler-Weibel P (Hg.) Trauma und Tod in der Schule. Freiburg: Paulusverlag, S. 202–220

Hüther G (2003) Die Auswirkungen traumatischer Erfahrungen im Kindesalter auf die Hirnentwicklung. In: Brisch KH, Hellbrügge Th (Hg.) Bindung und Trauma. Risiken und Schutzfaktoren für die Entwicklung von Kindern. Klett-Cotta: Stuttgart, S. 94–104

Hurrelmann K (1996) Wie kommt es zur Gewalt in der Schule und was können wir dagegen tun? In: Kind, Jugend und Gesellschaft 36, S. 10

Immenroth T (Hg.) (2000) Schulsanitätsdienst. Handbuch mit Hintergrundwissen und praxisrelevanten Basisinformationen. Braunschweig: TIV

Infanger B, Infanger M, Fässler-Weibel P (2005) Daniel, 10-jährig: Diagnose Krebs. In: Fässler-Weibel P (Hg.) Trauma und Tod in der Schule. Freiburg: Paulusverlag, S. 9–23

Innenministerium und Ministerium für Kultus, Jugend und Sport in Baden-Württemberg (Hg.) (2006) Rahmenkrisenplan zur »Gemeinsamen Verwaltungsvorschrift des Kultusministeriums, des Innenministeriums und des Umweltministeriums über das Verhalten an Schulen bei Gewaltvorfällen und Schadensereignissen« vom 27. Juni 2006. Im Internet veröffentlicht unter www.vd-bw.de; abgerufen am 12.04.2009

Innenministerium und Ministerium für Schule und Weiterbildung in Nordrhein-Westfalen: Runderlass vom 19.5.2000 (ABl NRW, S. 213)

Iwersen R (2005) »OmSorg« – vom Umgang mit Leid und Kummer. Handlungspläne für Krisensituationen, ein Beispiel aus Norschleswig/Dänemark. In: Pädagogik Heft 4, S. 27–30

Juen B (2002) Krisenintervention bei Kindern und Jugendlichen. Innsbruck: Studia

Juen B et al. (2008) Suizidalität im Jugendalter: Akutsituation und Besonderheiten der suizidalen Entwicklung im Jugendalter. In: Suizidprophylaxe 34 Heft 2, S. 70–73

Kaiser A (2007) Menschenbildung in Katastrophenzeiten. Grundlagen der Schulpädagogik Band 58. Baltmannsweiler: Schneider Verlag Hohengehren

Kaluza G (1996) Gelassen und sicher im Streß. 2. Aufl. Heidelberg: Springer

Karasch J (2008) Grenzerfahrung: Tod. Umgang mit Trauer in der Schule. 3. Aufl. Bischhöfliches Ordinariat der Diözese Rottenburg-Stuttgart, Hauptabteilung Schulen, Referat Schulpastoral

Karutz H (2001) Psychische Erste Hilfe bei Kindern in akuten Notfallsituationen. Unveröffentlichte Diplomarbeit. Universität Duisburg

Karutz H (2002a) Vom Debriefing zum Nachsorge-Kindertreffen? Unveröffentlichtes Manuskript

Karutz H (2002b) Zur Psychischen Situation von Kindern in Notfällen. Anregungen zur Psychischen Ersten Hilfe. In: Bevölkerungsschutz-Magazin Heft 4, S. 23–26

Karutz H (2004a) Psychische Erste Hilfe bei unverletzt-betroffenen Kindern in Notfallsituationen. Münster: LIT

Karutz H (2004b) Begreifen, was ergreift. Stress und Betroffenheit bei Kindernotfällen. In: Rettungsdienst 27, S. 22–27

Karutz H (2008a) Notfälle in Schulen: Prävention, Intervention und Nachsorge. In: Trummer M, Helm M (Hg.) Implementierung und Weiterentwicklung der Psychosozialen Notfallversorgung. Konzepte und Erfahrungswerte. Frankfurt: Verlag für Polizeiwissenschaft, S. 141–159

Karutz H (2008b) Kinder und Jugendliche in Notfallsituationen. In: Lasogga F, Gasch B (Hg.) Notfallpsychologie. Lehrbuch für die Praxis. Heidelberg: Springer Medizin, S. 283–304

Karutz H (2008c) Einsatznachsorge durch strukturierte Gruppengespräche: Debriefing – Pro und Contra. In: Rettungsdienst 31, S. 352–360

Karutz H (2008d) Kuschelbären für Kindernotfälle: Nicht jeder Teddy ist einsatztauglich. In: Rettungs-Magazin Heft 5, S. 34–36

Karutz H, Buttlar M von (2008) Kursbuch Erste Hilfe. München: Deutscher Taschenbuchverlag

Karutz H, Duven J (2004) Psychische Erste Hilfe und Krisenintervention bei Notfallsituationen in der Schule. In: Raabe, Fachverlag für Bildungsmanagement (Hg.) Sicher durch den Schulalltag. Berlin, C I 5.2., S. 1–20

Karutz H, Lasogga F (2008) Kinder in Notfällen. Psychische Erste Hilfe und Nachsorge. Edewecht, Wien: Stumpf & Kossendey

Kast V (2006) Trauern. Phasen und Chancen des psychischen Prozesses. Stuttgart: Kreuz

Kluwe-Schleberger G (2005) Kinder stören. In: Becker J (Hg.) Kurzschluss. Der Amoklauf von Erfurt und die Zeit danach. Berlin: Schwartzkopff Buchwerke, S. 159–181

Knight S et al. (1999) Prehospital emergency care for children at school and nonschool locations. In: Pediatrics 103, S. 81

Körblein H (2003) Ein Platz bleibt leer... Trauer begleiten beim Tod eines Schülers. In: Raabe, Fachverlag für Bildungsmanagement (Hg.) Sicher durch den Schulalltag. Berlin, C I 5.1., S. 1–18

Koll K, Rudolph J, Thimme H (2005) Schock im Schulalltag! Handlungspläne für Krisensituationen. Lichtenau: AOL

Kriminalistisch-kriminologische Forschungsstelle des Landeskriminalamtes Nordrhein-Westfalen (2007) Amoktaten – Forschungsüberblick unter besonderer Beachtung jugendlicher Täter im schulischen Kontext. Düsseldorf

Krol D (2009) Pädagogisch Handeln bei Angst, Trauer, Zorn. Eine Grundschule im Schatten von Entführung und Mord. Göttingen: Vandenhoeck & Ruprecht

Krüger A (2006) Psychische Traumatisierung im Kindes- und Jugendalter. In: Reddemann L (Hg.) Psychotrauma. Der seelisch erschütterte Patient in der primärärztlichen Versorgung. Köln: Deutscher Ärzteverlag, S. 39–54

Krüger A (2007) Erste Hilfe für traumatisierte Kinder. Düsseldorf: Patmos

Krüger A, Brüggemann A, Riedesser P (2004) Die Traumaambulanz für Kinder, Jugendliche und deren Familien am Universitätsklinikum Hamburg-Eppendorf. In: Zeitschrift für Psychotraumatologie und Psychologische Medizin Heft 4, S. 19–44

Landesfeuerwehrschule Baden-Württemberg (Hg.) (2009) Verhalten im Alarmfall an Schulen. Bruchsal

Landolt M (2000) Die Psychologie des verunfallten Kindes. In: Anästhesiologie, Intensivmedizin, Notfallmedizin und Schmerztherapie 35, S. 615–622

Landolt M (2004) Psychotraumatologie des Kindesalters. Göttingen: Hogrefe

Landscheidt K (2006) Wie kann vorgebeugt werden? Bedrohliche Situationen an der Schule. In: Schulmanagement 37 Heft 6, S. 11–13

Langer J (2006) Krisenintervention nach dem Suizidtod von Schülerinnen. In: Evangelisch-Lutherische Kirche in Bayern, katholisches Schulkommissariat in Bayern (Hg.) »Wenn der Notfall eintritt«. Handbuch für den Umgang mit Tod und anderen Krisen in der Schule. Fürth: Dialog, S. 4–9

Lappe K (2003) Dürfen Lehrer auch mal weinen? Als Lehrer in Notfallsituationen. Streiflichter aus dem Schulalltag. Im Internet veröffentlicht unter www.notfallseelsorge.de/kinder.htm; abgerufen am 15.03.2005

Larsen F, Larsen U (2001) Kein Kinderspiel. In: Feuerwehr-Magazin Heft 2, S. 92–94

Larson JD (1992) Anger and Aggression Management Techniques through the Think First Curriculum. In: Journal of Offender Rehabilitation 18, S. 101–118

Lasogga F (2008) Psychosoziale Notfallhilfe. In: Lasogga F, Gasch B (Hg.) Notfallpsychologie. Lehrbuch für die Praxis. Heidelberg: Springer Medizin, S. 95–111

Lasogga F, Gasch B (2004) Notfallpsychologie. 2. Aufl. Edewecht, Wien: Stumpf & Kossendey

Lasogga F, Gasch B (2006) Psychische Erste Hilfe bei Unfällen. 4. Aufl. Edewecht, Wien: Stumpf & Kossendey

Lasogga F, Gasch B (2008) Definitionen. In: Lasogga F, Gasch B (Hg.) Notfallpsychologie. Lehrbuch für die Praxis. Heidelberg: Springer Medizin, S. 19–28

Lasogga F, Karutz H (2008) Intervention. In: Lasogga F, Gasch B (Hg.) Notfallpsychologie. Lehrbuch für die Praxis. Heidelberg: Springer Medizin, S. 163–180

Lasogga F, Münker-Kramer E (2009) Psychosoziale Notfallhilfe. Edewecht, Wien: Stumpf & Kossendey

Laucht M (2003) Vulnerabilität und Resilienz in der Entwicklung von Kindern. Ergebnisse der Mannheimer Längsschnittstudie. In: Brisch KH, Hellbrügge Th (Hg.) Bindung und Trauma. Risiken und Schutzfaktoren für die Entwicklung von Kindern. Klett-Cotta: Stuttgart, S. 53–71

Leist M (2004) Kinder begegnen dem Tod. 5. Aufl. Gütersloh: Gütersloher Verlagshaus

Levine PA, Kline M (2005) Verwundete Kinderseelen heilen. Wie Kinder und Jugendliche traumatische Erlebnisse überwinden können. München: Kösel

Lipp R, Scholl H (2005) Erste Hilfe: Auch eine Thematik für den Rettungsdienst. In: Rettungsdienst 28, S. 3

Lippay C (2005) »Werde ein Disaster Action Kid!« Wie Kinder auf den »Tag X« vorbereitet werden. In: Im Einsatz 12, S. 31–33

Lohaus A (2002) Gesundheit und Krankheit aus der Sicht von Kindern. Göttingen: Hogrefe

Lorenz A (2007) Prävention. In: Robertz FJ, Wickenhäuser R (Hg.) Der Riss in der Tafel. Amoklauf und schwere Gewalt in der Schule. Heidelberg: Springer Medizin, S. 126–135

Lorenz E (2005) Neues Konzept des Bundes: Erste-Hilfe-Lehrgänge für Schüler mit Selbsthilfeinhalten. In: Rettungsdienst 28, S. 42–43

Lueger-Schuster B, Lackner R, Pal-Handl K (2004) Wie Pippa wieder lachen lernte. Elternratgeber für traumatisierte Kinder. Wien: Springer

Maaß J (2002) Frühwarnsystem. In: Feuerwehr-Magazin 19 Heft 1, S. 86–95

Mannel H (2003) Ein Herz für Kinder. Krisenintervention bei Kindern. In: Rettungs-Magazin Heft 4, S. 68–72

Mannel H (2005) Die Trauer eines Kindes ernst nehmen. In: Rettungs-Magazin Heft 5/6, S. 50–53

Matejcek Z (2003) Schutzfaktoren in der psychosozialen Entwicklung ehemaliger Heim- und Pflegekinder. In: Brisch KH, Tellbrügge Th (Hg.) Bindung und Trauma. Risiken und Schutzfaktoren für die Entwicklung von Kindern. Klett-Cotta: Stuttgart, S. 72–83

May A (2008) Kinderworkshops zur Vorbeugung vor sexuellem Missbrauch: Es ist nicht alles Gold, was glänzt. In: Prävention & Prophylaxe 10 Heft 2, S. 4–12

Michel K, Vorster D, Probst R (o.J.) Richtlinien für das Verhalten in der Schule nach einem Suizid. Im Internet veröffentlicht unter www.notfallseelsorge.de/kinder.htm; abgerufen am 01.03.2009

Miller R (1995) Schulinterne Lehrerfortbildung. Der SchiLF-Wegweiser. Weinheim: Beltz

Ministerium für Schule und Weiterbildung des Landes Nordrhein-Westfalen (2007) Notfallpläne für die Schulen in Nordrhein-Westfalen. Hinsehen und Handeln. Düsseldorf: Eigenverlag

Mitchell JT, Everly GS (2005) Critical Incident Stress Management. Handbuch Einsatznachsorge. Psychosoziale Unterstützung nach der Mitchell-Methode. Edewecht, Wien: Stumpf & Kossendey

Müller E (2000) Der Maxwellsche Dämon ist tot – und nun? Plädoyer zur Einführung eines neuen Begriffs in den Schulalltag: Berufspropädeutik. In: Immenroth T (Hg.) Schulsanitätsdienst. Handbuch mit Hintergrundwissen und praxisrelevanten Basisinformationen. Braunschweig: TIV, S. 37–44

Müller-Cyran A (2002) Veranstaltungsdokumentation (September 2002): Erfahrungen mit dem Thema »Psychosoziale Nachsorge« in Schulen. Im Internet veröffentlicht unter www.bpb.de/veranstaltungen/INVLVK; abgerufen am 28.04.2009

Müller-Lange J, Zippert T (2006) Vom Umgang mit dem toten Menschen. In: Müller-Lange J (Hg.) Handbuch Notfallseelsorge. 2. Aufl. Edewecht, Wien: Stumpf & Kossendey, S. 223–232

Nader K, Pynoos RS (1993) School Disaster: Planning and Initial Interventions. In: Journal of social behavior and personality 8, S. 1–12

Niemann F, Niemann H (2005) Ohne Erfolg bist Du nichts. In: Becker J (Hg.) Kurzschluss. Der Amoklauf von Erfurt und die Zeit danach. Berlin: Schwartzkopff Buchwerke, S. 77–87

Olbrich B, Rickers G (2006) Gewaltprävention an Schulen. Zusammenarbeit zwischen Schule und Polizei. In: Schulmanagement 37 Heft 6, S. 8–10

Olweus D (2002) Gewalt in der Schule. Was Lehrer und Eltern wissen sollten – und tun können. 3., korrigierte Aufl. Bern: Huber

Padtberg C (2008) Pikrinsäure-Alarm: »Das Zeug gehört nicht an Schulen!« Im Internet veröffentlicht unter http://www.spiegel.de/schulspiegel/wissen/0,1518,572376,00.html; abgerufen am 16.03.2009

Paulus Ch (2007) Amokläufe. Entwicklungspsychologische Erklärungsansätze und Hintergründe. Vortragsunterlagen. Saarbrücken: Fakultät für empirische Humanwissenschaften, FR 5.1 Erziehungswissenschaft. Im Internet veröffentlicht unter http://www.uni-saarland.de/fak5/ezw/personal/paulus/Vortrag%20FHSV_SB.pdf; abgerufen am 10.01.2009

Pentz D (2001) »Wenn das Unvorstellbare passiert...« Zur Psychologie des Krisenmanagements. Im Internet veröffentlicht unter www.schulberatung-bayern.de/vpkri.html; abgerufen am 12.10.2001

Perkonigg A et al. (2000) Traumatic events and post-traumatic stress disorder in the community: prevalence, risk factors and comorbidity. In: Acta Psychiatrica Scandinavica. 101, S. 46–59

PETERMANN U (2001) Die Kapitän-Nemo-Geschichten. Geschichten gegen Angst und Stress. 8., korrigierte Aufl. Freiburg im Breisgau: Herder

PIEPER G (2007a) Der Amoklauf am Gutenberggymnasium in Erfurt. In: Hoffmann J, Wondrak I (Hg.) Amok und zielgerichtete Gewalt an Schulen. Früherkennung, Risikomanagement, Kriseneinsatz, Nachbetreuung. Frankfurt: Verlag für Polizeiwissenschaft, S. 107–129

PIEPER G (2007b) Traumabewältigung. In: Robertz FJ, Wickenhäuser R (Hg.) Der Riss in der Tafel. Amoklauf und schwere Gewalt in der Schule. Heidelberg: Springer Medizin, S. 139–162

POCKEL L (2005) Der Kurzschluss auf der anderen Seite. In: Becker J (Hg.) Kurzschluss. Der Amoklauf von Erfurt und die Zeit danach. Berlin: Schwartzkopff Buchwerke, S. 11–21

POELCHAU H-W (2007) Gewalt an Schulen. In: Schule NRW Heft 1, S. 1–14

PORTMANN R (2004) Gewalt unter Kindern. München: Don Bosco

POSSE N (2006) Schulsanitätsdienst in Nordrhein-Westfalen. Einschätzung aus Sicht der Schulen. Ergebnisse der Befragung Frühjahr 2006. Universität Düsseldorf: Arbeitsgruppe Qualitätsmanagement und Evaluation

PREUSCHOFF G, PREUSCHOFF A (2000) Gewalt an Schulen und was dagegen zu tun ist. 4., vollständig überarbeitete und erweiterte Aufl. Köln: PapyRossa

PYNOOS RS et al. (1987) Life threat and posttraumatic stress in school-age children. In: Archiv of General Psychiatry 44, S. 1057–1063

RABENSCHLAG U (2002) Kinder stark machen gegen die Angst. Wie Eltern helfen können. Freiburg im Breisgau: Herder

REMSCHMIDT H (1994) Psychologie für Pflegeberufe. 6. Aufl. Stuttgart, New York: Thieme

RIEDESSER P (2003) Entwicklungspsychopathologie von Kindern mit traumatischen Erfahrungen. In: Brisch KH, Hellbrügge Th (Hg.) Bindung und Trauma. Risiken und Schutzfaktoren für die Entwicklung von Kindern. Stuttgart: Klett-Cotta, S. 160–171

ROBERTZ FJ (2004) School Shootings. Über die Relevanz der Phantasie für die Begehung von Mehrfachtötungen durch

Jugendliche. Frankfurt am Main: Verlag für Polizeiwissenschaft

Robertz FJ (2007a) Erfurt – 5 Jahre danach. In: Hoffmann J, Wondrak I (Hg.) Amok und zielgerichtete Gewalt an Schulen. Früherkennung, Risikomanagement, Kriseneinsatz, Nachbetreuung. Frankfurt: Verlag für Polizeiwissenschaft, S. 9–23

Robertz FJ (2007b) Nachahmung von Amoklagen. Über Mitläufer, Machtphantasien und Medienverantwortung. In: Hoffmann J, Wondrak I (Hg.) Amok und zielgerichtete Gewalt an Schulen. Früherkennung, Risikomanagement, Kriseneinsatz, Nachbetreuung. Frankfurt: Verlag für Polizeiwissenschaft, S. 71–85

Robertz FJ, Wickenhäuser R (2007) Der Riss in der Tafel. Amoklauf und schwere Gewalt in der Schule. Heidelberg: Springer Medizin

Röthlein HJ (2007) Auswirkungen von Morddrohungen und Mordanschlägen auf die berufliche Identität von Lehrkräften. In: Hoffmann J, Wondrak I (Hg.) Amok und zielgerichtete Gewalt an Schulen. Früherkennung, Risikomanagement, Kriseneinsatz, Nachbetreuung. Frankfurt: Verlag für Polizeiwissenschaft, S. 93–105

Rüttinger G (2006a) Vom Umgang mit Tod in verschiedenen Religionen und die Bestattung Verstorbener ohne Religionszugehörigkeit. In: Evangelisch-Lutherische Kirche in Bayern, katholisches Schulkommissariat in Bayern (Hg.) »Wenn der Notfall eintritt«. Handbuch für den Umgang mit Tod und anderen Krisen in der Schule. Fürth: Dialog, S. 10–14

Rüttinger G (2006b) Methoden und Rituale. In: Evangelisch-Lutherische Kirche in Bayern, katholisches Schulkommissariat in Bayern (Hg.) »Wenn der Notfall eintritt«. Handbuch für den Umgang mit Tod und anderen Krisen in der Schule. Fürth: Dialog, S. 28–30

Saß H, Wittchen H-U, Zaudig M (2003) Diagnostisches und Statistisches Manual psychischer Störungen (DSM-IV TR). Göttingen: Hogrefe

Schaarschmidt U, Kieschke U (2007) Gerüstet für den Schulalltag. Psychologische Unterstützungsangebote für Lehrerinnen und Lehrer. Weinheim, Basel: Beltz

Scheithauer H, Bondü R (2008a) Amok – wie gefährdet ist die Schule? In: Forum E. Zeitschrift des Verbandes Bildung und Erziehung vom 29. Januar 2008, S. 8–10

Scheithauer H, Bondü R (2008b) Amoklauf – wissen was stimmt. Freiburg im Breisgau: Herder

Scheithauer H, Bull HD (2009) Aggression und Gewalt an Schulen. Erfolgreiche Handlungsansätze. In: PÄD Forum 37 Heft 1, S. 13–16

Scheithauer H et al. (2008) Sechs Jahre nach Erfurt – Das Berliner Leaking-Projekt. Ein Ansatz zur Prävention von School Shootings und Amokläufen an Schulen. In: Trauma & Gewalt Heft 1, S. 8–19

Schick A, Ott I (2002) Gewaltprävention an Schulen: Ansätze und Ergebnisse. In: Praxis der Kinderpsychologie und Kinderpsychiatrie 51, S. 766–791

Schlemmer R-E (2005) Wo warst Du heute, Gott? In: Becker J (Hg.) Kurzschluss. Der Amoklauf von Erfurt und die Zeit danach. Berlin: Schwartzkopff Buchwerke, S. 115–123

Schmidtke A et al. (2002) Imitation von Amok und Amok-Suizid. In: Suizidprophylaxe 29 Heft 3, S. 97–106

Schmitt A (2006) Was leistet Konfliktmediation? Ergebnisse der Evaluationsforschung zur Schülermediation. In: Schulmanagement 37 Heft 6, S. 14–16

Scholl H (2008) Erste Hilfe in der Grundschule: Altersgerechtes Unterrichtskonzept mit viel Praxisbezug. In: Rettungsdienst 31, S. 76–79

Schrader J et al. (2000) »Liebe Klasse, ich habe Krebs!« Pädagogische Begleitung lebensbedrohlich erkrankter Kinder und Jugendlicher. 2. Aufl. Tübingen: Attempo

Schwarz ED, Kowalski JM (1991) Malignant Memories: PTSD in Children and Adults after a School Shooting. In: Journal of the American Academy of Child and Adolescent, S. 936–944

Schwiebach D (2006) Gesundheit – nicht nur ein frommer Wunsch! Psychohygiene und Ressourcenarbeit für Menschen in der Krisenseelsorge im Schulbereich. In: Evangelisch-Lutherische Kirche in Bayern, katholisches Schulkommissariat in Bayern (Hg.) »Wenn der Notfall eintritt«. Handbuch für den Umgang mit Tod und anderen Krisen in der Schule. Fürth: Dialog, S. 1–4

Schwind HD et al. (1997) Gewalt in der Schule am Beispiel Bochum. 2., erweiterte und aktualisierte Aufl. Mainz: Weisser Ring

Seidler GH (2009) Amok und Nachsorge – Wege zur Normalität (Interview). In: Kriminalistik 63, S. 205–208

Seiffge-Krenke I (1994) Entwicklungsrückstände durch chronische Krankheit? In: Petermann F (Hg.) Chronische Krankheiten bei Kindern und Jugendlichen. München, S. 29–42

Singer W (2005) Schulwegunfall – Umriss einer Pädagogik des Abschieds und der Trauer. In: Fässler-Weibel P (Hg.) Trauma und Tod in der Schule. Freiburg: Paulusverlag, S. 39–49

Spanhel D, Hübner H-G (1995) Lehrersein heute. Berufliche Belastungen und Wege zu deren Bewältigung. Bad Heilbrunn: Klinkhart

Stadtler-Mach B (1998) Seelsorge mit Kindern. Erfahrungen im Krankenhaus. Göttingen: Vandenhoeck & Ruprecht

Steil R, Straube ER (2002) Posttraumatische Belastungsstörung bei Kindern und Jugendlichen. In: Zeitschrift für Klinische Psychologie und Psychotherapie 31, S. 1–13

Stein B (1996) Reaktion auf Katastrophen in Kommunen in Israel. In: Forum Schulpsychologie 13, S. 5–20

Stich W (2008) [U 25] – Suizidprävention von und für junge Menschen. In: Suizidprophylaxe 34 Heft 2, S. 90–94

Stoermer J (2001) Psychische Erste Hilfe bei Notsituationen in der Schule. Unveröffentlichte Diplomarbeit. Universität Dortmund

TAPN (2005) Wie reagieren Kinder auf ferne Katastrophenereignisse und -bilder? Internetseite der Tübinger Arbeitsgruppe Psychotraumatologie und Notfallpsychologie. http://www.uni-tuebingen.de/klinische-psychologie/tapn/bet61.html; abgerufen am 16.10.2005

Tausch-Flammer D, Bickel L (2006) Wenn Kinder nach dem Sterben fragen. 7. Aufl. Freiburg: Herder

Tennstädt K-C et al. (1994) Das Konstanzer Trainingsmodell. Bern: Huber

Terr L (1992) Too Scared to Cry: Psychic Trauma in Childhood. 2. Aufl. New York: Basic Books

Unfallkasse Sachsen (2005) Checklisten zur Gefährdungsbeurteilung an allgemein bildenden Schulen (GUV-SU 8460). 3. Aufl. Meißen: Eigenverlag

Utpatel C (2003) Öffentlichkeitsarbeit im Krisenfall. In: Bundesarbeitsgemeinschaft Evangelischer Jugendferiendienste (Hg.) Krisenmanagement bei Kinder- und Jugendreisen. Eine Aufsatzsammlung. Hannover: Zimmermann, S. 38–49

Volland G, Gerstner M (2007) Amok – (k)ein Kinderspiel? Erfahrungen mit der Umsetzung der Gesamtkonzeption »Amok« beim Polizeipräsidium Karlsruhe/Baden-Württemberg. In: Hoffmann J, Wondrak I (Hg.) Amok und zielgerichtete Gewalt an Schulen. Früherkennung, Risikomanagement,

Kriseneinsatz, Nachbetreuung. Frankfurt: Verlag für Polizeiwissenschaft, S. 57–69

Vossekuil B et al. (2002) The Final Report and Findings of the Safe School Initiative. Washington: United States Secret Service & United States Department of Education

Wackerow K, Prudlo U (2001) Umgang mit Kindern in Notfallsituationen. In: SEG-Magazin 8, S. 16–18

Waldrich H-P (2007) In blinder Wut: Warum junge Menschen Amok laufen. Köln: PapyRossa

Walker J (1995) Gewaltfreier Umgang mit Konflikten in der Grundschule: Grundlagen und didaktisches Konzept. Frankfurt am Main: Cornelsen

Waterstraat F (2009) Notfallseelsorge nach dem Unfalltod eines Jugendlichen. Vortrag auf dem 3. Forum Psychosoziale Notfallversorgung am 7. März 2009 in Hannover

Weidemann K, Heider Ch (2003) Krisenseelsorge im Schulbereich. Orientierungshilfe für den Umgang mit traumatischen Ereignissen. In: Begegnung & Gespräch. Ökumenische Beiträge zu Erziehung und Unterricht Heft Juli, Nr. 137, S. 1–8

Weinhardt M et al. (2005) Gleichaltrige als Ansprechpartner in Lebenskrisen. Krisenhilfe durch Peerberatung. In: Pädagogik Heft 4, S. 22–26

Wick H von (2000) Schulsanitätsdienst und Werteerziehung. In: Immenroth T (Hg.) Schulsanitätsdienst. Handbuch mit Hintergrundwissen und praxisrelevanten Basisinformationen. Braunschweig: TIV, S. 32–35

Wietersheim H von (2001) Notfallseelsorge, Krisenintervention, SbE: Viele Unterschiede und noch mehr Anbieter. In: Im Einsatz 8, S. 56–59

Wilp M, Albers R (2007) »Amoklauf, es wird noch geschossen! Weitere Kräfte erforderlich!« Einsatzdokumentation der Freiwilligen Feuerwehr Emsdetten. Emsdetten: Eigenverlag

Wissen P von, Korittko A (2002) Suizidprävention in der Schule: Lebenslichter. Vom Umgang mit seelischen Verletzungen. In: Suizidprophylaxe 29 Heft 4, S. 147–153

Wolf V (2000) Die Bedeutung von Information als wichtiges Element des psychoeducativen Ansatzes in der notfallpsychologischen Arbeit mit Kindern und Jugendlichen. Psychologie in Österreich 20, S. 284–286

Worden WJ (2006) Begleiten und Therapie in Trauerfällen. 3. Aufl. Bern: Huber

Yule W, Williams RM (1990) Posttraumatic stress reactions in children. In: Journal of Traumatic Stress 3, S. 279–295

Zehnder D, Hornung R, Landolt M (2006) Notfallpsychologische Interventionen im Kindesalter. Praxis der Kinderpsychologie und Kinderpsychiatrie 55, S. 675–692

Zeigarnik B (1927) Über das Behalten von erledigten und unerledigten Handlungen. In: Psychologische Forschung 9, S. 1–85

11 Register

A
Abschiedsbüchlein 143
Aggression 55, 62
Alarmsignale 110, 245
Alkohol 68, 144, 198, 206, 239
Amok 88, 110, 211, 219
Angehörige 138, 182, 219, 226
Angst 57, 65 f., 70
Anpassungsstörung 55, 70
Ansteckungsgefahr 27, 118
Arbeitslosigkeit 206
Aufmerksamkeits-
  defizitstörung 56
Aufsicht 105, 244
Augenzeuge 30, 40, 120
Ausbildung 88
Ausstattung 95, 109
Authentizität 128

B
Beerdigung 188 f.
Beichte 160
Belastungen 35, 74
Belastungs-
  -reaktion 64
  -störung 64, 69
Benefizkonzert 229
Beratung 106
Berechnungsgrund-
  lage 137 f.
Berufserfahrung 136
Berufszufriedenheit 80
Beschwerden-Liste 130
Betreuungshelfer 137
Bewegungseinschränkung 37
Blaulicht 19
Blut 116
Brandschutz 92 f.
Bullying 205, 207

C
Campus-Killer 224
Codewörter 110
Comic 219
Computerspiele 213, 216
Copycat-Effect 217
Critical Incident Stress
  Debriefing 154

D
Dank 164
Debriefing 153
Defibrillator 109
Depersonalisation 61
Depression 55, 66, 198
Derealisation 61
Diagnosescreening 82
Dissimulation 55, 68
Dissoziation 55, 61
Drogen 27, 239, 251
Drohung 220 – 223
Durst 37

E
Early Warning Sense 96
Easy Temperament 47
Eigenschutz 208
Einsatz-
  -abschnitt 139
  -taktik 100, 163

Elternabend 169, 234, 246
Entführung 14, 18, 181
Entlassungskultur 108
Entspannung 108, 116, 142
Entwicklungs-
  -psychologie 13
  -verzögerung 71
Erdbeben 28, 53, 178, 229
Erpressung 20 f., 29
Erregung 61, 198
Erstarrung 55, 61
Erste Hilfe, medizinische 25
Erzählstein 152
Erzieher 15, 29, 231
Erziehung(s) 47, 206
  -abstinenz 206
Essverhalten 55, 63
Etikettierungsphänomen 209, 220
Evaluation 173

F
Fantasie 41, 60, 216
Fehler 160, 171
Fehlverhalten 48, 50, 58, 78, 217
Fernsehen 46, 224
Feuer 201
Floskeln 150
Fluchtweg 93, 111, 200, 202
  -kontrolle 202
Froschperspektive 41
Frozen Watchfulness 62
Führungsstruktur 138

G
Gedenkfeier 143, 158, 201, 226

Gefahren-
  -analyse 93, 95
  -bereich 61
  -radar 95
Geiselnahme 37 f.
Genesung(s) 180
  -zeitung 143
Gerüche 38, 59
Gesundheitszustand 131, 140, 179
Gewalt 203 – 211
Glaube 135
Gottesdienst 143, 158

H
Hamburger Thesen 134
Handy, s. Mobiltelefon
Happy Slapping 205
Hausaufgaben 19, 59
Hausrecht 161
Hierarchie, soziale 75
Hinweisreize 59, 63, 69, 167
Hitze 39, 95
Hoffnung 157, 180, 182
Homepage 107, 140
Homizid-Suizid 212
Hotline 136, 140
Humor 183
Hyperventilation 55
Hypervigilanz 61

I
Impact of Event Scale 130
Information 121, 140, 236, 238, 240
Intelligenz 47, 215
Intrusionen 55, 59
Irreversibilität 49
Isolation 55, 67

J

Jugendamt 29, 100, 243, 248

K

Kälte 38 f., 95
Katastrophenkompetenz 87
Klassen
 -arbeiten 45, 165, 234
 -gemeinschaft 45, 73, 180, 187
 -rat 209
kognitive Dissonanz 79
Kondolenzbuch 109, 185, 192
Konflikt 45, 71 f., 77, 80, 94, 131, 206, 210, 216
Konformitätsdruck 207, 214
Konstitution 44
Kontrollverlust 40, 75
Konzentrationsstörung 60, 198, 238
Körperverletzung 20, 203
Krankenhaus 57, 179 f.
Kriegserinnerung 31
Kriminalität 45
Kriminalstatistik 203
Krise(n) 19, 94, 165, 201
 -interventionsdienst 135
Kuscheltier 109, 124, 145

L

Lärm 38
Leaking 219 – 221
Lehrer
 -fortbildung 91 f., 104
 -kollegium 100, 103, 108, 207
 -massenmord 212
Leistungsdruck 45, 205, 207, 214

M

Massaker 17, 21, 212
Medienvertreter 42, 57, 91, 97 f., 160
Menschenbild 79
Methodenvarianz 207
Missbrauch 51, 251
Mobbing 254
Mobiltelefon 110 f., 118, 124, 227, 243
Modellverhalten 210, 217
Mord 20, 29, 47, 195
Müdigkeit 55, 74

N

Neigungsgruppen 155
Neuheit 39
No-Blame-Culture 170
Non-Funktionalität 49
Notfall
 -gemeinschaft 73
 -handy 98
 -koffer 109
 -merkmale 17
 -plan 101
 -psychologe 136
 -seelsorge 134
 -spuren 41, 163
 -team 96
 -typ 19, 24, 51, 85
Notrufnummer 118

O

Öffentlichkeit 9, 212, 217
Off-Situation 208
Orientierung, salutogenetische 129

P

Patchworkfamilie 206
Perspektivwechsel 52
posttraumatisches Spiel 63
Präventionsprogramme 104
Pressekonferenz 163
Prüfung 133
Psycho-
  -edukation 140
  -therapie 31, 33, 82
Pubertät 51, 196, 206

R

Rache 60, 217
Radioaktivität 52
Raub 20 f., 29
Regression 55, 62
Resilienz 129
Ressourcen 39, 62, 71, 86, 141
Rettungsweg 111
Risiko
  -analyse 93
  -faktor 45, 51, 56, 196, 206 f., 213
Ritual 150, 157, 166
Rollen
  -diffusion 75
  -spiel 64, 90 f., 108

S

Sammelplatz 225
Sanitätsraum 109, 243
Schamgefühl 55, 59, 68
Schmerzempfinden 37
Schul-
  -angst 66
  -busunglück 14
  -gesetzgebung 97
  -klima 45, 73, 103, 207
  -psychologe 136
  -sanitätsdienst 102
Schuldgefühl 55, 58, 159
Schüler
  -gericht 209
  -massenmord 212
Schwarzes Brett 97, 140, 246
Schweigeminute 158, 194, 228
Selbst-
  -klärung 86
  -verletzendes Verhalten 55, 67
  -wirksamkeitserleben 40
Sensation-Seeking-Phänomen 196
sexuelle Belästigung 20
Sitzordnung 187
Social Support 45
Sozialarbeiter 29, 107
Sozialisation 46
Spenden 143, 194
Sprungretter 203
Stille 38
Stoppregel 146
Strafe 209 f.
Stuhlkreis 153, 185 f.
Sturm 95
Sucht 55, 68, 251
Suizid 12, 21, 77, 195
Survival Syndrom 59

T

Teddybär 87, 151, 179, 254
Todes-
  -anzeige 188
  -nachricht 184 f., 191
  -verständnis 48–50
  -vorstellungen 48

Tötungstraining 216
Trauerfeier 188 f., 192, 226
Trauerphasen 183 f.
Traumatisierung 47, 53, 56
Traurigkeit 55, 58, 149
Tsunami 28
Türkontrolle 201

U

Übelkeit 26, 38, 55, 64
Überschwemmung 28
Übung 92
Unwetter 17

V

Verantwortungsdiffusion 119
Vergiftung 20
Vermeidungsverhalten 55, 63
Viktimisierungsort 231
Vorwürfe 77 f., 130, 172
Vulnerabilität 47, 55, 67, 215

W

Werther-Effekt 197
Wut 55, 57, 200

Y

Yerkes-Dodson-Gesetz 116

Z

Zukunftsperspektive 216
Zuschauer 30, 42, 57, 120

Autor

Dr. Harald Karutz
Notfallpädagogisches Institut
Müller-Breslau-Str. 30a
45130 Essen
karutz@notfallpaedagogik.de

Sämtliche Grafiken wurden vom Verlag nach Vorlage des Autors erstellt.

Nach der Ersten Hilfe
Langfristige Intervention

- **zuhören**
- **betreuen**
- **verarbeiten**

Psychosoziale Notfallhilfe:
von Frank Lasogga und
Eva Münker-Kramer
- 1. Auflage 2009
- 258 Seiten
- 5 Abbildungen
- Softcover, schwarz-weiß

Best.-Nr. 576 · € 16,90

»Psychosoziale Notfallhilfe« setzt dort an, wo Psychische Erste Hilfe endet: Menschen mit langanhaltenden seelischen Verletzungen nach einem Notfall brauchen intensive Betreuung. Mit diesem praxisnahen Leitfaden erhalten Kriseninterventionsteams und Notfallseelsorger hilfreiche Anleitungen für den Umgang mit Opfern und Angehörigen bei der Psychischen »Zweiten« Hilfe. Das Buch bietet zudem eine umfassende Anleitung für die Ausbildung sowie eine Auswahl an hilfreichen Distanzierungstechniken und Entspannungsmethoden für Opfer und Helfer. Es richtet sich auch an Mitarbeiter der am Notfall beteiligten Organisationen, die diesen Bereich näher kennenlernen oder sich weiterbilden möchten.

Bestellen Sie jetzt direkt in unserem Online-Shop:
www.skverlag.de/shop

S+K
Stumpf+Kossendey
Verlag

Das Taschenbuch
für PSNV-Mitarbeiter

- **kompakt**
- **übersichtlich**
- **flexibel**

Psychosoziale Notfallversorgung – Praxisbuch Krisenintervention

von Alexander Nikendei
- 1. Auflage 2012
- 500 Seiten
- 10,5 × 14,5 cm
- strapazierfähiger Kunststoffeinband
- durchgehend vierfarbig

Best.-Nr. 477 · € 24,00

Sie begleiten Menschen, unser Praxisbuch begleitet Sie!

Nach einem einheitlichen Schema gibt es Hinweise für die spezifischen Einsatzsituationen wie z.B. Überbringen einer Todesnachricht oder Räumung: Wie reagieren Betroffene? Was sollten Sie als Begleiter tun bzw. vermeiden? Welches Fachwissen ist relevant? Konkrete Formulierungshilfen und Praxistipps bieten Ihnen Unterstützung während des Einsatzes. Für besondere Herausforderungen wie z.B. Kinder oder Schuldgefühle enthält es umfangreiche Hinweise. Relevante Informationen in einheitlicher Struktur und handlichem Format!

Bestellen Sie jetzt direkt in unserem Online-Shop:
www.skverlag.de/shop

Stumpf+Kossendey Verlag